KB271408

NEXT
ECONOMY

The Next Economy

1 2 3 4 5 6 7 8 9 10 CHR 20 09 08 07 06 05 04 03

Original: The Next Economy
        by E. Ettenberg
        ISBN 007-137965-7

This book is exclusively distributed in ChungRim Interactive Publishing Co.

When ordering this title, please use ISBN 89-352-0504-4

Printed in Korea

NEXT ECONOMY

넥스트 이코노미

엘리엇 에텐버그(Elliott Ettenberg) 지음 | 이수정 옮김

옮긴이 | 이수정

이화여자대학교 신문방송학과를 졸업하고 고려대학교 언론대학원을 수료했다.
대학 졸업 후 삼성그룹의 CATV 아나운서와 사보 기자를 거쳐 광고 회사에서 카
피라이터 및 AE로 활동했다. 영국 BBC 방송국이 제작한 교육용 애니메이션
〈Fourways Farm〉을 비롯한 다수의 기업 홍보물을 번역했으며, 세계적인 음악
잡지 「Jazz Hipster」의 번역에도 참가했다. 현재는 미국 뉴저지 주에 거주하면서
일본어 및 영어 전문번역가로 활동하고 있다. 역서로는 『나는 나 그래서 아름답
다』, 『브랜드 전쟁』, 『Where the Money is: 돈 어디에 있을까』 등이 있다.

NEXT ECONOMY

1판 1쇄 발행 | 2003년 1월 20일
1판 2쇄 발행 | 2003년 5월 1일

지은이 | 엘리엇 에텐버그(Elliott Ettenberg)
옮긴이 | 이수정
발행인 | 고영수
발행처 | 청림출판
등　록 | 제9-83호(1973. 10. 8)
주　소 | 135-816 서울시 강남구 논현동 63번지
전　화 | (02) 546-4341
팩　스 | (02) 546-8053

http://www.chungrim.com
e-mail: cr2@chungrim.com

ISBN 89-352-0504-4　　03320

만든 사람들
편집팀장 이호준 · 책임편집 박진희
표지 디자인 노영현 · 본문 디자인 이정아

• 가격은 뒤표지에 있습니다.
• 잘못된 책은 교환해 드립니다.

넥스트 이코노미, 변혁을 주도하라

제대로 되는 게 아무 것도 없다. 물론, 어느 정도 과장된 이야기이긴 하다. 그러나 아마도 나와 마찬가지로 여러분들은 매시간 접하는 서비스의 수준이나 제품의 질이 점점 더 만족스러워지지 못하고 있음을 느낄 것이다. 새로운 테크놀로지가 과거에는 없었던 유용하고도 멋진 서비스와 제품을 접하게 해준 것은 사실이다. 그렇지만 고객으로서 우리의 불만은 점점 더 커져만 가고 있다.

부분적으로 이는 우리가 새로운 테크놀로지를 대하는 태도 때문이다. "우와!"에서 "하나 장만했지"로, "더 좋은 게 안 나오나?"로 바뀌는 주기는 점점 더 짧아지고 더욱 빨라지고 있다. 이는 테크놀로지가 우리의 기대를 너무 높여놓아서 우리가 기대하는 것과 실제로 소유하는 것 사이에 큰 격차가 생겨버린 탓도 있다.

우리의 불만은 또한 '신경제(New Economy)'라 불리는 것들이 결정적으로 편리함, 간편함, 정확함, 스피드, 그리고 즐거움을 채워주지 못했다는 단순한 사실에 기인한다. 전화기의 번호를 눌러도 통화하고자 하는 사람과 연결이 되지 않는다. 궁금한 사항이 있어도 신속하고 정확한 답을 얻어낼 수가 없다. 인터넷에 접속되기를 기다리는 데, 그리고 파일을 다운로드하는 데 셀 수 없는 시간을 낭비한다. 휴가는 극히 짧으면서 24시간 7일 내내 항시 대기 중이어야 하고, 일주일에 4일만 일하면서 55세에 은퇴한다는 것이 더 이상 불가능한 요즈음, 테크놀로지는 우리에게 더 많은 시간을 낭비하고 더 많은 고통을 경험하게 하고 있다.

실망스러운 상황이 아닐 수 없다. 이는 기업가 입장으로서도 위험한 일이다. 경제의 3분의 2가 소비자의 구매 행위에 기초하고 있기 때문이다. 실망감이 커지면 커질수록 소비자는 지출을 줄이게 되어 있다—우리는 이미 그 현상을 목도하고 있다. 머지않아 전체 경제는 이러한 변화의 충격에 전면적으로 노출될 것이 확실하다.

과대 선전된 신경제가 바로 이런 문제를 일으킨 장본인이다. 사람들은 불과 5년 내지 10년 전까지만 해도 좋아하는 브랜드, 그 브랜드를 제공하는 회사와 좋은 관계를 맺고 있었지만 이제는 더 이상 그런 관계를 맺으려 하지 않는다. 하나의 이유는 신경제의 열풍 속에서 모든 제품과 서비스가 미처 제대로 준비되지 않은 상태에서 시장에 나왔던 탓이다. 아마도 이런 말을 들어보았을 것이다. "시장에 내놓는 속도가 가장 중요하다.", "일단 오늘 내놓아라, 그리고 문제는 내일 고쳐라.", "일찍 구매하는 소비자는 신제품을 내놓은 초기에 발생하는 문제를 이해하는 법이다." 그 결과 공급자와 소비자 간에 내재되어 있던 계약은 깨지고 말았다. 브랜드와 사람들 사이를 이어주던 생명선은 끊겨버렸다. 신뢰도 사라졌다.

물론 이는 마케팅 차원에만 국한되지 않는 보다 큰 이슈이다. 하지만 마케팅 담당자에게 특히 커다란 문제이다. 이 책의 주된 목적은 그 문제에 대한 진단과 적절한 해결책을 제시하는 데 있다.

사실, 신경제는 결코 사람들이 기대했던 것처럼 '천국' 이 아니었다. 단지 '구경제(Old Economy)' 와 '넥스트 이코노미' 라는 중요하면서도 실질적인 의미를 가진 두 경제 사이를 잇는 다리에 지나지 않았다. 구경제와 넥스트 이코노미의 수명은 10년을 주기로 측정되는 반면, 신경제는 불과 몇 개월 단위로 지속되었다.

신경제는 우리의 비즈니스 프로세스와 그를 대하는 태도에 있어 중요한 일련의 변화를 가져다주었다.

- 테크놀로지를 경제의 전면에 부각시켰다.
- 제조에서부터 물류, 금융, 인적 자원 관리에 이르기까지 비즈니스 관행을 재규정했다.
- 그동안 침체되었던 경제의 생산성이 괄목할 만한 성장을 이루는 데 기폭제가 되었다.
- 미국 경제에 대한 시민의 소유 의식에 다시 불을 지폈다. (현재, 미국인의 2분의 1이 주식을 소유하고 있다. 사람들이 주로 땅, 목재, 농장을 소유하고 있던 19세기의 상황과 비교해보면 경제를 소유하고 있다는 말이 실감날 것이다.)
- 경제 성장의 주 세력으로 '정보' 의 잠재적인 중요성이 증명되었다.

나는 신경제를 1849년의 캘리포니아 골드러시(gold rush)에 비교하곤 한다. 금을 찾아 서부로 몰려든 수만 명의 사람들 중 금광을 찾아내어 부를 이룬 사람은 아주 소수에 불과했다(가장 먼저 도착한 사람들이 그 소수의 주류였다). 그런 의미에서 골드러시는 허상이고 사기일 뿐이었다. 그러나 골드러시가 아니었다면 아메리카 대륙의 절반, 서부의 개발은 한 세대 이상 늦춰졌을지도 모르는 일이다. 더불어 농업에서 컴퓨터, 영화 산업에 걸쳐 캘리포니아가 이룬 거대한 부가 현실화되는 것도 늦추어졌을지도 모른다.

마찬가지로 신경제의 인터넷 골드러시 또한 기대에 부응하는 결과를 내는 데는 실패했지만, 넥스트 이코노미의 든든한 초석이 다져질 수 있는 기반을 마련했다고 할 수 있다.

알다시피, 지난 10년간 비즈니스의 거의 모든 양상이 전면적으로 재창조되었다. 기업의 운영은 컴퓨터화, JIT(just-in-time)식 공급망 관리, 회계 방식의 변화, 테크놀로지의 약진 등으로 인해 완전히 바뀌었다. 정보 테크놀로지 부서는 메인프레임(많은 사용자가 다양한 데이터 처리를 할 수 있는 대형 컴퓨터―역주)에서 개인용 컴퓨터(PC)와 인터넷으로 재무장했다. 세부 계획, 제조, 유통 모두 극적으로 변화했다. 비즈니스 전반에 걸쳐 모든 것이 재창조된 것이다. 오직 하나, 마케팅만 빼고.

마케팅은 점차 기력이 쇠잔해져 차차 고객의 구매 결정에 영향을 미치는 능력을 상실하고 있다. 이는 심각한 문제이다. 기업은 마케팅에 보다 많은 관심을 갖고, 적용 범위를 확장시키려 했어야 했다.

신경제 기간 동안 사람들이 이런 문제를 그냥 지나쳐버렸던 이유는 무엇이었을까? 나는 다음과 같은 이유 때문이라고 생각한다.

- 1990년대는 1950년대 이후로 북미에서 가장 엄청난 수준의 소비 붐이 일어났던 시기였다. 그런 환경에서 굳이 마케팅에 관심을 집중시켜야 할 필요가 없었던 것이다. 그때의 모토는 "무

조건 빨리 만들어내기만 해라. 그러면 누군가가 사갈 것이다."
였다.

- 신경제에서 비즈니스의 성장은 부채가 아니라 자산에 의해 지원되었다. 오너들은 브랜드와 비즈니스를 구축하는 것보다 어떻게든 시장에 먼저 진출해 거품이 빠지기 전에 주식을 처분하려 열을 올렸다. 고객 관계는 뒷전으로 밀려날 수밖에 없었다.
- 신경제에서 가치 성장은 AOL, 야후(Yahoo!), 오라클(Oracle) 같은 첨단 기술로 대표되는 기업과의 전략적 동맹 관계에 의해 주도되었다. 그러나 이러한 동맹은 시장의 신용 확보와 상관관계가 있었을 뿐이고 장기적인 고객 관계 수립과는 관계가 없었다.
- 신경제에서 성공을 거둔 기업 중에서 마케팅의 공헌으로 성공을 이룬 예는 거의 없었다. AOL, 야후, 아마존(Amazon) 같은 기업들의 성공은 최초 시장 진입에서 오는 이점과 막대한 예산, 강력한 조직 구조—어느 정도 돈을 잃어도 이익을 남길 수 있도록 해준—에 기인한 것이었다.

이 책을 쓰고 있는 2001년 말, 신경제의 거품은 지금 빠지고 있는 중이다. 비즈니스계는 보다 안전한 기반 위에 넥스트 이코노미를 건설하기 위해 다시 한 번 앞을 내다볼 준비가 되어 있다. 이 책의 목적은 마케팅을 재창조하는 것이다. 그 목적을 달성하기 위해서는 새로운 시대에 맞는 마케팅의 새로운 정의, 마케팅 기술에 있어서 새로운 연장이 필요하다. 또한 마케팅 예산의 생산성을 정확하게 측정하고 이를 증가시킬 수 있는 새로운 척도, 마케팅 담당자들이 자기 브랜드의 성공과 실패를 책임질 수 있는 새로운 관리 시스템이 필요하다.

이 모든 것들은 전면적인 변화를 요구한다. 그러나 지난 반세기를 돌아보았을 때 이는 어떤 면에서는 자연스러운 흐름이기도 하다. 그 진행 흐름을 간단히 살펴보자.

- 1960년대는 모든 것이 제조업 중심이었다. 갑자기 등장한 중산층을 만족시키기 위해서는 시장에 상품을 충분히 확보해야 할 필요성이 있었기 때문이다.
- 1970년대는 모든 것이 금융 중심이었다. 잘 나가는 기업의 급속한 성장을 유지해줄 수 있는 자금이 필요했기 때문이다.
- 1980년대는 모든 것이 유통과 능률 중심이었다. 모든 채널을 동원해서 가능한 한 최소의 비용으로 제품을 생산해야 했기 때문이다.
- 1990년대는 모든 것이 테크놀로지와 생산성 중심이었다.
- 2000년대는 모든 것이 브랜드와 고객 사이의 지속적인 관계를 구축하기 위한 마케팅 중심이 될 것이다.

경제 성장을 유지하는 데 이용할 수 있는 도구들 중에서 마케팅은 가장 중요하며, 잠재적으로 가장 강력하다—그리고 현재 가장 효과가 없는 것이기도 하다. 경제의 3분의 2가 소비자 지출에 직접적인 기반을 두고 있기 때문에(나머지의 대부분은 소비자 지출에 간접적으로 기대고 있다) B2C나 B2B 영역 모두 마케팅을 살리지 않는다면 심각한 사태에 직면하게 될 것이다. 소비자가 구매를 중단한다면, 모든 것은 아무런 의미도 갖지 못하게 될 것이다.

이 책은 특히 처음 1, 2장에서 간략한 역사를 기술하고 있다. 그러나 내 관심사는 무슨 일이 일어났는가가 아니라 *왜* 그런 일이 일어났는가에 있다. 나는 사람들이 한 번도 들어본 적 없는 트렌드를 설명하기보다는 사람들이 본 적이 없는 방식으로 이 트렌드를 다른 변화, 기회, 도전 등과 연결시킴으로써 이 책 전체에 걸쳐 새로운 발견을 제안하고자 한다.

자, 이제 마케팅을 재창조하는 길에 나서보자. 그리고 회의적이고, 고등교육을 받았으며, 까다롭기 그지없는 미래의 소비자들이 넥스트 이코노미 시대에 우리가 구축할 위대한 브랜드에 더 돈을 쓰도록 할 수 있는 방법을 탐구해보자.

contents

9 Chapter

코마케팅의 도구, 테크닉, 구조 289

10 Chapter

컨시어지 마케팅의 출현 317

NEXT
ECONOMY

PART 1

넥스트 이코노미

단 고급 기술자들로부터 평범한 컴퓨터 사용자들에게까지 서서히 확
대되었고, 기업가, 학생, 어린이, 주부, 그리고 노인들까지 모두 컴
퓨터를 만지작거리기 시작했다. 그리고 1998년 크리스마스 시즌
즈음에는 마치 종이 울린 것처럼 인터넷의 본격적인 무대가 펼쳐진
다. 수많은 기업 대 소비자(B2C) 기업들이 너도나도 경쟁적으로 전
자상거래 체제를 출범시킨 것이다. 수천만에 달하는 소비자들은
기꺼이 그 온라인 숍의 첫 고객이 되었다. 인터넷 골드러시가 시작
된 것이다.

그리고 불과 몇 달 사이에 수천 개의 신생 기업이 생겨났다. 일부
는 야심만만한 벤처 캐피털 기업들로부터 전폭적인 자금 지원을 받
았다. 또 개인 신용카드로 융통한 소자본으로 창업한 구멍가게 수
준의 회사들도 있었다. 제조업체, 도매업체에서 전통적인 굴뚝산업
소매업체, 카탈로그 기업에 이르기까지 수많은 기존 회사들이 자칫
하면 시장 위치를 뺏길지도 모른다는 두려운 마음으로 온라인상에
거점을 마련했다.

1999년에서 2000년 사이, 전자상거래 기업들의 주가는 날개 돋
친 듯 뛰어올랐다. 비록 서류상이지만 억만장자들이 줄을 이어 생
겨났다. 하지만 인터넷 비즈니스의 실제적인 수익 근거가 부족하
다는 사실에는 규모가 큰 인터넷 기업도 예외일 수 없었다. 수익이
언제, 어디에서 창출될 것인가 하는 문제는 여전히 추정으로만 남
아 있을 뿐이었다.

인터넷 가치에 대한 이러한 거품은 현재 대부분 빠진 상태이다.
인터넷은 몰락하고 있다. 인터넷만 믿고 큰소리치던 신경제가 임
종을 맞고 있는 것이다. 그 수명은 10년 단위가 아닌 고작 몇 달 단

위로 가늠된다.

신경제의 몰락과 함께 우리가 경험한 혼란에도 불구하고 비즈니스계는 앞으로 우리 경제의 모든 영역에 인터넷이 행사할 영향력이 지대할 것으로 여전히 확신하고 있다. 그 생각에는 나도 동의한다. 전자상거래는 여전히 살아남아 있으며, 넥스트 이코노미에서도 중요한 역할을 담당하게 될 것이다. 문제는 인터넷의 역할과 그것이 우리에게 미치는 잠재적인 영향을 확실히 이해하는 사람이 현재 거의 없다는 사실이다.

마케팅 사업 분야에서 30년 동안 소매업, 패스트푸드, 의류, 전자, 여행, 출판, 전자통신, 자동차 판매 대리점 등 그야말로 모든 산업에 걸쳐 있는 수많은 기업들과 함께 일해오면서, 나는 지난 3년간의 격변에 얼이 빠지고, 경악했으며, 아주 당황했음을 고백하지 않을 수 없다. 5년, 10년 전만 해도 내게 컨설팅을 의뢰해오는 고객 기업의 중역들은 대화를 이렇게 시작하곤 했다. "우리는 제품 마케팅에 고심하고 있습니다. 어떻게 하면 우리 제품을 차별화시킬 수 있을까요?" 그러면 나는 그 회사의 상황을 진단하고 처방을 내려주었다.

1998년에서 2000년 사이에는 그 질문이 달라졌다. 신경제의 고객들은 컨설팅을 의뢰할 때 "우리는 제품 마케팅에 고심하고 있습니다. 인터넷이 우리를 어떻게 도울 수 있을지 가르쳐주십시오."라고 말했다.

그리고 2001년 말 현재, 고객들은 이렇게 질문한다. "우리는 제품 마케팅에 고심하고 있습니다. 도대체 우리의 고객들은 어디에 있는 겁니까? 어떻게 해야 그들과 이어질 수 있습니까?"

이는 그동안 인터넷에만 집중하고 있던 편협한 시각에서 벗어난 아주 고무적인 자세라고 할 수 있다.

오해하면 안 된다. 마케팅에 있어 내가 컨설팅해주는 많은 고객 기업들에게 인터넷은 여전히 중요한 역할을 하게 될 것이다. 그러나 100퍼센트 인터넷에 의존하는 순수한 인터넷 기업들도 인터넷이 고객 관계를 발전시키는 데 독자적인 능력을 발휘할 수는 있지만 이는 정보나 테크놀로지 없이는 불가능하다는 것을 깨닫고 있다. 전자상거래는 중요한 비즈니스 트렌드이며, 지난 30년간 유례를 찾을 수 없을 정도로 강력한 마케팅 혁신이라는 것은 분명하지만, 인터넷으로부터 많은 이득을 취할 수 있는 비즈니스에서조차 인터넷의 진정한 기회와 잠재력을 제대로 이해하지 못하고 있는 것이 현실이다.

인터넷의 성장 속도는 역사적으로 볼 때 전례를 찾아볼 수 없을 정도로 기록적이다. [표 1-1]은 이를 잘 보여준다. 인터넷은 다른 어떤 커뮤니케이션 혁신과도 비교할 수 없을 정도로 더 많은 사람들에게, 엄청난 속도로 접근했다. 이러한 수치는 비즈니스계뿐만 아니라 정부에서 교육에 이르기까지 사람에게 접근해야 할 필요성을 가지고 있는 어떤 활동 영역도 어느 하나 인터넷을 지나치지 않을 수 없었다는 것을 의미한다.

인터넷은 특히 상거래를 할 수 있는 통로로서 급속하게 성장했

【표 1-1】 사용자 5,000만 명에 도달한 햇수

라디오	38년
텔레비전	13년
케이블	10년
인터넷	5년

출처: 모건 스탠리 딘 위터(Morgan Stanley Dean Witter) *보고서*

다. 1999년의 전체 전자상거래 규모는 약 1,500억 달러에 이른다. (전자상거래에 관한 통계는 부정확하기로 악명이 높다. 경제와 관련된 중요한 통계 수치의 대부분을 집계하는 미국 정부도 온라인 비즈니스의 실제 데이터를 추적할 수 있는 방법을 마련하느라 고심하고 있을 정도니, 우리가 그와 관련해 접하는 모든 수치는 어느 정도 미심쩍은 것이라고 보면 된다. 내가 사용하는 수치들은 여러 리서치 연구 자료에서 발췌한 것으로 수치 자체는 정확하지 않을 수 있지만, 적어도 순위가 잘못 매겨지지는 않았을 것이다.) 그 1,500억 달러 중 80퍼센트 정도는 전자상거래라고 하면 가장 먼저 떠올리게 되는 B2C 마케팅—아마존, 이베이(eBay), 프라이스라인(Priceline) 등 신경제의 대표적인 아이콘—이 아니라 기업 대 기업(B2B) 판매가 차지한다. 하지만 300억 달러를 기록한 B2C 판매 실적도 겨우 6년밖에 안 되는 짧은 역사를 고려한다면 의미 있는 수치라고 할 수 있다.

인터넷 상거래의 성장은 앞으로도 무서운 속도로 계속될 것이다. 2004년까지는 전세계 전자상거래(B2B와 B2C 모두)의 규모가 6조 8억 달러에 이를 것으로 전망되고 있다. 특히 온라인 유통, 즉 B2C 판매와 관련한 최근의 성장은 주목할 만하다. 1999년의 홀리데이 시즌(holiday season: 크리스마스부터 새해 전후까지의 기간을 가리킴—역주) 동안 온라인 쇼핑은 1998년의 4배 성장에 이어 1년 전보다 3배나 증가했으며, 이런 폭발적인 성장세는 2000년에도 계속되었다. 소비자 대상 전자상거래는 미국에서만 2001년에 450억 달러, 2005년까지는 2,690억 달러에 이를 것으로 추정된다. 이런 성장 속도라면 닷컴 기업들의 몰락에도 불구하고 B2C 판매는 여전히 강세를 보일 것이다.

그러나 모든 것이 순조로울 것이라고는 볼 수 없다. 미국소매연합(National Retail Federation)에 의하면, 2000년의 B2C 매출은 최초로 전체 휴일 매출의 1퍼센트에 해당하는 실적을 올렸다. 이는 바꿔 말하면 전통적인 굴뚝산업 업체들이 엄청난 실적을 올리고 있다는 것뿐만 아니라 카탈로그 판매 업체들이 B2C 전체 매출의 10배에 달하는 실적을 올렸다는 사실을 나타낸다. 가장 성공적인 온라인 유통업체라 하더라도 최소한 내가 살아 있는 동안에는 오프라인 경쟁자들을 물리칠 가능성은 희박하다.

[표 1-2]를 보면 이러한 과장과 거품의 실상을 짐작할 수 있다.

특히 1999년 6월과 2001년 1월 사이의 18개월 동안 B2C 판매를 둘러싼 과다한 거품은 그 실질적인 중요도보다 다소 과대평가되고 있는 것이 사실이다. 물론 이는 B2C 판매가 완전히 새로운 개념이기 때문에 나타나는 당연한 현상이다. 어떤 형태의 비즈니스 체제도 인터넷의 속도를 당할 수는 없을 것이다. 하지만 그렇다고 해서 앞으로 몇 년 사이에 전통적인 소매업체들이 완전히 무너질 것이라고 생각한다면 오산이다. 인터넷을

[표 1-2] 지난 3개월간 소비자의 쇼핑 형태

할인매장	92%
식품점	88%
의약품 판매점	80%
백화점	69%
전문 판매점	62%
의류 판매점	42%
카탈로그 구매	47%
대형 도매클럽	42%
온라인	11%
텔레비전 홈쇼핑	8%

출처: 다음 세기의 소매 테크놀로지(Retail Technology in the Next Century): 소비자를 위해 매장에 있는 것(What's 'in store' for Consumers), 인디애나 대학, KMPG 연구. 1999. 7. 21

둘러싼 거품과 과다선전은 (마치 19세기의 골드러시 현상처럼) 대부분의 온라인 유통업체들이 직면하는 수익성과 관련된 문제뿐만 아니라 온라인상에서 성공의 척도를 수립하는 데 진짜 중요한 문제를 가리는 경향이 있다.

보다 중요한 것은 전체적인 비즈니스 맥락에서 B2C 판매의 발달을 분석한 예가 거의 없다는 사실이다. B2C 판매에 직접 관여하고 있는 경영자들뿐만 아니라 B2C 판매에 대해 글을 쓰고 강연을 해온 사람들조차 B2C 판매를 *테크놀로지와 관련된* 이슈로 취급했다. 이는 인터넷과 관련된 테크놀로지의 엄청난 혁신성과 강력함을 고려하면 수긍할 법한 이야기다. 그러나 B2C 판매를 효율적이고 수익성 있는 비즈니스 방식으로 만들고자 한다면 이를 단순히 테크놀로지와 관련된 것으로만 파악해서는 안 된다. 이는 경제적·사회적·정신적인 문제이다. 다시 말하면, *마케팅* 과제인 것이다.

B2C 판매에 대해 사람들이 비즈니스적인 관점보다 테크놀로지적인 관점에 초점을 맞추어왔다는 사실은 많은 벤처 캐피털 기업들이 소비자 대상 마케팅에 전혀 경험이 없는 사람들이 만든 온라인 유통업체에 기꺼이 투자하고 나섰다는 것에서도 알 수 있다. 참으로 이상한 일이다. 부동산 개발업체가 신규 비즈니스로 자동차 회사를 출범시키고자 한다면 어떤 벤처 캐피털리스트도 선뜻 투자하려 나서지 않을 것이다. 그런데 대체 왜 같은 부동산 개발업체가 닷컴 기업을 만드는 데에는 그렇게 투자하지 못해서 안달이었을까?

무리한 약속을 했으며 고객에 대한 이해가 부족했다는 사실을 증명이라도 하듯, 테크놀로지 전문가들은 전형적인 마케팅 실수를 저지르고 말았다. 그들은 소비에 대해 지나치게 과대평가했다. 수익

성과는 상관없는 성공 척도(아이볼, 히트, 클릭 스루, 사이트 타임 등)
를 고안해내고, 인터넷에 대한 열기가 달아오르자 '상대 회사를 당
해내지 못할 것 같으면 그 회사를 사버려라'라는 구경제의 지혜를
따라 온갖 종류의 신경제 기업 간의 합병을 추진했다.

이러한 허세 가득한 과장은 비즈니스의 기본적인 원칙을 망각하
게 했고, 스스로의 발등을 찍는 결과를 초래했다. 그러다가 2001년
으로 접어들면서부터 전자상거래의 헛된 망상에 잔뜩 취해 있던 비
즈니스계는 겨우 그 지독한 숙취에서 깨어나는 듯했다. 하지만 불
행히도 이는 '전자상거래는 죽었다', '인터넷은 수익성이 전혀 없
는 불모지다' 등 똑같이 극단적인 역반응으로 대체되었다. 하지만
인터넷은 결코 죽지 않았다.

오히려 그 전망은 밝다.

신경제, 그 짧고도 기이한 역사

비록 아주 짧은 역사(1994년~2000년)를 살다 갔지만 신경제는 그
런 과정 속에서도 다음 두 단계로 뚜렷이 구분된다.

배너 시기(1994~1998): 아이볼과 클릭 스루

인터넷 사업에서 가장 먼저, 그리고 폭넓게 적용된 모델은 전자
상거래 웹 사이트에 방문하는 사람들을 끌어당기는 방법으로 *배너
광고(banner advertising)*를 사용하는 것이었다. (인터넷 사용자라면 인
터넷에 접속해 들어갈 때마다 "왓에버닷컴(Whatever.com)에 방문해보세

요."라는 배너 광고를 접한 적이 있을 것이다.) 비즈니스들은 AOL, 넷스케이프(Netscape), MSN, 익사이트(Excite) 같은 유명한 포털에 광고를 띄우기 위해 엄청난 사용료를 지불했다. 그 바탕이 되는 이론은 관심사가 비슷한 웹 페이지 간에 핫 링크(hot link)를 구축하는 것처럼 접속 빈도가 높은 웹 페이지에 배너 광고를 넣으면 성공적인 비즈니스가 가능하다는 것이다.

전자상거래 초기에는 많은 비즈니스 계획이 이러한 가정에서 출발했다. (초기의 아마존도 이러한 방식으로 출범했다.) 하지만 불행히도 그 가정은 제대로 먹혀들지 않았다.

그 이유에는 여러 가지가 있다. 우선 배너 광고는 거기에서 무엇인가를 사도록 하기는커녕 광고가 뜨는 웹 사이트로 사람들을 끌어들이는 데 인센티브가 될 만한 충분한 정보를 제공하지 못했다. 거기다 인터넷 이용자들은 특히 그런 배너 광고들의 대부분이 자신들과 직접적인 관련이 없다는 사실을 깨우치고 나서는 배너 광고를 아예 무시해버리는 방법을 터득해버렸다. (생각해보라. 대학 신문을 조사한다든가, 최근의 프로야구 스코어를 찾아본다든가, 아니면 온라인 채팅을 하려고 인터넷에 접속한 사람이 온라인 여행사나 의류 광고를 보기 위해 클릭을 하고 싶겠는가 말이다.)

또 하나, 엄청난 속도로 이루어진 인터넷의 성장이 대부분의 인터넷 사용자들에게 정신적인 압박감을 주었다는 사실이다. 비슷비슷해 보이는 웹 사이트들이 하루에도 수백, 수천 개씩 생겨났으며, 이 사이트들은 사람들을 끌어들이기 위해 아이볼(eyeball: 사이트 방문자 또는 인터넷 페이지를 열어본 숫자─역주)과 클릭 스루(click through: 이용자가 특정 배너 광고를 클릭하여 그 배너에 설정된 웹 사이트를 이용하는 행위—역주) 전쟁터를 만들기 시작했다. 이런 소모적인 전쟁에서 살아남은 승자는 극소수에 불과할 수밖에 없었다. 결국, 배너 광고는 시선을 끄는 데에는 성공을 거둘 수 있을지는 몰라도 상업적인 관점에서 보았을 때는 그다지 실용적이지 않다는 연구 결과들이 발표되기에 이르렀다. ([표 1-3])

[표 1-3] 사용자들이 배너를 클릭하는 이유

정보를 찾기 위해	71.4%
공모에 응모하기 위해	33.8%
호기심에서	33.1%
상금을 타기 위해	10.5%
호감과 흥미	3.4%
잘 모르겠음	12.1%
구입을 목적으로	0.0%

출처: 주피터 리서치(Jupiter Research), 1999년 8월

배너 광고식 접근은 수백만 명에 달하는 사람들이 일단 인터넷 세상에 들어오고 나면 하루 10시간 정도는 컴퓨터 앞에 앉아 있으리라는 가정에서 시작되었다. 이는 우리 경제의 현실과 소비자의 진정한 필요와 바람 모두를 무시한 잘못된 가정이다.

배너 광고 비즈니스가 실패한 가장 큰 이유는 (특히 초창기에) 인터넷 기술자들이 대부분의 사람들은 거래를 위해서가 아니라 정보를 찾기 위해 인터넷에 접속한다는 사실을 간과했기 때문이다. 이것은 단순한 오해라고 치부할 수 없다. 그들은 목표 시장의 고객층이 사용하고 있던 컴퓨터 사양이 (상대적으로 원시적인) 486 프로세서에 28K 모뎀 체제였을 때 최첨단 사양의 컴퓨터로 웹 페이지를 디자인했다. 온라인 거래와 관련해 대부분의 고객들이 가지고 있던 보안에 대한 두려움을 포착하지 못했던 것도 문제였다. 그리고 그들은 (공간으로서의) 라벨과 (신뢰로서의) 브랜드의 차이를 이해하

지도 못했다.

배너 시기에 일반적으로 퍼져 있던 사고방식은 영업 전략에 있어 이제 다른 미디어는 전혀 필요 없고, 고객들은 테크놀로지를 충분히 이해할 뿐만 아니라 그 혜택에 깊이 감사하고 있으며, 구매하면서 편리함을 느끼고 있고, 인터넷 기업들과 목표 고객들은 같은 배를 탄 동료라는 것이었다. 그러나 결국 이들 중 어느 하나도 맞지 않는 것으로 입증되었다.

브랜드 시기(1998~2000): 인지와 고착

배너 광고가 무용하다는 사실을 알게 되자 대부분의 B2C 기업들은 다른 대안을 찾아 나섰다. 전통적인 광고 대행사들이 이 혼란 속으로 뛰어들었다. 그들은 "당신에게 필요한 것은 모든 사람들이 기억할 수 있는 브랜드 네임이다. 모든 사람들이 아마존이라는 이름을 알고 있지 않느냐."라고 단호히 주장했다. (아마존은 온라인 도서 유통업에서 성공적인 입지를 굳히면서 거의 날마다 언론에서 기사화되었기 때문에 대부분의 미국인들이 알고 있는 거의 유일한 온라인 유통업체였으며, 모든 사람들이 모방하고 싶어 하는 전형이었다.) "고객들이 당신의 브랜드를 알도록 해야 한다. 그러면 당신의 웹 사이트에는 사람들이 들러붙을—사람들이 방문하고 머무르는 곳이 될—것이다."

그리고 광고 대행사들은 전통적인 미디어에서 이미지 지향 광고를 통해 브랜드 네임을 구축하는 데 익숙해 있었기 때문에 전자상거래 고객에게도 같은 전략을 추천했다. (가지고 있는 유일한 도구가 망치라면, 그때부터 모든 사물이 못처럼 보이는 법이다.) 그 결과 1999년 크리스마스 무렵부터 2000년에 접어들면서 텔레비전과 라디오,

신문, 잡지 등 모든 종류의 전통적인 미디어에 닷컴 광고가 봇물 터지듯 쏟아져 나왔다.

진자는 완전히 반대 방향으로 흔들리기 시작했다. B2C 비즈니스는 배너 전략의 실패를 뒤로 하고 벤처 캐피털에서 막대한 돈을 얻어다가 전통 미디어에 퍼부어대기 시작했다. 아마 독자들은 중역 회의실에서나 좋아할 뿐 거실에서는 전혀 이해할 수 없었던 30초, 60초짜리 텔레비전 광고 방송의 맹공격들을 기억할 것이다. 1999년에서 2000년 사이 이러한 광고를 보던 일반 소비자들은 한결같이 이렇게 중얼거렸다. "도대체 뭘 판다는 거야?"

결과는 당연히 참혹한 실패였다. 광고가 브랜드에 대한 인지도를 높이고 호감을 가지게 하는 것이라고 한다면, 닷컴 광고에 들어간 그 많은 돈은 공중에 날아간 셈이다. 생각해보자. 2000년 1월 슈퍼볼 경기 중계 때 나갔던 그 많은 전자상거래 광고들을 기억하는가? 그 많은 스폰서들 중 *하나라도* 기억나는 회사가 있는가? 그 광고를 보고 *어떤 것이든* 사야겠다고 마음먹었던 적이 있는가?

아마 위의 질문들에 대한 대답은 대부분 '아니오' 일 것이다. 이는 슈퍼볼 경기 스폰서 광고에서뿐만 아니라 대부분의 닷컴 회사가 집행한 광고도 마찬가지이다. 닷컴 광고들은 광고 대행사들과 텔레비전 방송국만 좋은 일 시켰을 뿐 정작 스폰서인 자신들은 아무 소득도 챙기지 못하고 말았다. ([표 1-4])

여기에는 광고의 질적인 면에도 부분적인 책임이 있다. 우리가 텔레비전이나 기타 전통 미디어에서 본 전자상거래 광고의 대부분은 아무리 좋게 봐주어도 수준 미달이었다. *브랜드 광고 대행사—전자상거래 기업 같은 첨단기술 고객들에 대해 특화된 광고 대행사*

[표 1-4] 1999년 전자상거래 업체의
미디어 광고 집행비(단위/달러)

찰스 슈왑(Charles Schwab)	1,900만
B&N닷컴(B&N.com)	1,800만
아마존	1,700만
프라이스라인	1,100만
시디나우(CDNow)	900만
비욘드(Beyond)	600만
아웃포스트(Outpost)	500만
오토바이텔(AutobyTel)	400만

출처: 경쟁 미디어 리포트(Competitive Media Report), 월 스트리트 저널, 1999

가 아니라 단지 기존의 상품 마케팅에 관한 전문가들—에 의해 제작, 집행된 이러한 광고들은 위기감이나 구매에 대한 동기 부여를 전혀 제공하지 않았다. 이름을 인지시키는 데에만 급급할 뿐 왜 그 사이트를 방문하고 구매를 해야 하는지에 대해 소비자들을 설득하지 못했던 것이다.

브랜드 시기는 결국 사이트의 이름이나 라벨을 진정한 브랜드—소비자에게 고유의 *가치*를 가지고 있는 것으로 인지되고, 상품과 서비스의 이미지를 고양시키는—로 이행시키는 데 실패한 시기라고 할 수 있다. [표 1-5]가 이 사실을 명백히 보여주고 있다. 표에서 볼 수 있듯 광고에 쏟아부은 그 막대한 투자에도 불구하고 코카콜라 같은 세계 최고의 브랜드와 그나마 잘 알려진 인터넷 회사의 연약한 라벨 간의 격차는 실로 엄청나다.

[표 1-5] 브랜드 대 라벨

	순위	브랜드 가치(달러)
코카콜라	1	838억
마이크로소프트	2	566억
IBM	3	438억
AOL	35	43억
야후	53	17억
아마존	57	14억

출처: 비즈니스 위크(Business Week), 1999. 11. 15

신경제의 수명이 고작

6년밖에 되지 못했던 데는 여러 가지 이유가 있었다. 결정적인 이유는 신경제의 테크놀로지 주동자들이 시간에 쫓기는 소비자의 삶에 테크놀로지가 어떤 가치도 부여해주지 못하고 있다는 사실을 이해하지 못했다는 것이다. 그리고 잠재적인 시간 절약의 가능성은 테크놀로지 자체의 복잡성과 모호함에 의해 손상되고 말았다. B2C 기업과 소비자들 사이에는 만족은커녕 좌절감만 키워주는 깊은 골이 생겼다. 어떤 상품이건 간에 장기적인 고객 관계는 성립되지 못했다.

신경제의 치어리더들은 가치의 새로운 원천으로서 인터넷과 정보에 모든 희망을 걸었다. 그러나 그들은 다음 두 가지의 아주 중요한 진실―인터넷은 단순히 매개자에 불과하며, 정보 자체는 새로운 가치를 창출할 수 없다는 사실―을 간과했다. 가치를 창출하는 것은 *지식*이다. 오늘날과 같은 정보의 홍수 속에서 지식을 얻기 위해 소비자들은 간단히, 그리고 손쉽게 정보에 접근하고 그 정보를 조작할 수 있어야 한다. 신경제는 테크놀로지가 우리의 삶을 단순화시키기는커녕 오히려 복잡하게 만들었기 때문에 실패했으며, 우리는 결국 그에 대해 돈을 지불하기를 거절한 것이다. 신경제는 지식경제로 진화하는 데 실패했기 때문에 제대로 살아보지도 못하고 사산되고 만 셈이다.

전환기(2001~2006): 혼란의 시기

나는 넥스트 이코노미가 완전히 그 모습을 드러내기까지는 아직 4년 정도 남았다고 보고 있다. 역사적으로 모든 주요한 사회적 변화가 그랬듯이, 이 과정도 점진적으로 이루어질 것이다. 새해 아침이 되었다고 해서 갑자기 새로운 시기가 도래하는 것은 아니다. 어느 날 문득 우리는 어느새 우리가 새로운 세상에 살고 있으며 벌써 어느 정도의 시간이 흘렀다는 것을 깨닫게 될 것이다.

신경제는 독자들이 이 책을 읽고 있는 순간에도 새롭게 규정되고 있는 중이다. 신경제가 수요 주도의 경제인 넥스트 이코노미로 진화하는 데에는 어느 정도 시간이 필요하다. 그러나 더욱 정확한 양질의 고객 데이터를 확보하기 위해, 고객 관계를 적극적으로 확립하기 위해, 그리고 고객들의 만족스러운 허락에 기초한 관계를 수립하기 위해 필요한 노력들이 진행 중이다. 이러한 노력들은 넥스트 이코노미를 세우는 데 든든한 기반이 될 것이다.

불행히도 중요한 변화의 시기에는 언제나 혼란이 동반되곤 했다. 아마도 향후 몇 년간은 상거래 및 주식 시장에서 확실성이나 안정감을 기대하기는 어려울 것이다. 우리는 능률과 테크놀로지를 중심으로 세워졌던 낡은 비즈니스 모델을 해체시키고 고객 지식에 근거한 비즈니스 모델을 다시 구축해야 한다. 이런 일련의 작업에는 4년 이상의 시간이 소요될지도 모른다. 그러나 수요에 따른 소비의 진화가 우리 비즈니스의 우선순위를 조절하게 되는 2006년 무렵이 되면 우리는 넥스트 이코노미의 충격을 본격적으로 느끼게 될 것이다.

지식 기반 경제, 넥스트 이코노미의 도래

현재 인터넷상에서의 B2C 마케팅 영역에서는 신경제의 마지막 변화라고 할 수 있는 움직임이 진행 중이다. 2000년에서 2001년에 걸쳐 전자상거래가 몰락하면서 B2C와 B2B 영역 모두에서 성공적인 온라인 비즈니스를 위한 개념이 재규정되고 있다. 인터넷을 둘러싼 시장이 새로운 정보에 가치를 제공하지 못하고 사용당 요금 지불(pay-per-use) 사이트들을 장려하는 데 실패하면서 현재 전자상거래 시장은 양 극단의 중간 지점에 놓여 있는 상황이다.

메가브랜드 전략

한 극단은 메가브랜드(megabrand)이다. 여기에는 아마존, 이베이, 야후 등 다양한 상품과 서비스를 각 가구에 폭넓게 제공하는 세계적인 인터넷 업체들이 포함된다. 이들 메가브랜드의 목표는 특정 고객, 가능하다면 전체 일반 소비자들에 의해 구매되는 모든 품목, 모든 물건의 우선순위 공급자가 되는 것이다. 이론상으로는 일단 사람들이 처음 방문하는 사이트가 되면 취급하는 상품의 종류와 상관없이 고객과의 관계를 우선적으로 확립하게 된다. 그러면 수위(concierge)로서의 위치를 장악하게 되어 향후 수년간, 아니 몇 십년간에 걸쳐 연간 매출과 이익의 실질적인 원천이 될 수 있다. 그렇게 되면 설령 손해를 보는 것처럼 보일지라도 시장 점유율을 확보하기 위해 애써 고심할 필요가 없다. 이론적으로 보았을 때 고객 관계의 장기적인 가치는 현재의 단기적인 손실을 보상해줄 수 있다.

메가브랜드 아이디어를 주창한 세력들은 메가브랜드가 신경제에 맞는 새로운 비즈니스 모델이라고 생각했다. 이를 비즈니스 대 소비자 관계의 전통적인 개념과 비교해보자. 구경제 모델에서 비즈니스는 상품과 서비스를 담당하는 전문 인력을 필요로 했다. 그래서 이윤의 폭은 소비자를 위해 상품을 선별하고, 추천하고, 제대로 시장에 내놓는 능력에 달려 있었다. 이 새로운 모델은 가장 중요한 것은 *고객 관계* 자체이며 회사가 일단 이 관계를 구축해놓기만 하면 그 관계는 즉시 자산이 되어 다른 분야로까지 영향력을 행사할 수 있다고 말한다. 이는 기존 백화점들이 가지고 있던 비즈니스 컨셉트의 새로운 버전이라고 할 수 있다.

그래서 메가브랜드 온라인 유통업체들은 이렇게 말한다. "우리는 모든 분야의 전문가라고는 할 수 없지만 모든 물건을 공급할 수는 있습니다. 우리는 소비자에게 무엇을 사라고 하지는 않습니다. 대신 소비자들이 직접 조사하고 무엇을 살 것인지 결정하면 우리는 그것을 저렴한 가격에 편리한 방법으로 공급할 것입니다." 그래서 아마존이 음악, 비디오, 온라인 경매, 장난감 등의 상품을 힘들이지 않고 추가할 수 있었던 것이다. 그 과정에서 아마존의 원래 가치를 희석시킬지도 모른다는 우려는 할 필요가 없었다.

메가브랜딩은 매력적인 개념이지만 심각한 위험을 동반한다. 그 위험은 가격만이 유일한 차별점이라는 데 있다. 가격을 내리면 매출과 거래량은 증가하지만, 고객 관계를 구축하는 데 기반이 되는 관련성을 창출할 수는 없다. 고객을 사이트로 끌어들일 수 있는 유일한 이유가 낮은 가격뿐이라면 더 작은 이윤 폭, 심지어 손실을 감수하고서라도 시장 점유율을 잠식하려 하는 다른 경쟁자들에게 문을 열어주는 셈이 된다.

가격만으로 승부하는 전략은 전세계의 수많은 전통 유통업체들이 빠져들었고, 아직도 그 속에서 빠져나오지 못해 허우적대고 있는 함정이다. 점점 더 많은 메가브랜드 온라인 유통업체들이 바로 이러한 함정에 빠져 있다는 것을 스스로 깨닫고 있다.

메가브랜드 B2C 비즈니스 모델이 그다지 효과가 없다는 증거들을 살펴보자.

- 마케팅에 써버린 자금의 비효율성: 펫츠닷컴(Pets.com), 1800플라워즈닷컴(1800flowers.com), 리빙닷컴(Living.com), 이토이즈 닷컴(etoys.com) 같은 회사들은 광고에 수백만 달러를 쏟아 부었으나 판매 실적 면에서는 이렇다할 효과를 거두지 못했다.
- 유사 상품을 제공하는 수백 개의 유사 사이트 확산
- 가격 압박으로 인한 이윤 폭 감소(혹은 손실 증가)
- B2C 회사들에 대한 소비자 불신의 지속적 증가
- 시넷(CNet), 데자닷컴(Deja.com), 프로덕토피아(Productopia), 이피니온스(Epinions), 브랜드와이즈(Brandwise) 등 상품과 가격이 저렴한 사이트를 공평하게 측정, 추천하는 활동을 하는 소비자 의견 및 어드바이스 사이트의 영향력 증가

소비자가 원하는 품목의 카테고리에서 최상의 제품을 직접 고를 수 있도록 프로그래밍할 수 있는 소프트웨어 쇼핑 도구인 보트(bot: 로보트의 준말로 인터넷상에서 사용자가 원하는 일을 대신 수행해주는 소프트웨어. 웹 사이트를 주기적으로 방문하여 검색 엔진에 색인을 위한 컨텐츠를 모아오는 일을 한다―역주)의 등장은 메가브랜드 온라인 유통업체들에게 불길한 전조였다. 보트는 서비스나 고객 관계의 질뿐만 아니라 실질적인 제품의 가치와는 아무런 상관이 없고 단지

가격만을 중시한다. (B2B 영역의 비즈니스 교환 모델도 똑같은 문제를 안고 있다.) 보트의 대중화와 함께 이윤 폭은 점점 더 감소할 것이며, 이는 그렇지 않아도 부족한 메가브랜드 영역의 이윤에 더 큰 압력을 가하고 있다.

또 다른 불길한 트렌드는 소비자 서비스 사이트의 급증이다. 마이사이몬닷컴(mySimon.com)은 수천 개에 달하는 온라인 유통 사이트의 가격을 비교해주고 있고, 딜타임닷컴(DealTime.com)은 같은 카테고리 안에서 가장 저렴한 가격의 제품을 찾아주며, 소닉넷닷컴(SonicNet.com)은 소비자들이 자신의 기호에 맞게 라디오 방송국을 선택할 수 있게 해준다. 쇼핑 보트와 소비자 서비스 사이트는 B2C 공간의 수익성을 크게 깎아내렸으며, 이런 현상은 메가브랜드 업체들이 일반 소비자들에게 사이트에서 쇼핑하도록 하는 유일한 무기로 가격만을 고집하는 한 계속될 것이다.

마이크로브랜드 전략

전자상거래 스펙트럼에서 메가브랜드의 반대쪽 극단에 있는 것은 오토트레이더닷컴(Autotrader.com), 리플렉트닷컴(Reflect.com), 일렉트릭셰이버닷컴(Electricshaver.com), 스테소스코프44(Stethoscopes44) 같은 아주 작은 마이크로브랜드(Microbrand) 전문 사이트들이다. 이니팅닷컴(EKnitting.com)은 편물 용품을 판매한다. 메인리구어메이닷컴(Mainlygourmet.com)은 최상급의 오르되브르와 특제 음식을 제공한다. 이비니어드닷컴(Evineyard.com)은 와인을 판매할 뿐만 아니라 좋은 와인을 고르는 법도 가르쳐준다. 이들은 전문 사이트들로, 사이트를 통해 사람들에게 각각의 품목에 대한 깊이 있는 지식을 전달해준다. 이곳은 사이트가 제공하는 내용에 관심을 가지고 있는 아주 좁은 범위의 사람들을 끌어들이며, 이러한 공통의 흥미를 가지고 있는 사람들이 서로 만나고 각자의 경험을 나눌 수 있는 채팅 룸을 제공하기도 한다.

이러한 작은 사이트들은 아주 지엽적이면서도 고도로 세분화되고 전문화된 전략을 가지고 온라인에 진출한 전문 유통업체에 의해 만들어졌으며, 대부분 언론의 비즈니스 기사에 소개될 정도로 꾸준히 성장해왔다. 대부분 개인적 차원에서 시작된 데다가 목표 고객층이 아주 좁기 때문에 일반 대중들에게는 생소할 수도 있다. 그러나 이들 중에는 연간 매출 성장률이 30에서 50퍼센트나 되는 경우도 많다.

이러한 종류의 사이트들은 자신의 상품을 차별화시키는 수단으로 가격에 매달리지 않아도 된다. 이들이야말로 웹을 지탱해주는 숨은 공신이며, 테크놀로지가 진정으로 기능을 발휘할 수 있는 공간이기도 하다. 이들 사이트는 그들이 제공하는 내용에 대해 열정을 공유할 수 있는 고객들과 수년에 걸쳐 쌓인 신뢰—전문성, 정확한 충고, 유용한 내용, 적절한 가격을 바탕으로 세워진—를 기반으로 발전해왔다.

이들 사이트들은 상업적 관계 이상의 의미가 있다. 그들은 공통의 가치를 가지고 있는 사람들에게 실질적인 커뮤니티가 되었다. 그들이 판매하는 상품은 이 가치 관계의 일부분일 뿐이다. 이들 공유된 가치는 브랜드 가치를 결정하는 데 가장 중요한 요소가 되는 것으로 보인다. 경험이 프리미엄 가격을 정당화하기 때문이다.

비즈니스의 역사를 지켜본 사람들은 온라인 유통업체들이 가격이라는 함정에 얼마나 쉽게 빠져들었는지를 관찰할 수 있었을 것이다. 한때 전통적인 유통업체들은 시장 점유율을 구축하고 경쟁사를 물리치기 위해 가격 정책을 전략적으로 사용했었다. 결국 이 정책은 강자만이 살아남는 소모전의 불씨가 되었다. 승자는 보통 낮은 가격을 책정해도 지장이 없는 '규모의 경제' 전략이 가능한 몇몇 대기업들, 그리고 독자적인 판매 방식과 개인 맞춤 서비스를 제공해 살아남은 소수의 소기업들이었다. 그 가운데서 어중간한 기업들은 고전하다가 패자가 되고 말았다.

이와 똑같은 일이 지금 가상 세계에서도 일어나고 있다. 규모의 경제를 바탕으로 한 거인은 살아남을 것이다. 서비스와 전문성에 기초한 소인도 마찬가지다. 이 둘 모두 고객과 만나는 모든 접촉점에서 고객이 즐거워할 수 있는 경험을 지속적으로 전달해야 한다. 그 둘 사이에 끼어 있는 어중간한 B2C 회사들에게는 미래가 없다.

넥스트 이코노미에서 테크놀로지의 역할

어떤 사람들은 전자상거래와 관련한 최근의 문제들이 주로 테크놀로지의 문제라고 믿고 테크놀로지에서 그 해답을 찾으려 고심한다. 예를 들어 어떤 전문가들은 소비자들이 온라인상에서 쇼핑할 때 더욱 안전함을 느낄 수 있도록 하기 위해서 보다 철저한 보안 지불 시스템이 필요하다고 말한다. 많은 회사들이 전자상거래의 시도를 꺼려하는 소비자들을 끌어들일 수 있으리라는 생각으로 인터넷상에서 신용카드 정보 교환이 보다 안전하게 이루어질 수 있도록 새로운 암호화 전략을 마련하려 하고 있다. 그러나 B2C 마케팅의 성장이 침체된 탓을 보안 문제에만 돌릴 수는 없다. 현재까지 밝혀진 온라인 절도 사례는 거의 없으며, 그나마 개인 수준에서의 피해 사례였을 뿐 부도덕한 불법 해커들에 의해 비즈니스가 조직적으로 피해를 입었던 예는 거의 없었다. 2000년 2월 몇몇 유명한 전자상거래 사이트들이 엄청난 질문 공세로 마비되는 피해를 입은 것이 고작이다.

어떤 테크놀로지 신봉자들은 인터넷 접속 속도가 너무 느린 것이 바로 고객이 좌절하는 주요한 원인이라고 말하기도 한다. 하지만 이 문제는 앞으로 케이블 모뎀이나 DSL 같은 광통신망이 보다 대중화된다면 완화될 것이다. (AOL이 타임워너를 매입한 것도 부분적으로는 타임워너의 홈 케이블 시스템에 접근하기 위한 의도가 작용한 것이었다.) 물론 이러한 혁신은 전자상거래로의 이동을 가속화시킬 것이다. 그러나 시간 단축에 대한 욕구가 소비자들이 전자상거래를 저어하는 주요한 요인이라고 장담할 수는 없다. 느려터진 속도라 하더라도 온라인 쇼핑은 어쨌든 쇼핑 몰로 차를 타고 나가는 것보다는 빠르지 않은가? 또 대부분의 사람들은 이미 삶이 정신없을 정도로 빠르게 돌아가고 있다고 느끼고 있다. 이미 24/7('하루 24시간, 일주일의 7일'을 의미하며 쉬지 않고 가동되는 하루를 뜻하는 신조어―역주) 세상이 왔는데, 굳이 25/8로 더 진보해야 하겠는가?

하지만 전자상거래에서 성배를 찾으려는 전문가들은 인터넷 접속과 관련된 새로운 테크놀로지의 출현을 간절히 고대하고 있다. 이미 웹 사이트 접속을 위한 무선 장치가 이용 가능한 상황이며, 리모콘의 버튼 하나만 누르면 집에서도 쇼핑이 가능한 새로운 형태의 쌍방향 텔레비전이 개발 중에 있다. (아마도 AOL과 타임워너가 이러한 영역에서 주도적인 역할을 담당하게 될 것이다.)

사람들은 웹을 오락이 아닌 정보를 전달하는 미디어의 한 종류로 생각한다. 퍼스널 컴퓨터와는 다른 의미로, 대화와 사회적 경험을 공유할 수 있다는 관점에서 텔레비전은 가족 미디어의 기능을 했다. 텔레비전을 볼 때는 누구나 수상기로부터 2에서 3미터 가량 떨어져야 한다. 하지만 컴퓨터 모니터를 볼 때 그 거리는 60센티미터를 채 넘지 않는다. 사람들은 텔레비전을 통해서는 광고를 포함한 드라마, 코미디, 스포츠를 보기 때문에 대체로 마음 상태가 여유롭다. 이와 반대로 컴퓨터를 통해서는 정보를 얻고자 하기 때문에 마음 상태는 역동적이고, 긴장되어 있으며, 열중하는 정도도 크다. 이 둘은 모두 이용 가치가 있다. 만약 최대 가구의 최대 구매력 확보를 위해 메가브랜드 비즈니스 모델을 도입했다면, 컴퓨터에서 텔레비전으로 이동하는 것이 효과적일 것이다. 그러나 만약 마이크로브랜드 비즈니스를 선택했다면, 넥스트 이코노미에서 성공을 거두기 위해서는 웹에 집중하는 전략이 효과적이다. 하지만 이 둘 사이에 낀 어중간한 기업이라면 풀어가야 할 도전 과제가 만만치 않다.

넥스트 이코노미에서 구사할 전략이 무엇이건 간에 테크놀로지는 신경제의 죽음을 초래한 주범으로서 저질렀던 엄청난 과오를 다시 반복하는 일이 있어서는 안 될 것이다. 고객과 기업 우선순위에 도움이 되는 테크놀로지 운용과 경영 능력은 넥스트 이코노미에서 성공하기 위한 필수 전제 요건이다. 향후 10년간 테크놀로지의 목적은 복잡화가 아니라 단순화가 되어야 한다. 시간을 단축해주고, 고객이 쉽게 이용할 수 있으며, 경험을 개별화시키고, 결과적으로 브랜드 가치를 높이는 그런 테크놀로지가 필요한 것이다.

베이비 부머, 테크놀로지, 그리고 신경제의 실패

우리는 베이비 부머의 영향력과 중요성에 대해 귀가 닳도록 들어왔다. 어떤 사람들은 그에 대해 지나치게 과대평가하고 있다고 말할지도 모른다. 하지만 세계 역사상 가장 많은 인구군을 가진 세대로서 베이비 부머의 중요성은 결코 폄하될 수 없는 것이다.

베이비 부머가 가지는 경제적 중요성은 다음과 같은 사실에서도 드러난다―*신경제는 베이비 부머의 기대치를 충족시켜주지 못했기 때문에 실패한 것이다.*

이 말은 무슨 뜻인가? 인터넷에 희망을 걸고 닷컴 회사에 기대를 걸었다가 짧은 생을 마감하게 된 신경제는 우리가 살고, 일하고, 노는 방식을 영원히 혁신시켜줄 것으로 기대되었지만 베이비 부머와 아무런 상관이 *없었다는* 것이 문제였다. 세대적 관점에서 보았을 때 신경제는 X세대의 산물이었다. 보다 엄밀히 말하자면, 괴짜들을 *위해* 괴짜들에 *의해* 건설된 경제가 바로 신경제이다. 광고된 것처럼 신경제가 완전히 뿌리내리지 못했던 것은 이 때문이다. 우리 사회에서 경제적인 힘을 가진 것은 X세대도 아니고 괴짜도 아닌, 바로 베이비 부머이다.

신경제의 문제는 강력한 힘을 가지고 있는 풍족한 베이비 붐 세대를 전혀 고려하지 않았다는 데에 있었다. 베이비 부머는 텔레비전과 함께 성장했지만, 테크놀로지에 익숙한 세대라고는 볼 수 없다는 점을 기억해야 한다. X세대에 비해 테크놀로지와 그 결함을 수용하는 능력이 현저하게 떨어진다. 22살의 신세대 젊은이는 자기가 쓰던 컴퓨터가 고장이 나거나 인터넷 접속이 잘 안 되는 등의 기술적 문제가 생기면 '컴퓨터니까 그렇지 뭐.'라고 생각할 것이다. 하지만 베이비 부머들은 컴퓨터도 전화기처럼 간편한 기계이기를 기대한다. 베이비 부머들은 *작동하기 힘든 기계*에는 결코 관심을 가지지 않는다. 그래서 베이비 부머들은 신경제의 핵심이라고 할 수 있는 테크놀로지의 약속을 진심으로 받아들이지 않았던 것이다.

신경제의 괴짜들에 의해 베이비 부머들은 철저히 소외되었다. 굳이 베이비 부머들을 의식하지 않더라도 신경제가 구축한 테크놀로지는 모든 소비자를 위해서가 아니라 엘리트 그룹만을 위한 것이었다. 대부분의 소비자들은 디지털 테크놀로지라는 것을 대할 때마다 당황하고 좌절감을 느껴야 했다. 휴대전화를 구입하기는 했지만 걸핏하면 깨지고, 연결이 안 되고, 서비스 지역이 아닌 데서는 통화도 안 되고, 요금 체계는 복잡하기 이를 데 없다. 컴퓨터는 툭하면 무례하게도 모호하고 막연한 암호 같은 메시지 한 줄을 '설명'이라고 띄워놓고 움직이지 않는다. 관심 있는 정보나 서비스를 찾기 위해 웹 사이트를 찾아 접속하면 아무 연관도 없는 성가신 웹사이트들을 10개나 지나쳐야 한다. 이런 사례들은 셀 수 없이 많다. 진실은 대부분의 소비자들—특히 베이비 부머들—이 테크놀로지를 다루는 데 문제를 가지고 있었다는 것이다. 그리고 이는 신경제가 실패했던 하나의 이유를 제공했다. 테크놀로지는 일반 컴퓨터 이용자들과 친숙해지려면 아직도 멀었다. (이메일만큼은 예외가 될 수 있다.)

신경제의 테크놀로지는 우리의 삶에 어떤 혜택도 가져다주지 못했다. 신경제가 도래하기 이전에 미래학자들은 '자동화'가 레저 시간을 어떻게 늘려줄 것이며, 우리에게 얼마나 풍요를 가져다줄 수 있을 것인가에 대해 강조하곤 했다. 노동 시장에는 주 4일 근무제가 도입될 것이며 삶의 질 또한 대폭적으로 향상될 것이라고 입을 모았다. 그러나 이런 예측들은 보기 좋게 빗나갔다. 오늘날 사람들은 모두 휴대전화 같은 각종 개인 정보 송수신 장치를 가지고 다니며 어디에서건 끊임없이 회사와 관련된 업무를 점검한다. '24/7'이라는 신조어가 생긴 것도 결코 우연이 아닌 것이다. 휴가도 주 단위가 아니라 일 단위로 책정된다.

이제 넥스트 이코노미가 도래하면 이러한 것들이 바로잡아질지도 모르겠다.

G2G 마케팅

신경제가 단명한 것에는 몇 가지 결정적인 오해의 책임도 크다. 여성이 경제의 대들보—나는 그들을 가정의 수석 재무 경영자(chief financial officer, CFO)라고 부른다—라는 사실을 깨닫지 못했던 것도 그 중 하나다. 전세계적으로 디지털 테크놀로지는 남성을 대상으로 출범되었다. 비즈니스적 관점에서 보자면 이 테크놀로지는 대부분 여성인 진정한 구매자들과의 커뮤니케이션을 위해서라기보다는 젊은 남성들 간의 소통 수단으로만 그 범위를 한정시켰다고 볼 수 있다. 나는 이를 가리켜 G2G(geek-to-geek) 마케팅이라고 이름을 붙여보았다. 이는 결코 일반 대중들을 아우르는 개념이라고는 할 수 없다.

진정한 구매자와 연결하는 데 실패했다는 징후들은 상당히 미묘한 것이었다. 예를 들면, 신경제에서는 시도 때도 없이 끼어드는 배너 광고가 상업적인 메시지를 가지고 인터넷 사용자들에게 접근하는 효과적인 방법이라는 믿음—심지어 사용자를 방해하면 할수록 더욱 효과적이라는—이 만연해 있었다. 이런 관점에는 논쟁의 여지가 있지만, 우선 대부분의 여성들은 배너 광고를 혐오한다는 것이 문제였다. 상점마다 코앞에 얼굴을 들이대고 상품을 팔려고 혈안이 되어 있는 판매원들에게 지긋지긋해 있던 여성들이 인터넷을 서핑할 때 꼭 끼어드는 방해물을 좋아할 리가 없었다.

신경제의 주도자들은 사람들이 어쨌건 테크놀로지와 관계를 맺고 싶어 한다고 호언장담했다. 이는 만약 테크놀로지가 제 역할을 웬만큼 다 해주었다면 완전히 틀린 말은 아니다. 그러나 사람들은 궁극적으로 기계가 아닌 사람들과 관계를 맺고 싶어 한다. 신경제 시대에 사람들은 다른 사람들과 충분히 이야기를 나눌 수 없었다. 특히 여성이 다른 여성과 대화를 나눌 기회는 더더욱 없었다.

전자상거래의 붕괴

내가 보기에 전자상거래는 완전히 무너졌다. 5개의 웹 사이트들—아마존, 이베이, AOL, 야후, 바이닷컴(Buy.com)—만이 B2C 판매를 지배하고 있는 상황이다. 수천 개의 온라인 유통업체들이 지난 2번의 홀리데이 시즌을 전후해 모든 사운을 다 걸었다가 수백

개의 업체들이 실패해 문을 닫고 말았다.

성공한 극소수의 전자상거래 기업들은 몰락한 대다수의 기업들과 무엇이 달랐던 것일까? 그 비결은 전통적인 경제에서 살아남은 기업들의 성공 요인―단순히 수요를 만족시키는 수준이 아니라, 고객을 *기쁘게 해주었다*―과 다를 것이 없다.

넥스트 이코노미는 전자상거래가 테크놀로지 비즈니스나 데이터베이스 비즈니스, 제품에 기초한 비즈니스가 아니라 바로 *서비스 비즈니스*라는 사실을 증명하게 될 것이다. 인터넷은 이러한 비즈니스에서 단순한 커뮤니케이션 수단일 뿐 결코 비즈니스 그 자체가 될 수 없다.

B2C 영역에 대한 이러한 오해 때문에 온라인 유통업체들은 전통경제의 기업들이 금과옥조처럼 여기는 서비스의 기본적인 원칙조차 그냥 지나쳐버리고 말았던 것이다. ([표 1-6])

그 결과는 곧바로 드러났다. 최근에 실시한 설문조사에서 온라인 쇼핑을 해본 고객들의 절반 이상―정확히 말하자면 63퍼센트―이 턱없이 비싼 배송료와 처리 요금 때문에 주문을 취소시킨 것으

[표 1-6] 가장 많이 언급되는 온라인 소비자 서비스 문제

- 63퍼센트는 원하는 정보를 찾지 못해 결국 온라인 거래를 중지했다.
- 42퍼센트는 이메일로 질문을 하고 답을 받는 데 5일 이상을 기다려야 했다.
- 40퍼센트는 실시간 공급이 잘 안 된다고 불평했다.
- 온라인에서 제품을 찾은 소비자들 중 36퍼센트는 오프라인에서 그 제품을 구매한다.
- 26퍼센트가 온라인 쇼핑 경험에 대해 전반적으로 불만족스럽다고 말했다.
- 방문에서 거래로 이어지는 성공률 = 0.1~0.3%

출처: 경영자와 함께 하는 온라인(Online with the Operator), 엘렌 조빈(Ellen Jovin), 제니퍼 라흐(Jennifer Lach), 미국 인구통계(American Demographics Magazine), 1999년 2월

로 나타났다. B2C 관련 고객 조사가 이런 수치들을 보여주는 한 수
익성 있는 전자상거래란 요원하며, 비즈니스의 실패 가능성 또한
높다고밖에 할 수 없다.

오프라인 유통 대 온라인 유통

전자상거래를 개척한 업체이든 전자상거래에 성공한 업체이든
대부분의 전자상거래 업체들은 고객 서비스에 관한 문제들—주문
처리, 배송 같은 가장 기본적인 문제들조차도—을 무시해버렸다.
그러나 또한 종종 무시된 사실은 같은 기간 전통적인 오프라인 업
체들도 똑같이 좋지 않은 실적을 보였다는 점이다. 많은 사람들이
전자상거래에 실망한 고객들이 익숙한 오프라인 쇼핑 습관으로 되
돌아갈 것으로 생각하지만 그 같은 현상은 일어나지 않았다.

우리는 온라인 쇼핑을 시도했다가 중도 포기한 비율이 60퍼센트
에 이른다는 사실을 알고 있다. 하지만 기존 오프라인 유통 업체의
경우도 중도 포기 비율은 70에서 75퍼센트나 된다. 이는 물건을 사
러 매장을 찾아간 사람들 중 무려 4분의 3이 원하는 것을 찾지 못하
고 발길을 돌렸다는 이야기가 된다. 전자상거래에서 서비스는 중
요한 문제이다. 그러나 오프라인 업계에서도 서비스는 마찬가지로
심각한 문제이다.

비즈니스 언론은 온라인 판매에서 (신용카드 번호 같은) 고객 정보
보안과 관련된 문제를 심각하게 다루었다. 하지만 판매원이나 웨
이트리스, 자동차 정비공들이 결제를 위해 신용카드를 들고 가는

순간 고객들은 똑같이 정보를 도난당할 수 있는 위험에 처하게 된다. 즉 물건을 사달라고 간청하고 고객 데이터를 허가 없이 유포하는 등과 관련된 문제들이 온라인 세계에만 국한된 일은 아니라는 것이다. (당신이 받는 광고 우편물의 수를 세어보거나 하루가 멀다 하고 걸려오는 원치 않는 텔레마케터들의 전화들을 생각해보면 알 수 있을 것이다.) 고객들은 온라인에서처럼 오프라인에서도 무방비 상태로 노출되어 있고, 그 정보 역시 오용될 소지가 있는 것은 마찬가지다.

넥스트 이코노미의 필수 요건

넥스트 이코노미에서는 질 높은 고객 서비스 없이 진정한 비즈니스 대 고객 관계란 존재할 수 없다. 그저 거래 자체에만 집중한다면 그 비즈니스는 실패할 것은 분명하다. 이는 거의 모든 온라인 유통업체들—몇몇 오프라인 유통업체들이 아니라—이 반드시 알아두어야 할 교훈이다.

사실, B2C 마케팅과 유통업체 전체를 애먹이고 있는 고객 서비스 문제는 비즈니스적 차원에서 전략적 수행만 이루어진다면 쉽게 풀릴 수 있다. 거기다 인터넷은 현재의 서비스 수준을 *고객을 기쁘게 해주는* 수준으로 끌어올리는 데 그 자체로 중요한 역할을 담당할 수 있다.

전자상거래의 짧은 역사에서 많은 아이러니 중의 하나는 전자상거래의 초기 목적이 '탈중개', 즉 비즈니스에 관련된 모든 중개자를 제거하기 위해서였다는 사실과 관련이 있다. 현재 대부분의 성공적인 전자상거래 웹 사이트들은 다른 회사에 의해 제조된 상품을 가져다가 고객들에게 전달해주기만 하는, 그들 자체가 말 그대로 '중개자' 가 되어 있다.

그러나 시간이 흐르고 나면 탈중개라는 이슈는 결국 옳은 것으로 판명될 것이다. 대부분의 온라인 유통업체들은 단순한 중개자일 뿐 고객 경험에 가치를 부여하지는 못하고 있다. 그 결과 기업들은 매 분기마다 심각한 가격 하락 압박에 시달리고 있다. 고객들은 그들이 온라인상에서 얻을 수 있는 이득이라고는 편리함과 가격밖에는 없다고 결론지은 것이다. 이러한 상황에서는 어떤 회사도 궁극적으로 번성할 수 없다.

승자는 인터넷을 한 단계 발전시키는 방법을 터득한―온라인 테크놀로지를 고객 관계를 향상시키고, 강화하고, 개별화하고, 심화시키는 데 사용한―회사가 될 것이다.

전자상거래 경영자들은 결국 다음과 같은 진실을 깨닫게 될 것이다. "닷컴 비즈니스를 시작하는 것은 오프라인에서 가게를 내는 것과 똑같다." 가게를 차려놓고 간판만 내걸었다고 해서 누가 찾아와 주겠는가? 뭔가 다른 것을 보여주지 않는 한, 결코 고객의 발길을 끌어들일 수 없다.

결국 모든 온라인 유통업체들―그리고 모든 기존 오프라인 마케터들도 마찬가지이다―은 고객 관계를 근간으로 한 비즈니스를 구축하는 방법을 터득해야만 할 것이다. 위대한 테크놀로지만으로는 충분하지 않다. 사실 테크놀로지는 문제를 풀어가는 데 가장 기본적인 공식조차 제공하지 못한다. 다만 각 개별 가정과 고객들이 가진 나름의 관심과 욕구를 상품화하는 데 테크놀로지를 이용할 수 있을 뿐이다. 또 이와 마찬가지로 중요한 것은 고객에게 그들의 만족, 좌절, 바람, 선호 등에 대한 *실시간 피드백*을 할 수 있는 기회를 제공해주어야 한다는 것이며, 이런 노력들이 비즈니스의 빈 부분을 채워줄 것이라는 사실이다.

테크놀로지를 이런 방식으로 사용한다면 고객들의 지속적인 방문과 반복적인 상품 구매를 유도할 수 있으며, 회사가 유지되고 성장하는 데 원동력이 되는 매출과 수익 구조를 창출할 수 있을 것이다. 이런 고객 중심 전략이야말로 다가오는 넥스트 이코노미의 가장 중요한 주제인 것이다.

진화하는 고객 관계

구경제에서 고객 관계는 거래 이윤 '극대화에 기초한 것이었다. 그러다 보니 쇼핑 통로는 갈수록 좁아지고, 특별 세일의 간격도 계속 줄어들고, 서비스의 질은 퇴보하고, 상품은 계속해서 저비용으로 성의 없이 만들어졌기 때문에 고객들은 조금이라도 나은 브랜드나 매장을 찾아 전전해야 했다. 고객 관계는 아무리 좋게 이야기해도 횡포라고밖에 할 수 없었다.

신경제에서 고객과 웹 사이트 간의 관계는 완전한 일방통행이었다. 배너들은 고객의 서핑을 어김없이 방해했다. 쿠키(인터넷 웹 사이트의 방문 기록을 남겨 사용자와 웹 사이트를 매개해주는 정보—역주)들은 웹 브라우저의 경로를 몰래 추적해 얻은 정보들을 고객의 행동을 조작하거나 다른 온라인 유통업체에 팔아넘기는 데 이용하기도 했다. 이 정도면 신경제 시대의 고객 관계는 아무리 좋게 봐주어도 고객을 *희생시키는* 수준이었다.

고객의 지식과 힘의 성장은 고객 관계의 이러한 낡고 불공평한 모델을 뒤집을 수 있는 바탕이 될 것이다. 넥스트 이코노미에서 고객 관계는 고객 서비스에 기초한 것이 될 것이다. 그리고 그 관계는 *대응적*이라고 정의내릴 수 있을 것이다.

넥스트 이코노미에서의 핵심은 브랜드를 구축하는 새로운 도구들—새 천년의 시작점에서 비즈니스계가 처한 새로운 마케팅 환경에 적용 가능한—을 개발하는 데 달려 있다. 기존의 낡은 방법은 더 이상 통하지 않는다. 다가오는 새로운 10년을 위한 새로운 도구들, 핵심 역량들은 고객과 새로운 계약을 창출한다는 약속—기존의 계약이 우리의 부모 세대에게 나름대로 의미가 있었던 것처럼 내일의 소비자들에게도 의미를 부여하겠다는—을 담고 있어야 한다. 오늘날의 마케터들이 보여주는 불능을 치료해줄 수 있는 만병통치약은 아니지만, 마케팅 도구로 제대로 이용되기만 한다면 인터넷은 대단히 고무적인 역할을 담당할 수 있을 것이다.

마케터들이 반드시 숙지해야 할 새로운 마케팅 도구들은 다음과 같다.

* *욕구 세분화:* 1950년대, 1960년대, 1970년대 등 전후 시기에는 대부분의 고객 지출이 필요에 의해 이루어졌으며, 대부분의 비즈니스에게 닥친 도전 과제도 단순히 고객의 수요를 더 많고 더 좋은 제품으로 따라잡는 것이었다. 하지만 더 이상은 아니다. 오늘날 고객의 지출은 욕구에 의해 이루어지고 있다. 이러

한 사실을 이해하기 위해 마케터들은 가치, 관여도, 충성도와 관련해 고객을 세분화해서 목표 고객층을 공략하는 법을 모색해야 한다.

- *퀸타일 관리(Quintile management):* 모든 고객들을 똑같이 대해서는 안 된다. 넥스트 이코노미에서는 *숫자가 더 적고 우량한* 고객들을 목표 고객으로 삼아야 한다. 이 목표 고객에 제대로 닿기만 한다면 매출액 증대, *이윤* 확보는 약속된 것이나 다름없다. 최고 고객을 규명하고 이해하는 마케터는 그들로부터 기업이 얻어내는 '지갑 점유율'을 최대화할 수 있는 마케팅 전략을 개발할 수 있을 것이다.

- *4R:* 이는 기존의 마케터 세대가 의존했던 4P 대신 고안된 새로운 도구상자이다. 네 개의 R－관계(Relationships), 감축(Retrenchment), 관련성(Relevancy), 보상(Rewards)－은 연합된 두 핵심 역량들과 함께 네 개의 기본적인 마케팅 전략을 대변해주는 것으로 오늘날 성공을 이룬 대부분의 기업들은 이미 이를 바탕으로 세워졌다.

- *코마케팅(Comarketing):* 기존의 많은 회사들이 수직 마케팅 형태를 사용하고 있는데, 유통 팀과 제조 팀이 광고나 프로모션 경비를 분담하는 경우가 그 대표적인 예이다. 그러나 가까운 미래에는 수평적 개념인 *코마케팅*의 중요성이 유통업계와 제조업계에서 점차 확대될 것이다. 그리고 서비스 회사들은 그들의 모든 노력을 제품이 아니라 비슷한 욕구를 가진 고객 카테고리를 중심으로 조직해야 할 것이다.

- *고객을 기쁘게 하는 것:* 흔히 소비자(consumer)와 고객

(customer)을 같은 말로 생각하는 경향이 있다. 하지만 이 둘은 엄연히 다른 의미이다. 소비자 위주의 마케팅을 하는 마케터들은 그들이 생성하는 제품의 판매량에만 신경을 쓴다. 그러나 고객 위주의 마케팅을 하는 마케터들은 그들이 유지하는 관계의 질에 초점을 맞춘다. 넥스트 이코노미 시대에 성공은 소비자에게 많이 팔고, 고객을 기쁘게 해주며, 장기적이고 지속적이며 높은 수익 관계를 발전시켜나갈 토대를 만드는 마케터들의 차지가 될 것이다.

새로운 도구들을 이와 같이 결합시킬 수 있다면 기업들은 넥스트 이코노미로 이행하는 첫 발걸음을 성공적으로 내딛을 수 있다. 하지만 불행히도 행동할 수 있는 시간이 너무 없다. 오늘날의 마케터들이 직면하고 있는 딜레마를 야기하고 있는 사회·경제적 압력은 그 힘을 더욱 키워가고 있는 중이며, 다가오는 넥스트 이코노미 시대의 초창기에 대세를 차지할 가능성이 크다. 넥스트 이코노미의 본질과 우리가 그 안에서 번성하기 위해 반드시 밟아야 할 중요한 단계를 제대로 파악하기 위해 우리는 보다 더 광범위한 주제들을 이해해야 한다. 나는 다가오는 새 시대에 살아남고 번성하기 위해 마케터들—그들의 사업이 온라인이든, 오프라인이든, 아니면 둘 다이든—이 실행해야 하는 구체적인 처방들을 제시하기 이전에 이러한 주제들을 짚어볼 것이다.

CHAPTER 2

마케팅 불능

마케터들의 약속과 구매를 유도하기 위한 시도들이
오늘날의 엄마들에게 무의미하게 되었다는 사실을 이해하는 데
더 이상 무슨 증거가 필요하겠는가?
전통적인 마케팅이 고객의 수요에 영향을 끼치지 못하는
불능에 빠졌다는 것을 깨닫는 데 더 이상 알아야 할 것이 무엇인가?

the Next Economy

한 사람의 일생에 해당하는 기간 동안 우리 세계가 경험한 사회적·경제적 변화를 한번 돌아보자. 대공황의 충격, 역사상 가장 끔찍했던 세계대전, 새로운 유럽과 일본의 등장과 부상, 개발도상국의 약진, 텔레비전과 가전제품에서 컴퓨터와 생명공학까지 새로운 산업 분야의 뒤이은 탄생과 성장, 소수인종, 여성, 동성애자들의 권리를 옹호하는 대중운동의 성장, 소비에트 연방의 몰락과 냉전 시대의 종식, 산업, 교육, 오락, 정부 할 것 없이 거의 모든 분야에 불어닥친 정보와 인터넷 혁명의 폭풍……. 그리고 가장 최근에는 2001년 9월 11일의 끔찍한 테러 참사가 있었다. 한 사람의 생애 동안 일어난 일이라고는 믿기지 않을 정도로 엄청난 사건의 연속, 연속이었다.

나 또한 이 모든 고통스럽고 사람을 흥분시키는, 놀라운 일들의 대부분을 목격하고 겪으며 살아왔다. 그리고 컨설팅을 통해 많은 기업들을 대상으로 이러한 복잡다단한 변화가 초래한 경제적 현안들을 해결해가는 데 도움을 주기도 했다. 생활용품과 의약품에서 자동차, 케이블 텔레비전, 소매업 등 다양한 산업 분야에서의 클라이언트와 함께 30년간 마케팅 비즈니스를 해오면서 나는 변화를 예측하고 그 변화 가운데 살아남는 비결을 배울 수 있었다. 대부분의 이러한 '변혁'은 밀려왔다가 밀려가는 파도라기보다는 강한 태풍과 굉음을 동반한 강풍과도 같은 것이었다. 이런 강풍은 시간이 지나면 그 기세는 꺾이지만 스치고 지나간 자리에 치유하기 힘든 상처를 남긴다.

새 천년의 시작점에서 비즈니스계를 둘러보며 나는 솔직히 말하면 놀랍고 두려운 마음을 감출 수 없었다. 내 주변의 신호를 연구하면 할수록 나는 다가올 10년이 비즈니스계에 우리가 아직 한 번도 경험하지 못한 수준의 엄청난 지각 변동을 일으킬 일련의 사회적·경제적 변화를 이끌 것이라는 것을 예감하게 되었다.

게다가 이 대변동은 이론이나 추상적인 추론에만 존재하는 것이 아니다. 이미 발달해 있는 테크놀로지, 인구통계학, 사회·경제적 트렌드의 거대한 조류가 몰고 온 필연적인 결과―그래서 뒤집을 수도, 방향을 바꿀 수도 없는―인 것이다.

내가 걱정하는 것은 곧 닥쳐올 그 대변동 자체가 아니다. 나는 우리가 직면하는 변화들이 결국 살아남고자 하는 우리의 힘을 꺾지는 못할 것이라고 생각한다. 내가 우려하는 것은 그러한 대변동이 눈앞에 닥칠 것이라는 것을 인식하고 있는 사람들이 거의 없다는 사

실이다. 만일 비즈니스가 제때 대처하지 못한다면 그 결과는 재앙
이 될 것이다. 수천 개의 회사들이 무너지고, 수백만 명의 노동자가
일자리를 잃고, 수십억 달러에 이르는 돈이 공중분해되어 날아가버
릴 수도 있다.

넥스트 이코노미의 가장 뚜렷한 특징은 베이비 부머 세대의 영향
으로 소비자 수요가 대대적인 변화를 겪을 것이라는 점이다. 노년
화된 가정에서는 당연히 소비를 줄일 수밖에 없으며, 인간이라면
누구나 그렇듯 베이비 부머들은 1분마다 나이를 먹어가고 있다. 매
6초마다 미국인 한 명이 50세가 되고 있는 것이다. 베이비 부머의
노년화가 우리 경제에 본격적인 영향을 미치기 시작할 때 수요 둔
화 현상은 우리 모두를 강타할 것이다.

이러한 수요 둔화 현상의 악화는 가진 가정과 가지지 못한 가정
사이의 분극을 초래한다. 일반 고객들을 대상으로 하는 대부분의
북미 비즈니스는 가운데에 집중되어 있다. 하지만 미국 중산층에
게 제공하고 있는 제품과 서비스는 이미 포화 상태에 이르렀다. 넥
스트 이코노미에서 비즈니스는 가운데가 아니라 양 극단을 대상으
로 수립되어야 한다. 가운데, 즉 중산층은 이제 수익성이 없게 될
것이다. 바로 이것이 오늘날 소비자를 대상으로 하는 상품과 서비
스를 제공하는 비즈니스가 처한 현실이다.

주된 수입원을 소비자 구매에만 의존하고 있는 비즈니스는 특히
곧 닥쳐올 대변동에 심각한 타격을 입게 될 것이다. 분류 기준에 따
라 차이는 있겠지만 현재 모든 노동자 중 3분의 1이 마케팅과 관련
된 직업을 가지고 있다. 그 중 20퍼센트는 독자적으로 소매업을 운
영하고 있으며, 나머지는 프로모션, PR, 광고, 판매나 상품 유통에

종사하고 있다. 물론 크게 보면 모든 비즈니스는 마케팅에 의존하고 있다. 고객의 욕구에 부합하지 않거나 제품이나 서비스가 전달되지 않는다면, 그리고 판매가 이루어지지 않는다면 어떤 산업 영역도 존재할 수 없다. 이제 다가오는 변화의 시대에는 아무리 자신이 *마케팅*과 무관한 일을 하고 있다고 하더라도 *마케팅*의 영향권 아래 놓이게 될 것이다.

전체 GDP(gross domestic product: 국내총생산)의 3분의 2가 소비자에 의해 채워진다는 사실을 고려한다면 순수한 B2B 기업은 거의 없다고 보아야 한다. 이들 중 대부분은 고객들과 직접 거래하는 다른 기업에게 상품과 서비스를 제공하는 기업이다. 그래서 소비자의 구매 행위에 장기적으로 두드러진 변화가 이루어진다면, 그 여파는 전 부문의 비즈니스에 미치게 되는 것이다.

앞으로 10년 안에 넥스트 이코노미는 전통적인 비즈니스 방법, 특히 지난 50년간 북미 비즈니스계를 지탱시켰던 낡은 마케팅 방식에 실질적인 종말을 가져다줄 것이다.

설마 하고 깜짝 놀라는 것도 무리는 아니라고 생각한다. 겉에서 보이는 수치들을 놓고 보았을 때 오늘날의 우리 경제는 탄탄해 보이기 때문이다. 대부분의 비즈니스맨들에게 가장 두려운 존재인 실업률과 인플레이션 수치가 모두 낮은 수준을 나타내고 있다. 서류상으로 사람들은 최근 그 어느 때보다도 많은 부를 축적하고 있다. 미국인의 50에서 60퍼센트가 현재 주식 시장에 참여하고 있으며, 비록 최근에 주가가 폭락하기는 했지만 한창 주식 시세가 좋던 무렵에는 일확천금을 거머쥔 사람들도 꽤 많았다. 최근 정부가 발표하는 각종 통계 자료들을 보아도 가계 수입은 지난 불경기 이후 계속 상승세를 나타내고 있다. 연방준비제도이사회(Federal Reserve)는 아주 잘 하고 있다. 겉으로 보아서는 어떤 경제 뉴스에도 불길한 징조는 보이지 않는다.

그러나 이렇게 우리가 괄목할 만한 성장의 시대를 구가하고 있는 동안에 위험 신호가 다가오고 있다. 평균 가족의 현금 유동성—필요할 때 급히 찾아 쓸 수 있는 현금의 총액—은 90일치 수입 아래로 떨어졌다. 그래서 전형적인 북미 가족이 그동안 누렸던 서류상의 부를 잃어버릴 경우 이전 같은 생활을 할 수 있는 시간은 1분기, 즉 3개월밖에 없는 셈이다. 이미 지난 10년간 계속 하락세를 보이고 있는 저축률은 현재 더욱 심한 하향곡선을 그리고 있고, 가구의 부채 비율은 높아지고 있다. 돈을 벌어들이는 속도만큼 소비하는 속도도 역시 빨라졌기 때문이다. 그리고 현재 대부분의 가구들은 2개 이상의 수입원에 의존하고 있으며, 점점 더 많은 노동자들이 부업이나 수당을 받을 수 있는 초과근무에 열을 올리고 있다. 그렇다면 재정적으로 문제가 없는 것인가? 그렇다. 하지만 이는 할 수 있는 한 최선을 다해 뛰고 있기 때문이다.

오늘날 가족들은 돈, 시간, 그리고 다른 자원들에 대해 아주 민감하며, 그렇기 때문에 소비와 관련된 작은 변화라도 우리 경제에 미치는 영향은 지대하다. 현재 잘 되어가고 있는 것처럼 보이지만 이는 잘 될 때의 이야기일 뿐이다.

비즈니스는 나름대로 JIT 개념을 도입해 재고, 생산, 인력 관리에 비용 절감이나 생산성 향상을 도모할 수 있지만, 수요가 현저히 둔화되면 이윤 폭은 줄어들 수밖에 없다. 다운사이징은 북미 기업들이 필수적으로 지향해야 할 새로운 능력—테크놀로지가 몰락한

2000년에서 2001년 사이에 충분히 증명된—이다.

비즈니스는 그 자체로 대단히 불확실한 것이기 때문에 아주 작은 변화에도 쉽게 커다란 타격을 받을 수 있다. 이러한 변화들 중 몇몇이 이미 모습을 드러내고 있다. 커져가는 부채, 늘어나는 재고가 그것이다. 그리고 때 이른 많은 경고 신호들이 마케팅 영역에서 나타나고 있으며, 이는 소비자 수요에서 가장 먼저 감지되고 있다.

넥스트 이코노미의 도래와 관련된 세부 사항들은 비즈니스계에 새로운 뉴스가 될 수 있을 것이지만 마케팅이 심각한 문제에 직면해 있다는 견해는 그리 새로운 이야기가 아니다. 조금만 주의를 가지고 지켜본—최소한 약간의 의심이라도 해본—사람이라면 마케팅이 이미 영향력을 상실했다는 것을 깨달을 수 있을 것이다. 사실 나는 북미의 마케팅이 처한 그러한 상황을 불능—내가 그 말을 사용했을 때 많은 비즈니스 관련자들이 동조의 표시로 고개를 끄덕여 주지 않았다면 약간 우스꽝스럽게도 들릴 수 있겠지만—이라고 표현하고 싶다.

마케팅 불능은 모든 산업에 걸쳐 수많은 기업들로부터 생혈—이윤—이 빠져나가는 불행한 사건이다. 이는 코앞에 닥친 변화—지평선 위로 그 모습을 서서히 드러내고 있는 주요한 사회적·경제적 대변동의 엄청난 전조가 되는 변화—들을 알아차리지도, 이해하지도 못했기 때문에 일어날 수밖에 없는 결과이다. 마케팅이 마땅히 져야 할 책임—고객을 대상으로 브랜드 가치를 구축하는—을 다하지 못하는 무능력은 이미 오래 전부터 뚜렷이 나타나고 있었다. 구경제와 신경제, 그리고 넥스트 이코노미 간의 차이는 앞의 두 경제 시기에는 급격한 성장이 기본 고객 관계를 구축하는 마케팅의 능력이 하락하고 있다는 사실을 가리고 있었다는 점이다.

하지만 넥스트 이코노미에서 그러한 성장은 기대할 수 없다. 우리 앞에 다가오는 새로운 경제의 특징은 감축과 수요 둔화이다. 기업 마케팅이 안고 있는 허점들은 넥스트 이코노미의 수축된 시장 상황을 몸으로 느끼게 될 즈음에는 그 실상을 백일하에 드러내게 될 것이다.

그렇다면 마케팅 불능의 몇 가지 증상들을 살펴보자. 나는 현장에서 수많은 비즈니스 전문가들에게 이러한 구체적인 증상들을 들어왔다. 그 문제들은 모두 원인이 같았고, 서로 밀접한 관련이 있는 문제들로 하나의 패턴을 이루고 있었다. 자, 당신의 회사에서 이런 증상들을 느껴본 적이 있는지 확인해보도록 하자.

마케팅 불능의 증상들

고객 충성도 약화

모든 비즈니스의 염원은 물론, 성장이다. 비즈니스계에 있는 모든 사람들은 CEO에서 판매부서에 이르기까지 연간 매출과 이윤을 증가시키는 능력으로 평가된다. 성장이 멈추면 경쟁자들에게 기회를 제공하게 될 것이고, 서서히 혹은 급격하게 회사의 생혈은 빠져나갈 것이다. 지금까지 비즈니스가 방어적인 입장에서 자기 발뒤꿈치를 보는 데만 급급했다는 것을 알겠는가? 비즈니스라는 전쟁터에서는 한 곳에서 맴돌기만 한다면 결코 승리할 수 없는 법이다. 다른 사람들을 앞서 나가느냐 그렇지 않느냐보다는 언제냐의 문제가 더 중요하다.

　제2차 세계대전 이후 북미의 마케터들은 폭발적인 성장의 후광을 누리는 데 익숙해져갔다. 1950년대부터 1970년대에 이르는 기간 동안 사회·경제·인구통계학적 변화 요인들이 엄청난 세력을 과시했다. 베이비 붐 세대―역사상 가장 거대한 소비자군―가 유년기에서 성인기로 넘어가면서 그 구매력은 스치고 지나가는 자리마다 비즈니스계에 굵직굵직한 획을 그었다. 새로운 테크놀로지에서부터 냉전의 지속적인 긴장으로 인한 국방비 지출에 이르기까지 여러 요인들이 작용해 경제는 폭발적으로 성장했다. 커뮤니케이션과 광고에 강력한 힘을 발휘하는 새로운 미디어―텔레비전―는 미국인들의 마음을 사로잡았다. 텔레비전을 통해 마치 마술과도 같은 힘으로 그들을 매혹시킨 위대한 브랜드 네임―코카콜라, 포드(Ford), 시어즈(Sears), 제니스(Zenith), 디즈니―들은 소비자들을 거대한 대중 시장으로 끌어들였다. 물가 상승분까지 감안한다면 마케터들은 해마다 가시적으로 늘어나는 매출을 자랑할 수 있었을 것이다. 많은 회사들에게 가장 큰 도전 과제는 수요를 따라잡는 것이었다. 전후 시대, 성장은 당연한 것이었다.

　그렇다면 오늘날에도 그때와 같은 방식으로 비즈니스를 해도 된다고 생각하는가? 아마 독자들은 그 답을 알고 있을 것이다. 현재 자신의 비즈니스가 다른 사업과 별다른 차별점 없이 비슷비슷하다면 아마 전통적인 고객들을 유지하는 것조차도―비즈니스 성장이라든가 매출 증대는커녕―얼마나 힘든지를 느끼고 있을 것이다. 고객들은 더 이상 예전의 방식 그대로 브랜드 네임을 받아들이고 있지 않다. 언제든지 기존에 쓰던 브랜드에서 다른 라이벌 브랜드로 바꿀 태세가 되어 있을 뿐 아니라 더욱 놀라운 것은 이름도 없거나 개별 상표 브랜드, 5년 전에는 존재하지도 않았던 신규 회사의 브랜드도 꺼리지 않는다는 것이다. 이는 상상 속의 이야기가 아니며, 특정 비즈니스에만 국한된 이야기도 아니다. 산업이 변화하면 변화할수록 고객 충성도는 약화되고 있다.

기존의 고객을 유지하지 못해 비즈니스 성장에 문제가 생기자, 어떤 종류의 비즈니스 할 것 없이 각 기업은 매출 증대를 도모하기 위해 필사적인 노력을 기울이고 있다. 동일 점포(same-store: 개장한 지 1년 이상 된 점포—역주)의 완만한, 또는 하향의 곡선을 그리는 매출 그래프들에 골머리를 썩고 있던 소매업체들은 국내, 혹은 해외의 더 멀리 떨어진 지역에 새로운 판로를 개척하거나 이미 쇼핑 매장이 밀집되어 있어 포화 상태를 이루고 있는 번화가에 매장을 하나라도 더 열려고 애를 쓰고 있다. 제조업체들은 '사전지불금(slotting allowances: 소매점포가 신제품을 진열하는 대가로 제조업체에게 요구하는 일종의 위험 부담금—역주)'과 '협동 광고(coop advertising: 판매업자가 지역 매체를 통해 실시하는 제품 광고에 대해 생산자가 광고비용의 일부를 부담하는 형태—역주)' 비용을 소매업체들에게 지불하면서까지 그들의 브랜드를 고객 앞에 계속해서 진열하기 위해 애쓰고 있다. 이런 인위적인 자구책들은 대부분의 비즈니스에 일종의 통례처럼 자리를 잡았다. 소매업체들에게 이런 방법들은 흑자와 적자를 가르는 기준으로 작용하게 되었으며, 제조업체들—특히 업계에서 상대적으로 브랜드 가치가 떨어지는 업체들—에게는 매출이 바닥까지 떨어지는 것을 막아주는 최후의 보루가 되어주었다.

이런 형태로 브랜드를 계속해서 지탱하고자 하는 것은 위험한 발상이다. 기업의 브랜드가 스스로 충분한 가치를 가지고 있다면 그 브랜드를 유지하기 위해 소매업자에게 비용을 지불할 필요가 없다. 대신 고객들이 계속 찾아오게끔 하면 되는 것이다. 만약 당신의 브랜드 제품을 앞에 진열시키기 위해 소매업자에게 비용을 지불할 뿐만 아니라 그 돈의 액수가 해마다 늘어나고 있다면 이는 당신과 당신의 브랜드가 심각한 위험에 처해 있다는 확실한 증거이다. 이는 사람이 마치 건강한 심장이 아니라 심장박동조절장치에 의존하는 것과 마찬가지이다—그들은 근근이 명맥은 이어가게 해줄 수 있지만 고객 충성도가 약화되고 브랜드 가치가 떨어지고 있는 현재 상황의 치명적인 문제를 해결해주지는 못한다.

배너 충성도의 약화

많은 주요 소매업체들과 일을 해오면서 그들의 마케팅 전략에 대한 설명을 들을 때마다 나는 가장 막강한 소매업체조차 그들의 기본 고객들에게 배너 충성도를 얻지 못하고 있다는 사실에 놀라지 않을 수 없었다. 나는 대부분의 경우 고객들이 브랜드를 대하는 것과 똑같이 매장의 배너를 취급한다는 것을 알 수 있었다. 그러므로 대부분의 소매업체들은 해당 카테고리 안에서 고객 수요의 절반도 못 되는 물량만을 공급하고 있는 셈이다. 그리고 이는 최소한 두 개 이상의 소매업체가 고객 한 명을 공유하고 있으며, 고객들은 이러한 소매업체와의 관계를 일부일처제로 생각하고 있지 않는다는 것을 의미한다.

그래서 식료품 소매업체의 경우 가장 충성도 높은 고객이라 하더라도 그 고객이 먹는 음식의 절반 이하만을 판매하고 있다는 결론이 나온다. 한 세대 이전만 해도 그렇지 않았다. 전통적인 가족은 선호하는 식료품 가게가 정해져 있었고, 그곳에서 일요일 특식이나 좋아하는 간식 등 모든 음식 재료를 구입했다. 만약 그 가게에서 특정 브랜드의 시리얼이나 냉동 야채들을 팔지 않는다면, 먹지 않으면 그만이었다.

특정 지역에 '식품 프랜차이즈'를 가지고 있다는 것은 소매업체들로서는 대단한 거점을 확보하게 되는 셈이었다. 또 일반 소비재 마케터들도 그들의 상품을 소비자에게 쥐어주기까지 단순하고 편리한 방법을 사용할 수 있었다. 경제학자들이 시장 독점의 장점과 결점에 대해 뭐라고 이야기를 하든 한 회사가 소수의 대형 매장을 지배하는 소매업에서의 독점은 마케터에게 획기적인 규모의 경제를 제공하는 것은 확실하다.

그러나 오늘날에는 소매업의 영역이 세분화되고 있다. 식품 비즈니스의 예를 들어 설명해보자. 현대인들은 패스트푸드점, 레스토랑, 직장 매점 등 갈수록 집 밖에서 식사를 하는 경우가 많다. 대형 매장에서 쇼핑 카트 가득히 장을 보는 경우는 점점 줄고 있다. 맞벌이 부부가 늘면서 가족들은 시간과 수고를 줄이기 위해 테이크아웃 제품이나 집까지 배달해주는 식품으로 식사를 하고, 일터로, 학교로, 아이들 학교로 오고 가는 중에 잠깐 편의점에 들러서 장을 본다. 보스턴 마켓(Boston Market)이나 푸디니스(Foodini's), 셰브론(Chevron)—그렇다, 석유 회사이다—이 운영하는 테이크아웃 파스타 체인점들이 바로 이러한 신개념의 음식점들이다. 오늘날 사람들은 배가 고플 때 더 이상 자동적으로 A&P나 세이프웨이

(Safeway), 알버트슨(Albertson's), 퍼블릭(Public's) 같은 매장으로 발길을 돌리지 않는다. 대신 세븐일레븐(7-11)이나 샘즈클럽(Sam's Club)에서 맥도널드(McDonald's), 푸디니 같은 곳으로 향한다. 이젠 더 이상 하나의 소매업체가 한 지역의 식품 프랜차이즈를 장악할 수 없는 세상이 된 것이다.

이와 비슷한 변화가 거의 모든 소매업과 상품 카테고리에 일어나고 있다. 얼마 전만 해도 운동화를 사려면 중심가의 신발가게로, 최신 음반을 사려면 동네 레코드 가게로, 아침식사용 빵을 사려면 빵집으로 가야 했다. 그러나 오늘날은 모든 *사람*이 모든 *것*을 파는 시대다. 편의점에서 운동화를 살 수도 있고, 약국에서 CD를 살 수도 있으며, 주유소에서 빵을 살 수도 있다—또는 이 세 가지를 할인매장에서 한꺼번에 살 수도 있으며, 그곳에서 처방받은 약을 살 수도 있고, 펑크 난 자동차 타이어도 갈아 끼울 수 있으며, 은행에 넣어둔 돈도 인출할 수 있다.

소매업체에 대한 호오가 없다는 것은 이전에는 예외적인 경우로 간주되었으나 현재는 일반적인 것으로 인정되고 있다. 이제 고객들은 당신이 제공하는 물건을 사기 위해 당신의 매장으로 갈 필요가 없다. 어느 곳에서든 그것을 구입할 수 있는 것이다. 그 결과 '신발가게', '철물점', '레스토랑'이 한 도시에 따로따로 존재할 이유가 없어졌다. 이제 고객들을 끌어들일 수 있는 독특하고 흡인력 있는 이유를 창출해야 할 필요가 생겼다. 갑자기 마케팅에 완전히 새로운 도전 과제—그리고 그런 만큼 해결하기도 힘든—가 주어진 것이다.

베인 앤드 컴퍼니(Bain and Company)의 컨설턴트인 프레드 리크

헬드(Fred Reichheld)는 다른 어떤 것보다 고객 충성도와 관련된 현상을 조사하는 것을 전문으로 하고 있다. 그는 평균적인 미국 기업은 5년마다 고객을 *반이나* 잃고 있다고 추정하고 있다. 평균이 그렇다면, 많은 기업들의 상황은 더 나쁠 것이다. 우리는 기존의 고객을 유지하는 것보다 새로운 고객을 확보하는 일이 훨씬 어렵고 비용도 많이 든다는 것을 알고 있다. 마케팅 분야에서 일하고 있는 사람들이 그 어느 때보다 치열한 전쟁터에 있는 것처럼 느끼는 것도 당연하다. 실지로 그렇기 때문이다.

마케팅 부서의 대혼란

고객을 잃는 것은 지독한 '충성도 상실' 사이클의 아주 일부분에 불과하다. 리크헬드에 따르면 5년마다 고객의 반을 잃고 있는 전형적인 미국 기업은 또한 4년마다 종업원의 반을, *매년마다* 투자자의 반을 잃고 있다. 이러한 현상은 서로 밀접하게 연관되어 있다. 고객이 떨어져나가고 그 공백을 메울 필요성이 제기되기 때문에 기업들은 점점 더 필사적으로 전략 전술적인 모색—브랜드와 회사를 '재창조' 하고, 목표 시장을 한 곳에서 다른 곳으로 이동시키며, 출시하자마자 회사 이미지를 추락시킬 수 있는 부수적인 제품과 서비스를 날림으로 만들어내는 등—을 하기 시작한다. 가끔 한두 분기 정도는 이러한 전술이 먹힐 수도 있다. 단기간이나마 매출과 이윤이 증가할 수도 있고 월 스트리트에서 주가를 올려주기도 한다. 그러나 근본적인 마케팅 문제를 해결하지 않는 한 6개월이나 1년 안에 회사는 벽에 부딪힐 것이 틀림없다. 수익 곡선은 떨어지고 악순환이 반복된다.

이렇게 불안정한 비즈니스 정세에서는 끊임없는, 그러나 결국 무용으로 끝날 안전한 피난처—장기적인 생산성이나 만족을 위해 그들의 시간과 에너지, 돈을 마음 놓고 투자할 수 있는—를 찾는 노력을 하고 있는 종업원이나 투자자들이 그들의 자산을 회전시키는 것은 당연하다. 하지만 오늘날 그러한 장기적인 전망을 가지고 있는 기업은 거의 없다.

그 결과, 오늘날 북미에서 능력 있는 사람들은 마케팅을 평생 직업으로 삼지 않으려는 추세가 생기고 있다. 설사 마케팅 관련 일을 하고 있다고 하더라도 결코 하나의 제품, 하나의 브랜드, 또한 하나의 회사에 오랫동안 머무르지 않는다. 일반적으로 젊은 마케터는 특정 브랜드 하나 정도를 책임지고, 어떻게든 단기간에 매출을 신장시키기 위해 브랜드의 장기적인 자산 가치는 무시한 채 가격에 기초한 프로모션으로 1년이나 2년을 보낸다. 마케팅 팀은 하나의 프로젝트에 다섯 명 가량의 마케터가 포진해 있는 피라미드 구조로 구성되어 있다. 그들은 대부분 매출 성장률이나 시장 점유율로 평가받는다. 각 개인들의 목적은 브랜드에 대한 임무를 자신의 경력을 위한 도약대로 이용하는 것이다.

성공한 사람들은 조직의 더 높은 자리로 승진해 자신이 담당하던 브랜드를 다른 신참 마케터에게 내주고 떠나버린다. 결국 브랜드는 장기적인 성장을 위한 어떤 조직적인 기억이나 헌신도 경험해보지 못한 젊고 경험 부족한 젊은 인력들에게 끌려 다니는 꼴이 되는 셈이다.

만약 마케팅이나 광고, PR 부서 등에서 일을 해본 경험이 있다면 이런 세태에 대해 충분히 공감할 수 있을 것이다. 또 대부분의 회사들이 시도하고 있는 부적절한 해결책에 대해서도, 경영 환경의 변화라도 생길라치면 방향을 잃고 혼돈에 빠져버리는 것도 잘 알고 있을 것이다. 마케팅과 관련해 지식과 경험을 갖춘 리더십이 부족하다는 사실을 절감한 많은 조직들은 더 이상 찾을 수 없는(찾아낸다 하더라도 감당할 수 없는) 높은 보수를 주어야 하는 베테랑 마케터의 역할을 대체하고자 젊은이들로 마케팅 팀을 결성하는 시도를 해왔다. 이는 *합의 경영* 혹은 *팀 경영*이라고 불리는 신경제 경영 구조의 주요한 특징이다. 불행히도 그것은 제대로 효과를 거두지 못했다. 많은 두뇌들을 한자리에 모은다 하더라도 그들 중 어느 누구도 브랜드에 대한 경험, 지식, 비전이 없다면 파트너십은 제대로 기능을 발휘하지 못할 것이다. 결국 팀의 합의에 의한 대부분의 마케팅 컨셉트는 주류에서 벗어나지 못하고 틀에 박혔으며, 안전하고 평범한 것이 될 가능성이 높았다. 그런 컨셉트는 중역회의실에서는 먹힐 수 있을지 몰라도 거실에서는 먹히지 않는다.

혹시 이후에 정말 무능하기 짝이 없는 새로운 마케팅 캠페인—누구도 이해할 수 없으며, 브랜드 네임의 가치를 고양시키거나 장기적으로 호감을 끌게 하는 것이 아니라 오히려 그것을 갉아먹는—을 보게 된다 하더라도 도대체 어떻게 그런 일이 일어났는지 의아해할 필요는 없다. 우리의 마케팅 구조는 지금 혼란 그 자체이기 때문이다.

광고에 대한 면역

광고의 홍수는 구경제와 신경제 모두에서 동시에 발견되는 두드러진 특징이다. 전통적인 광고 매체—신문, 잡지, 라디오, 텔레비전 등—는 더 이상 비집고 들어갈 틈이 없을 정도이며, 광고와는 도대체 어울리지 않는 공간인 것 같은 식료품 매장의 쇼핑 카트, 교과서의 표지에서부터 스키 리조트의 리프트 코스, 남자 화장실 변기, 그리고 (물론) 웹 페이지까지도 온통 광고의 홍수에 빠져 있는 것 같다. 동시에 딱히 광고처럼 보이지 않는 것 같아 보이는 미묘한 '숨은 광고' 들도 영화, 텔레비전 쇼, 인쇄 매체, 놀이공원, 스포츠 행사, 콘서트 현장 등 온갖 종류의 상품이나 공간의 형태를 가리지 않고 교묘히 포진하고 있다. 심지어는 박물관, 대학, 공영 방송 같은 기존의 품위 있고 비영리적인 영역에까지 브랜드 네임 프로모션—완곡하게 표현하면 스폰서십이라고도 하는—이 넘치고 있는 실정이다.

통계를 보면 이러한 광고의 대홍수 사태를 보다 일목요연하게 파악할 수 있다. 북미 기업의 경우 현재 광고에 쏟아 붓는 돈이 한 해 1,700억 달러에 달한다. 우리는 일주일에 6,000개나 되는 텔레비전 광고에 노출되어 있으며, 이는 1983년보다 50퍼센트나 높아진 수치다. 전체 방송 시간의 25퍼센트가 광고나 프로모션에 할애되고 있다. 또 현재 모든 잡지 지면의 50퍼센트는 광고로 채워지고, 지난 10년 동안 우리는 온갖 종류의 광고 전단지에 몸살을 겪어야 했다.

그렇다면 우리 비즈니스는 이러한 엄청난 광고 물량 공격에 상응하는 매출 결과를 얻어내고 있는가? 굳이 설명하지 않아도 알 수 있을 것이다. 우리들이 광고에 모든 역량을 집중시키고 있을 때 매출과 브랜드 충성도는 계속해서 하향곡선을 그리고 있었다. 이는 광고 디자인이나 집행과 관련된 문제가 아니다. 많은 조사들은 소비자들이 오늘날의 텔레비전 광고를 오락으로 즐기고 있다—심지어는 그 광고가 방해하는 원래 프로그램보다 더—는 것을 보여준다. 광고는 소비자에게 있어 즐거움을 주는 개념이지, 무엇인가를 파는 개념이 아닌 것이다.

문제는 광고의 컨셉트나 광고 자체에 있는 것이 아니다. 기본적인 마케팅 전략이 예외 없이 제 기능을 다하지 못하고 있다는 것이 문제의 핵심이다. 한때는 강력했던 도구가 불능의 상태에 빠진 것이다.

가격 프로모션에 대한 과잉 기대

변덕스러운 소비자들, 비효율적인 광고, 비전 없는 마케팅 부서 등의 문제에 직면한 많은 기업들은 생존을 위한 전술로 가격 프로모션을 택하기에 이르렀다. 물론 가격 프로모션은 많은 산업 영역에서 그 유효성이 증명된 마케팅 전략이다. 또 잘만 사용된다면 잠재 고객의 발길을 브랜드로 끌어들일 수도 있고, 그 다음부터는 원래 가지고 있는 가치로 그들을 평생 동안 잡아둘 수도 있다. 최소한 이론상으로는 그렇다.

문제는 오늘날의 초경쟁적인 비즈니스 영역에서 가격 프로모션이 다른 마케팅 전략을 지원하는 수준이 아니라 아예 마케팅 전략을 전면적으로 대체하고 있다는 것이다. 기업들은 가격을 다운시키는 수법으로 고객의 주의를 끌기 위해 50퍼센트 세일, 긁으면 당첨될 수 있는 스티커, 보너스를 탈 수 있는 전단지 등 나름대로 독창적인 방법들을 많이도 개발해냈다. 어떤 의미에서 이런 가격 전술은 효과를 보기도 했다. 그래서 오늘날 더 많은 판매들이 가격 할인 기법을 바탕으로 이루어지고 있는 것이다. 예를 들어 몇몇 상품 카테고리의 경우 프로모션으로 팔리는 비율이 10년 전보다 *2배로* 뛰어오르기도 했다.

불행히도 이러한 전략은 기업의 장기적인 생존의 관점에서 보았을 때 그리 좋은 것이 아니다. 무엇보다 가격 프로모션은 기업의 상품을 다른 상품과 비교해 차별점을 만들어주지 못한다. 가격 할인은 누구나 할 수 있는 것이며, 그래서 모든 사람들이 하고 있는 것이다. 가격 할인 전략에는 지식이나 비전, 고객에의 감정 이입이 필요하지 않다. 가격 프로모션에 의존하는 전략은 오히려 고객 관계에 미묘하게 해를 끼치기도 한다. 기업이 만약 할인된 가격에 상품을 내놓는다면 이러한 메시지—모조리 부정적인—를 전달하는 것이나 마찬가지이다. *"우리의 제품과 서비스는 제값을 다 주고 살 만한 것이 아닙니다. 고객께서 제값을 다 주고 사신다면 이윤 폭을 지나치게 많이 남겨주는 것이 되지요. 모든 제품과 서비스는 결과적으로 똑같습니다—단지 다른 것이 있다면, 가격뿐이랍니다."*

가격 프로모션에 의존함으로 해서 우리는 고객들에게 이러한 것들을 믿으라고 말하는 셈이다. 자, 어떤가? *구경제와 신경제 시대에 이런 일들은 비일비재하게 일어났다.*

그 결과 오늘날 점점 더 많은 산업 부문에서 가격을 기초로 경쟁하려는 기업들이 늘고 있다. 한때는 가격 경쟁이 불가능했던 신규 탈규제 산업 분야에서도 이와 같은 현상이 일어나고 있는 실정이다. 항공사들은 인터넷으로 할인된 가격에 항공권을 판매하기 위해 혈안이 되어 있으며, 장거리 전화 회사들은 소비자들에게 통화당 요금을 싸게 해주겠다며 현재 거래하고 있는 회사와 거래를 끊으라고 유혹하고 있다. 디자이너 의류나 비싼 핸드백, 아이디어 전자제품과 미식가들을 위한 주방용품 등 이른바 명품마저도 할인된 가격에 팔리고 있으며, 할인매장의 가격이 '정상적인' 가격으로 인식되어 현명한 고객이라면 절대 제값을 다 주지 않는다. 우리는 고객들에게 우리가 판매하는 것보다 구매하는 데 더 현명해지도록 교육시켜온 셈이다.

디플레이션과 상품 사이클의 가속화

유통기한이 지난 제품보다 더 식욕을 떨어뜨리게 하는 것은 없을 것이다. 한때 식료품―특히 육류―은 부패 상품의 전형이었다. 그래서 육류 유통 관계자들 사이에서는 이런 말이 나돌기도 했다. "고기는 팔든가 냄새를 맡아보든가 하면 된다."

오늘날 모든 비즈니스는 '육류' 비즈니스로 변모하고 있다. 점점 더 많은 제품들이 부패되어가고 있고, 그 가치는 단명하고 있다. 그 결과 비즈니스계는 끊임없이 변화하고 있는 소비자 수요를 점점 더 빨리 따라잡도록 강요받고 있으며, 그들의 제품이 급속도로 그 가치를 잃고 있음을 목도하면서 가격과 이윤 하락의 심각한 압박을 받고 있다.

하나의 이유는 과학 기술 변화의 자기 가속화 현상이다. 컴퓨터 비즈니스를 생각해보자. 한때 이 산업은 예측 가능하고 수익성 있는 제품 사이클을 가지고 있었다. 새로운 테크놀로지가 안정되면 새로운 컴퓨터 시스템이 시장에 나온다. 1년 정도는 최신 테크놀로지에 민감해서 비싼 가격을 기꺼이 지불할 용의가 있는 '초기 사용자'들이 주로 그것을 구매한다. 그리고 2년 정도 지나면 산업 표준이 되고 생산 물량이 많아지면서 규모의 경제가 적용되어, 물론 여전히 높은 가격이기는 하지만 점차 가격이 하락한다. 결국 새롭고 향상된 시스템의 등장과 함께 구 시스템은 할인된 모델로 최신 기종이 필요 없으며 오류가 없어진 옛날 기준을 더 좋아하는 사람들에게 팔리면서 1년 정도의 삶을 유지한다.

제조업체들은 이러한 사이클에 입각해서 제품 수명의 단계별로 최대한의 이윤을 뽑을 수 있도록 재고 수준을 체계적으로 입안했다. 비슷한 사이클이 가전제품(LP에서 8트랙 카세트 플레이어, CD까지), 전기, 자동차, 의류나 가구 같은 디자인이 주도하는 패션 비즈니스에서도 존재했다.

오늘날에는 몇 십 년 전에는 가능했던 이런 예측들이 통하지 않는다. 새롭고 향상된 기능의 컴퓨터 칩, 소프트웨어, 특수 장치, 심지어 모니터와 주변장치마저도 2, 3년밖에 나와 있지 못한다. (오늘날은 그것이 수명이다!) 컴퓨터 비즈니스에서 재고 가치가 떨어지는 속도는 과거보다 훨씬 빨라졌다. 오늘날 2,500달러 하는 시스템은 아마 6개월 안에 800달러까지 떨어질 것이다. 그리고 다음 시즌 시스템이 기존 시스템을 '폐물'로 선언하는 순간부터 6개월이 지나면 가차 없이 외면당하게 될 것이다.

정도의 차이는 있겠지만 같은 가속화 논리가 테크놀로지의 변화에 따라 신제품을 출시해야 하는 모든 비즈니스를 괴롭히고 있다. 우리가 '갈색 상품' —스테레오, 텔레비전, VCR 등—이라고 부르든 '백색 상품' —냉장고, 레인지, 세척기, 건조기 등—이라고 부르든 혁신은 과거 어느 때보다 빠르게 진행되고 있으며, 소비자들은 한결같이 최신 제품을 내놓기를 강요하고 있다.

이러한 디플레이션 압박의 영향은 비즈니스 전반에 심각한 영향을 끼치고 있다. 왜냐하면 소비자가 고민하는 문제는 이제 '살 것인가 말 것인가'가 아니라 '언제 살 것인가'이기 때문이다. 그리고 언제 구입할 것인가를 결정하는 과정은 다분히 충동적인 것이기 때문에 수요를 이동시키기 위해 가격 프로모션을 주된 도구로 사용했던 것이다. 기업은 지금 가격 할인 전술을 사용하고 있는 제품에 대해 호의적인 태도를 보이고 있는 고객들을 자극해 구매하도록 할수는 있다. 하지만 별로 관심이 없는 고객들에게 구매를 유도할 수는 없다.

이런 관점에서 본다면 오래된 재고들을 처분할 수 있는 가장 좋은 방법은 과거에 한 번이라도 구매한 적이 있는 고객들에게 당장 오늘이 구입의 최적기라는 신호를 보내는 것, 즉 가격을 이용하는 것이다. (가격 전략을 사용하는 시기가 중요한 것이 아니다.) 그렇게 하면 고객의 구매를 유도하고 구매 시기에도 영향을 줄 수 있다. 하지만 오랫동안 그 전략을 사용하면 다음 달에 제품을 팔기 위해 필요한 인센티브의 부담이 더 커진다.

만약 테크놀로지에 기반을 두지 않는 제품을 취급하는 비즈니스라면 어떨까? 그렇다고 해서 이러한 위험에서 벗어나는 것은 아니다. 지난 10년간 테크놀로지 혁신의 속도와 범위는 비즈니스와 인간 삶의 모든 부분에 구석구석 영향을 미쳤다. 책―구텐베르크가 인쇄술을 발명한 이후 500년이라는 기간 동안 기본적인 본질에 있어서 거의 변화가 없는 커뮤니케이션 미디어―처럼 대단히 전통적이며 테크놀로지와는 거의 무관해 보이는 제품을 예로 들어보자. 출판업계도 역시 제품 사이클 가속화의 심각한 영향을 받았다. 최근 그 수명이 눈에 띄게 짧아진 출판업계의 상황을 『모니카 르윈스키 회고록(The memoirs of Monica Lewinsky)』을 예로 들어 살펴보자. 르윈스키의 책을 제때 출판하기 위해―르윈스키와 대필자인 앤드루 모튼(Andrew Morton)에게 출판사가 지급한 막대한 로열티를 회수하기 위해―출판사(세인트 마틴스 프레스, St. Martin's Press)는 편집, 조판, 디자인, 인쇄, 제판, 배포까지의 전 과정을 기존의 8, 9개월이 아닌 8, 9주에 맞추어야 했다. 『모니카 르윈스키 회고록』은 이른바 인스턴트 북―20년 전에 출현했지만 최근 들어 황금기를 맞고 있는―인 셈이다.

어떻게 안정적인 출판 산업에까지 비즈니스와 테크놀로지 트렌드에 의한 제품 사이클 가속화 현상이 일어나고 있는 것일까? 『모니카 르윈스키 회고록』의 경우 이 책의 잠재 독자들―대통령의 스캔들에 흥미를 갖고 있는 전세계 수백만 명의 대중들―은 방송 네트워크나 케이블 텔레비전, 인터넷 같은 전자 매체뿐만 아니라 전통적인 인쇄 매체―신문과 잡지―를 통해 이미 여러 달 동안 그에 대한 이야기를 접해왔다. 새로운 일화, 루머, 비난, 반격이 나올 때마다 그 소식은 불과 몇 시간, 아니 몇 분 사이에 전세계로 퍼져나갔다. 오늘날 같은 무선 세상에서 정보의 수명은 그 어느 때보다도 짧다. 『모니카 르윈스키 회고록』이 대통령 탄핵 시도 후 6개월이나 8개월 후에 출간되었다면 아마 이 책은 구닥다리 취급을 받았을 것이다. 서점에 깔린 『모니카 르윈스키 회고록』은 불과 몇 주 뒤에 또 다른 주제를 다룬 새로운 인스턴트 북으로 대체되고 말았다.

물론 매장에서 절대 없어지지 않는 클래식 패션이 있는 것처럼 몇 년, 아니 몇 세대를 걸쳐 꾸준히 팔리고 있는 고전들―세익스피어, 디킨스의 저작 같은―도 있다. 그러나 소비자들은 점점 더 그들이 사는 제품들이 계속 새로워지는 입맛에 맞춘 것, 최신 유행을 반영한 것이기를 원한다. 그래서 갭(The Gap)은 1년에 두 번이 아니라 *2개월*에 한 번 새롭고 감각적인 색상의 남성·여성 패션의 새로운 라인을 도입하고 있다. 이런 보조를 따라가지 못한다면 오늘날의 '좀더 빨리'가 지배하는 트렌드에서 낙오될 것은 분명하다.

출시하는 신상품마다 성공이 보장된다면 비즈니스에서 그것보다 더 좋은 일은 없을 것이다. 하지만 제품 사이클의 가속화는 모든 비즈니스 결정 과정에 있어 재정적이면서도 독창적인 위험을 낳고 있다. 모든 신상품들—책, 영화, 텔레비전 쇼, 옷 입는 스타일, 소프트웨어, 가구 패션, 소비 가전, 포장된 식품 등—은 시장에서 자기 자리를 차지할 시간이 별로 없다. 2주 이내에 팔리지 않는 상품은 금방 가격이 내려가고 진열대에서 사라지고 만다—새로운 상품이 그 자리를 차지하기 위해 기다리고 있기 때문이다.

이러한 새로운 시장 상황에서는 수백만 달러라는 거액의 돈이 만들어지기도 하고 그 어느 때보다도 빨리 *사라져버리기*도 한다. 누가 그것을 결정하는가? 마케터가 아니다—그들은 따라잡으려 기를 쓰는 데 급급하다. 그 힘은 고객—변덕스럽고, 의심 많고, 산만한 데다 그 많은 텔레비전 채널을 단 몇 초 만에 돌려버리는 데 익숙한 수백만의 대중들—에게 있다. 만약 그들이 지루함을 느낀다면—단 한 순간이라도—그 비즈니스는 역사 속으로 사라지게 될 것이다.

이윤 폭의 감소

이미 언급했던 대로 상품 사이클의 가속화를 주도하고 있는 테크놀로지의 변화는 또한 가격을 턱없이 내리는 데에도 일조하고 있다. 모든 것이 눈 깜짝할 사이에 사라져버리는 세상에서는 어떤 것도 그 가치를 오랫동안 유지할 수 없다. 기존의 것보다 저렴한 가격에 새롭고 더 좋은 제품이 끊임없이 등장하고 있기 때문이다. 소비자들은 이런 사실을 알고 있으며, 전체 제품의 사이클에서 가격이 가장 높을 때라 하더라도 새롭고 더 좋기만 하다면 그 제품을 기꺼이 구입한다.

게다가 마케팅 분야에 종사하는 사람들은 고객들에게 절대로 제 값을 다 주지 *말라고* 교육시키고 있다—앞에서 언급했던 가격 프로모션의 과다 사용뿐만 아니라 가격을 더 이상 내릴 수 없는 선까지 내려서 제품을 판매하는 대형 소매업체, 프라이스클럽, 상설 할인 매장, 할인 카탈로그, 그리고 인터넷 경매 사이트 같은 급증하는 할인 경로를 통해서 말이다.

그 결과는 예상할 수 있을 것이다. 소매업, 유통업, 그리고 마케팅에 근간을 두고 있는 다른 비즈니스에서 이윤 폭은 결코 튼튼하지 않았고, 급기야 오늘날에는 빈혈 증상을 보이고 있다. 월 스트리트로부터 회사 주가만큼 가격을 정당화하라는 압력을 받는 상황에서 마케터들은 분기 매출 수치를 높이기 위해 할 수 있는 모든 일을 하고 있다—그리고 다음 해가 되면 똑같은 상황에 빠진다. 어떤 때는 매출 목표를 달성하기 위해 일단 출시부터 하고 보는 경우도 있고—새로운 분기가 닥치자마자 모조리 되돌아올 것임을 뻔히 알면서도—비매품을 판매용으로 둔갑시키는 장부 조작을 하기도 한다. [선빔(Sunbeam) 던랩(Dunlap)의 CEO인 체인서 알(Chainsaw Al)의 가시적인 성공—그리고 불명예스러운 사망—뒤에는 이러한 이른바 불안한 기술들 중 하나 혹은 둘 다가 있었다. 만약 그렇다고 한다면, 그는 이러한 유혹에

굴복한 마케터의 가장 최근의 사례일 뿐이다.]

오늘날 이윤이 이렇게 압박을 받고 있는 것은 북미의 마케팅 회사들이 규모가 크고, 튼튼하고, 지출액이 많은 기업들이 *아니라는* 사실 때문이기도 하다. 아니, 그 반대이다. 지난 몇 년 동안 우리는 실질적인 성장 없이 지출을 줄이고, 서비스를 아웃소싱하고, 직원을 감축함으로써 계획된 이윤을 채워왔다. 우리는 비용을 절감할 수 있는 가능한 모든 방법을 사용해왔다. 재고를 줄이기 위해 JIT 프로세스를 도입하고, 인건비가 비싼 나이 든 직원을 내보내고 그 자리에 인건비가 저렴한 젊은 직원들을 기용했으며, 회사의 전문성과 관계가 적은 부서는 과감하게 잘라나갔다. 남은 직원들은 생산력 향상과 인건비 절감을 위해 더 오랫동안 일해야 했다. 우리의 비즈니스는 타이트해지고 교활해져갔다. 그러나 이윤은 계속해서 줄어들 뿐이었다. *무언가 다른 방법을 모색해야 한다.*

마케팅 신뢰도의 격차

모든 가정에는 엄마—가정의 재정적인 결정권을 장악하고 있는 사람—가 있다. 대부분의 경우 그녀는 '엄마' 라고 표현되며 수많은 가정들이 한 명의 여성에 의해 지배되고 있다. 연구들에 따르면, 여성은 일반적으로 음식이나 옷을 구입하는 데뿐만 아니라 자동차나 컴퓨터의 구매 결정, 어떤 뮤추얼 펀드에 투자할 것인가에 대한 결정에도 지배적인 영향력을 행사한다. (여성들은 모든 소비재의 77퍼센트—물론 남성복도 포함해서   를 구매하거나 구매에 영향을 미친다.)

그래서 북미 가정에서 엄마는 GDP의 66퍼센트를 결정하는 수석 재무 경영자(CFO)―소비자 지출을 주도하고, 그럼으로써 국가 경제의 상당 부분에 일익을 담당하는―인 셈이다. 우리 국가 경제의 미래를 짊어지고 있는 것은 바로 엄마―앨런 그린스펀(Alan Greenspan), 로버트 루빈(Robert Rubin), 빌 게이츠(Bill Gates), 워렌 버펫(Warren Buffett)이 아니라―다.

그리고 이는 마케터들에게는 나쁜 소식이다―왜냐하면 엄마들은 마케팅을 좋아하지 않기 때문이다.

다른 많은 것들과 마찬가지로 오늘날의 엄마도 그 엄마의 엄마와는 다르다. 한 세대 이전인 1950년대, 1960년대, 1970년대에 마케터들은 생각한 대로 작동하는 시스템을 가지고 있었다. 전후 북미 경제의 부흥기에 마케터들은 마케팅이 아주 중요하고 긍정적인 역할을 담당하고 있다고 믿었다.

대공황과 제2차 세계대전이라는 악몽에서 벗어난 데다, 엄청난 인구를 자랑하는 베이비 부머의 왕성한 소비력에 힘입어 미국 기업들은 새롭고 흥미로운 제품과 서비스를 공급하는 데 모든 창의력을 동원했다. 마케터들은 그 프로세스에 가치를 더하는 데 주도적인 역할을 했다. 그들은 각각 확실한 단골고객과 복합적인 상품들을 갖추고 있는 거대한 소매업체―메이시(Macy's), 시어스, 블루밍데일(Bloomingdale's)―를 중심으로 강력한 유통 네트워크를 수립했다. 특히 텔레비전을 통한 광고 기술을 세련되게 다듬어 유용한 정보와 실감 나는 감정 표현으로 가득 찬 강력한 판매 메시지를 그들을 기꺼이 받아들이는 수많은 가정에 전달할 수 있었다. 대부분의 마케터들은 각각 독특하면서도 믿을 만한 품질을 갖춘 일련의 뚜렷이 구분되는 높은 가치의 제품과 서비스를 제공하면서 훌륭한 브랜드 네임을 성공적으로 수립할 수 있었다.

당시의 엄마들은 마케터와 그들 사이의 암묵적인 계약에 응해주었다. 그 계약은 실제로는 다음과 같았다.

- 우리가 제공하는 브랜드의 단골이 되어주신다면 좋은 품질을 공정한 가격에 제공할 것이라고 약속드립니다. 우리의 평판은 당신이 보증하는 것입니다.
- 리바이스에서 청바지를, 케즈(Keds)에서 운동화를, 프루트 오브 더 룸(Fruit-of-the-Loom)에서 티셔츠를 산다면 자녀에게 잘 맞고, 근사해 보이며, 오래 가는 옷을 입히신 겁니다.
- 그 옷들을 P&G(Procter and Gamble)에서 만든 세제로 세탁한다면 언제나 깨끗하고 청결한 상태로 유지시킬 수 있습니다.
- 포드, GM, 크라이슬러(Chrysler)에서 만든 자동차를 타고 자녀와 함께 시내를 드라이브한다면 안전하며 적정한 가격에 만들어진 첨단 자동차 테크놀로지를 만끽할 수 있습니다.

수많은 북미 가정들은 이러한 암묵적인 계약을 받아들였고, 대체로 회사가 파는 물건을 기꺼이 구입했다. 그때도 특히 광고를 중심으로 비즈니스를 비판적으로 바라보던 시각들이 있기는 했다―매드(Mad) 잡지에 나온 광고 패러디를 기억할 것이다. 하지만 전반적으로 미국인들은 미국 기업들이 그들의 돈을 쓸 가치가 있을 정도로 신뢰할 수 있다는 데 동의했다. 그리고 그들은 전세계적으로 가장 거대한 경제 기계를 지원하고 수립하는 데 수십억 달러에 달하는 돈을 지출해줌으로써 이러한 신뢰를 증명해 보였다.

그러나 과거는 이제 역사 속으로 사라졌다. 오늘날의 엄마들은 그들의 엄마들이 믿었던 낡은 진실들을 받아들이지 않는다. 그리고 어떤 마케팅 계약에도—암묵적이든 표면적이든—응하지 않고 있다.

이는 순전히 마케터들의 잘못이다. 일상적 비즈니스 결정 과정에 대해 생각해보자. 비즈니스 종사자들 대부분은 고객들을 행복하게 하는 것보다 상사를 행복하게 하는 방법을 궁리하는 데 더 많은 시간을 할애하고 있다. 그리고 엄마들은 그런 사실을 알고 있다. 지난 몇 년간 마케터들은 엄마들과 한 약속을 잘도 파기해왔다. 상사가 마진을 더 남기라고 하면 제품의 질을 떨어뜨림으로써 비용을 절감시켰고, 엄마들이 이를 알아채지 못할 것이라 확신했다. 또 매출을 늘리라는 명령이 떨어지면 엄마들이 불과 10시간 전에 제값을 다 지불하고 사갔던 바로 그 제품의 가격을 떨어뜨렸다.

매출을 늘리기 위해 매장 기획을 다시 해야 한다는 말이 나오면 엄마들이 어디에 어떤 물건이 있는지 다시 파악하려면 10에서 25퍼센트나 시간을 더 할애해야 한다는 사실은 전혀 고려하지 않은 채 매장을 통째로 바꾸어버렸다. 그리고 새로운 테크놀로지를 판매하면서 도움을 받을 수 있는 경로를 가르쳐주고 나서는 통화 한 번 하려면 무려 40분씩이나 기다리게 한다.

마케터들은 또한 더 저렴한 가격에 더 좋은 쇼핑 경험을 제공한다면서 엄마들을 웹으로 끌어들였다. 그러고는 배송 요금에 턱없는 이자를 붙이고 구입한 상품에 문제가 생기면 느려터진 속도로 그 일을 처리하는 것은 물론 그 비용까지 부담시키면서 엄마들을 골탕 먹이고 있다.

게다가 1년에 한 번 열었던 세일 행사를 1년에 2번, 분기별, 매달 주기로 점점 더 그 간격을 좁히다가 이제는 2주에 한 번씩 세일 행사를 벌이고 있다. 엄마들에게 지식을 가지고 있는 판매 직원을 배치하겠다고 약속하고서는 아무 것도 모르는 초보자들만 잔뜩 포진시켜놓았다. 엄마들이 그나마 신뢰를 보이고 있다 싶은 제품에 대해서는 재구매를 유도한다는 명목으로 그 브랜드나 제품의 스타일, 사이즈, 색상과 조합 등을 마음대로 확장시켜 본래의 브랜드 경험을 손상시키기 일쑤였다.

마케터들은 제품, 서비스, 웹 사이트들을 엄마들이 사용하고 즐기기를 원하는 방향으로 개발할 것이며, 그 과정에 엄마들을 가장 우선시하겠다고 약속했다. 그러나 실제 행동은 내뱉은 말대로가 아니었다. 엄마가 아니라 항상 주주를 최우선으로 삼았던 것이다. 그 결과, 오늘날 엄마들은 더 이상 마케팅을 신뢰하지 않는다. 마케팅이 엄마들과 한 약속을 깨버린 것이다. 오늘날 비즈니스는 엄마들 대 마케터의 구도가 되었다. 누가 승리할 것인가? 엄마들은 마케터들이 판매를 잘 하는 것 이상으로 구매하는 데 전문가이다.

엄마들이 자동차를 사려 한다고 가정해보자. 그녀는 다분히 미심쩍은 태도로 광고를 훑어본 다음 가장 최근에 이루어진 충격 테스트, 컨수머 리포트(Consumer Report)의 순위, 안전과 연료 효율성에 관한 정부 발표 통계 등을 꼼꼼히 검토한다. 그리고 가까운 자동차 판매점을 찾아가 원하는 모델의 가격대를 알아본다. 또한 단돈 100달러를 아낄 수 있다고 하더라도 더 싸게 같은 모델을 구할 수는 없는지 인터넷에서 경쟁 판매점을 알아보는 것도 잊지 않는다.

오늘날 엄마들은 중간 상인들이 도매가로 얼마를 지불하는지, 그리고 커미션에 눈이 먼 판매원으로부터 1점이든 2점이든 여분의 포인트를 빼내올 수 있는 가장 적기는 언제인지를 정확하게 파악하고 있다.

이번에는 엄마들이 자녀들의 옷을 산다고 해보자. 빅 네임은 여전히 유효하다―그러나 그들은 리바이스나 케즈 같은 전통적인 브랜드보다는 스포츠나 영화 스타들에게 유명한 이름에 더 솔깃해 한다. 아니면 한 푼이라도 아낄 생각이라면 근처의 할인매장에서 개별 상표 브랜드를 골라 드는 데도 주저하지 않는다―잘만 고르면 유명 브랜드 제품 못지않다는 사실을 알고 있는 것이다. (이들은 심지어 같은 공장에서 만들어지기도 한다.)

세탁 시간이라면 엄마들은 엄마의 엄마 세대가 쓰던 타이드(Tide)를 고르기도 한다. 그러나 그녀는 브랜드에 상관없이 몇 센트라도 아낄 생각에 이웃 프라이스클럽 매장에 가서 대형 사이즈의 포장 제품을 선택한다―또는 건강식품 매장에서 '환경친화적'인 상품을 사는 데 두 배나 되는 가격을 지불하기도 한다.

엄마들은 이런 모든 제품들과 함께 한 세대 이전에는 존재하지 않았던 새로운 제품들을 사기를 원한다. 비즈니스계에서 엄마들에게 무엇인가를 판매할 수 있는 기회는 여전히 남아 있는 것이다. 그러나 예측 가능성, 충성도, 순순히 계약에 응하던 태도들은 기대하기 어렵다. 엄마들은 기업들이 수백만 달러를 지불하면서 내보내는 텔레비전 광고는 여전히 보고 있다. 그러한 광고들을 즐기기까지 한다. 그러나 실제로 구매를 결정할 때에는 그 광고들을 무시해 버린다는 것이 문제이다.

미리 계획한 구매와 매장에서의 구매 결정 비율은 이러한 사실을 잘 나타내고 있다. POPAI(The Point of Purchase Association International: 국제 구매 시점 연합—역주)는 수년에 걸쳐 이러한 수치를 연구해왔는데, 구매를 결정하는 데 매장 내 마케팅의 영향력이 증대하고 있다는 사실을 발견했다. POPAI에 따르면 일상용품과 식료품의 구매에 대한 매장 내 결정 비율은 70퍼센트에 이르고 있다. 대량 판매나 할인 판매를 통한 구매 비율은 74퍼센트였다.

마케터들의 약속과 구매를 유도하기 위한 시도들이 오늘날의 엄마들에게 무의미하게 되었다는 사실을 이해하는 데 더 이상 무슨 증거가 필요하겠는가? 전통적인 마케팅이 고객의 수요에 영향을 끼치지 못하는 불능에 빠졌다는 것을 깨닫는 데 더 이상 알아야 할 것이 무엇인가?

마케팅은 도대체 왜 불능에 빠졌는가?

옛날에, 얼마 전까지만 해도 마케터들은 자신의 제품과 서비스를 전달하는 방법을 알고 있었으며, 신뢰와 수익을 얻을 수 있었다. 하지만 더 이상은 아니다.

마케팅은 불능에 빠졌다.

마케팅 불능은 건강한 사람에게도 어느 한 순간에 찾아올 수 있는 심장마비처럼 갑자기 기업을 공격하는 것은 아니다. 오히려 암세포와 비슷해서 암세포가 주변의 건강한 세포를 하나씩 잠식해가듯 조금씩 이윤을 갉아먹는다.

　이를 이해하기 위해서는 *마케팅 방정식*을 이해하고 넘어갈 필요가 있다.

$$브랜드\ 가치(Brand\ value)\ =\ \frac{자산(Equity)}{가격(Price)}$$

　이는 믿을 수 없을 만큼 단순하지만 사실은 의미심장한 공식이다. *브랜드 가치(brand value)*는 기업의 제품과 서비스에 대해 소비자가 지각하는 값어치를 뜻한다. *가격(price)*은 간단히 말해 제품과 서비스에 들어가는 비용이다. 그리고 이 둘 간의 격차가 *자산(equity)*이다. 마케팅의 실질적인 목적—비즈니스계에서조차도 이를 제대로 이해하는 사람이 거의 없지만—은 브랜드 자산을 구축하는 것—브랜드에 대해 소비자가 인식하는 자산을 지속적으로 지원하고, 강화시키고, 증가시키기 위해—이다. 이는 전세계적으로 가장 훌륭한 마케팅 회사들이 초점을 맞추고 있는 주제이며, 바로 그들의 노력으로 모든 기업들이 가장 감탄하면서 소비자들이 탐을 내는 코카콜라, 나이키, 소니, 찰스 슈왑, 홈 데포, 뉴욕 양키스, 마이크로소프트 같은 초대형 브랜드 네임이 등장한 것이다.

　고객의 입장에서 본 브랜드의 *가치*라는 의미로 자산을 생각해보자. 물론 가치라는 것은 사람들에게 각각 다른 의미를 가진다. 때로 가치는 브랜드의 신체적 측면에 기초하기도 한다. 예를 들어 엄마들은 스포츠 유틸리티 장비 브랜드를 평가할 때 안전을 중요시한다. 때로는 브랜드가 전달하는 감정의 퀼리티에 기초할 때도 있다. 매력적이고 우아한 여성이 로레알(L' Oreal)의 헤어 제품을 광고할 때 "난 가치가 있으니까요(Because I'm worth it)."라고 말하는 것을 그 예로 들 수 있다. 그 원천이 무엇이건 간에 가치는 엄마들이 상대적으로 값이 싼 경쟁 브랜드가 아닌, 바로 그 브랜드에 기꺼이 돈을 지불하겠다는 의지의 정도에 따라 측정된다.

자산을 다른 방식으로 생각해볼 수도 있다. 예를 들어, 내가 코카콜라 회사의 모든 자산―코카콜라 회사의 모든 건물, 장비, 공장, 배달 트럭, 거기다 코카콜라 특유의 맛을 낸다는 그 유명한 '신비의 공식' 까지―, 코카콜라라는 *브랜드 네임*을 *제외한* 모든 자산을 구매했다고 가정해보자. 나는 이 모든 자산을 이용해 콜라를 생산하고, 마케팅하고, 판매할 수 있다. 그 콜라는 '코카콜라' 라는 이름만 빼고 코카콜라 제품과 다를 것이 하나도 없다―이를테면 그 이름을 칙 콜라(Chick-Cola)라고 하자. (나는 칙이라는 사람을 알고 있는데 그는 청량음료 회사를 갖는 것이 소원이었다. 칙 콜라는 그를 생각하며 붙인 이름이다.)

자, 과연 이 칙 콜라는 코카콜라와 똑같은 매출을 올릴 수 있을까? 새로운 칙 콜라 회사는 코카콜라 회사만큼의 가치를 가질 수 있을까? 이 두 가지 질문에 대한 답은 확실하다. '절대로 아니오' 이다. 아무도 칙 콜라에 대해 들어본 적이 없다. 그 이름은 아무 것도 상징하지 않으며, 어떤 긍정적인 이미지도 연상시키지 않고, 어떤 기억을 떠올리게 하지도 않으며, 그 이름만으로 혀에 어떤 자극도 주지 못한다. 물론 몇 박스를 팔 수는 있겠지만, 몇 십 년이라는 시간이 흐른 뒤에야 겨우 닐슨 리포트(Nielsen Report)의 콜라 부문에 이름을 올리게 될 것이다.

칙 콜라는 코카콜라의 그 위대한 브랜드 네임 하나만 빼고 모든 자산을 손에 넣었다는 점을 기억해라. 하지만 비즈니스적 관점에서 보았을 때 그 가치는 브랜드 네임의 가치 하나보다 적었다. 결국 *회사를 차별화시키는 것은 브랜드 자산이라는 것이다.*

어떤 제품이나 서비스에 대해 인식된 자산이 높으면 높을수록 브랜드 가치는 따라서 높아진다—그리고 제품이나 서비스에 대한 수요도 높아진다. 반대로, 마케팅이 제 기능을 다하지 못하면 인식된 가치는 거의 없다고 보아야 하며, 고객들은 더 낮은 가격을 원하게 된다. 당연히 수익은 줄어만 가고 이윤 압박은 점점 커져간다. 오늘날의 마케팅 불능은 대부분의 산업 영역에서 마케팅 도구가 브랜드 가치를 높이는 데 제 역할을 하지 못했다는 사실에 기인한다. 가치가 하락함에 따라 제품이나 서비스에 요구되는 가격은 더욱 빠르게 내려갈 것이다. 그렇게 되면 이윤은 급격한 하향곡선을 그릴 수밖에 없다. 오늘날 급속도로 변화하는 비즈니스 환경에서 이러한 파멸의 기운은 점점 더 많은 회사를 덮치고 있다—심지어 세계적으로 유명한 거대 브랜드의 경우도 마찬가지다.

이는 중요한 이슈이다. 비즈니스가 마케팅을 구경제에 버리고 오지 않았기 때문에 브랜드와 고객 간의 관계는 전혀 다른 방식으로 진화했다. 유럽 시장에서는 브랜드 관리자라는 직업이 존재하고, 마케터는 브랜드 프랜차이즈의 퀄리티를 지속시키는 능력에 의해 평가받는다. 유럽 시장에서 가격은 북미에서처럼 주도적인 힘을 가지지 않는다. 브랜드 가치는 브랜드 자산에 초점이 맞추어진다. 그 결과 유럽의 엄마들은 미국 엄마들에 비해 브랜드 퀄리티를 유지하는 근간이 되는 공정한 시장 가격을 기꺼이 지불하고자 하는 의지를 가지고 있다.

북미 기업들은 매출을 늘리기 위해 브랜드 자산의 상당 부분을 이용해버렸기 때문에 신경제가 도래하자 저렴한 가격과 자유로운 접근 중심의 소비자 모델을 채택했다. 웹은 B2C 영역의 가치를 높이기 위한 도구라기보다는 그저 저렴한 가격을 강조하는 수단으로만 이용되었고, 그래서 수익성 있는 경쟁 구도를 창출하는 데 있어 기업들의 무능함만 키우는 결과를 초래하고 말았다. 2002년에 접어들어서야 기업들은 웹을 바라보는 시선을 비용을 줄이는 데에만 치중되어 있던 기존의 태도에서 벗어나 브랜드 가치를 높이는 것으로 돌리고 있으며, 가입 구독형 모델(subscription-based models)이 성공의 조짐을 보이고 있다.

구경제 시대의 마케팅 도구로는 넥스트 이코노미에서 성공할 수 없다. 그것들은 소비자들의 구매를 유도하는 데 무능할 뿐 아니라 기업 이윤을 갉아먹기만 할 뿐이다.

그렇다면 해결책은 있는가? 물론이다. 그 해결책은 브랜드 자산을 구축하는 새로운 도구―새로운 밀레니엄의 시작점에서 우리 앞에 닥친 새로운 마케팅 환경에 적용할 수 있는―를 개발하는 데 있다. 1950년대 이래 엄마들에게 제공된 전통적인 가치들은 이제 더 이상 먹히지 않는다. 다가오는 10년을 맞아 새로운 도구와 핵심 역량은 미국의 고객들에게 새로운 마케팅 계약을 창출하겠다는 약속―옛날의 계약이 그들의 엄마들에게 그랬듯이 내일의 엄마들에게 의미 있는 것이 될―을 담은 것이 될 것이다.

구경제에서는 무엇을 파느냐가 바로 그 비즈니스를 규정해주었다. 신발가게, 약국, 백화점, 식료품점 등이 될 수 있었던 것이다. 그러나 비즈니스를 결정했던 그 제품에서 소비자의 수요를 만족시커주지 못했기 때문에, 그리고 이윤의 하락과 더불어 가격이 떨어지고 이 같은 악순환이 기업을 계속 압박하자 수익성 있는 제품 라인을 더 확대시킬 수밖에 없었다. 결국 소비자 신뢰는 땅에 떨어지고 소매업체들은 전문 매장에서 일반 매장으로 변모해갔다.

신경제에서는 수익성을 제대로 측정할 수 없었다. 우리는 성공의 새로운 측정 도구—아이볼, 끌어당기는 정도, 점착성 등—를 만들어냈지만 그 어떤 것도 소비자 만족도를 측정할 목적으로 만들지는 않았다. '어떻게' 파느냐가 그 비즈니스를 규정해주었고, 그것은 인터넷 신(新)비즈니스(pure play), 온라인/오프라인 복합 비즈니스, 또는 굴뚝산업 비즈니스 중의 하나였다. 무엇을 파느냐는 더 이상 중요한 것이 아니었다. 비즈니스의 성장은 비즈니스 모델, 공간, 클릭 스루 순위 등에 달려 있었던 것이다.

넥스트 이코노미에서는 '누구에게' 파느냐가 그 비즈니스를 규정해줄 것이다. 확보한 고객의 유형에 따라 무엇을, 어떻게 팔 것인가라는 문제가 결정된다. 엄마들의 삶에 관련 있는 한 부분이 될 수 있는 능력이 그 비즈니스를 이끌어나갈 것이며, 엄마의 충성도가 비즈니스의 성공을 측정하는 단 하나의 가장 중요한 척도가 될 것이다.

불행히도 행동할 수 있는 시간이 너무 촉박하다. 이 장의 처음 부분에서 언급했던 것처럼, 우리가 오늘날 비즈니스에서 목격하고 있는 이러한 증상들은 우리 앞에 놓여 있는 더욱 극적이고 위험하기 그지없는 변화의 예고편에 불과하다. 오늘날 마케터들이 직면하고 있는 딜레마를 양산한 사회적·경제적 영향 요인들은 계속해서 그 힘을 키우고 있는 중이다. 그 힘은 새로운 세기가 시작되는 초반에 본격적인 세력을 행사하게 될 것이다. 우리 앞에 바짝 다가온 그 대변동의 단계별 진행 국면을 확실히 감지하고 최후의 승자로 살아남기를 원한다면, 보다 근본적인 원인을 이해할 필요가 있다. 다음 장에서 이에 대한 주제를 다룰 것이다.

CHAPTER 3

고객 권력의 부상

가능한 한 빨리 움직여야 한다.
이러한 일련의 변화를 가져온 트렌드들은 거부할 수 없을 뿐더러
마이크로(micro) 트렌드가 아니라 매크로(macro) 트렌드이다.
바로 이것이 변화의 트렌드가 멈추지 않는 이유이며,
마케팅이 재창조되어야 하는—빠른 시일 내에—이유인 것이다.

the Next Economy

오늘날 우리는 하나의 장기적인 역사적 트렌드가 새로운 국면에 접어드는 것—우리 경제를 구성하는 각 영역들 사이의 점진적인 힘의 이동—을 목격하고 있다. 여러 가지 측면에서 인터넷의 출현은 이러한 변화의 정점이라고 할 수 있다. 이러한 힘의 이동을 이해하지 못한다면 우리 비즈니스계는 넥스트 이코노미에 효과적으로 대응할 수 없을 것이다.

넥스트 이코노미의 부상은 근본적으로 다음 세 가지 사실들이 충돌한 결과라고 볼 수 있다.

- 기업에서 고객으로의 힘의 이동
- 베이비 부머 인구군의 경제적 우선순위 변화

• 위의 두 변화를 가능하게 하고 촉진시킨 테크놀로지의 발전

만약 21세기가 시작된 후 첫 10년의 후반기에 이 세 가지 트렌드 모두가 발전하지도 않고 서로 영향을 미치지도 않는다면 넥스트 이코노미는 도래하지 않을지도 모른다. 그러나 이 세 가지의 부인할 수 없는 트렌드는 반드시 충돌해서 폭발하게 된다. 이는 *어쩌면*이 아니라 *언제냐*의 문제인 것이다.

공급 위주에서 수요 위주로의 경제 변화

앞서 언급했던 세 가지 주요 트렌드 중 첫번째, 즉 기업에서 고객으로의 힘의 이동은 무려 200년간에 걸쳐 점진적으로 이루어지고 있다. 1700년대 북미 경제에서는 수입업자들이 가장 강력한 마케팅 파워—즉 고객의 부엌 찬장과 옷장 안에 들어 있는 물건에 미치는 영향력—를 가지고 있었다. 수입업자들은 유럽으로 가서 제품 인도 계약을 체결하고 배로 그것들을 실어왔다. 북미의 고객들은 그 수입업자가 고른 물건을 선택하는 수밖에 달리 방법이 없었다.

1850년 무렵부터는 제조업체들이 수입업자들이 가지고 있던 마케팅 파워를 가져갔다. 북미 지역에서 제조업이 왕성히 발전하면서 중소 생산업체가 우후죽순처럼 생겨났고, 이들 생산업체들은 미국인이 구매하는 물건을 결정하는 힘을 가지게 되었다. 그들이 생산한 물건은 판매원의 손에 들려 미 대륙 구석구석에 퍼져갔으며, 뿔뿔이 흩어져 있는 도시, 마을, 촌락 등 지역을 불문하고 고객들은

필요한 물건들을 사주었다.

1950년대에는 마케팅 파워의 중심이 소매업체에게 넘어가게 된다. 매장을 고객의 거주지 안으로 옮겨놓는다는 개념—당시 엄청난 혁신이었던—은 소매업체에게 시장을 장악할 수 있는 기회를 주었다. 그리고 쇼핑센터와 백화점 체인의 황금기가 도래했다. 제조업자에서 고객에게로 이어지는 연결선상의 마지막 고리로서 소매업체들은 고객을 '소유하게' 되었고, 고객들은 광고, 디스플레이, 지역 매장 판매 등의 안내에 따라 구매 결정을 내렸다.

오늘날, 그 힘의 중심은 테크놀로지와 사회적 변화 모두의 영향으로 다시 한 번 이동하려 하고 있다. *다가오는 10년 안에 고객들은 경제를 좌우하는 모든 권력을 장악하게 될 것이다.*

이런 이동을 초래하는 주된 이유로는 여러 가지가 있다.

인구통계학적 대변화

우리 모두가 알고 있듯이 거대한 베이비 붐 세대는 미국과 전세계에 막강한 힘—사회적, 심리학적, 정치적, 경제적인 모든 영역에 걸쳐—을 행사해왔다. 이 책에서 우리는 베이비 부머가 그들의 구매 행위를 통해 경제에 미치는 영향력을 중심적으로 다루고 있지만 사실상 이러한 영향력은 훨씬 복잡하게 얽혀 있다.

베이비 부머의 충격이 처음으로 감지된 것은 수백만의 베이비 부머가 10대 후반에서 20대 초반이 되었던 1960년대였다. 미국뿐 아니라 서유럽을 비롯한 수많은 국가에 폭발적으로 확산되었던 청년 문화에 힘입어 베이비 부머들은 당시의 패션, 음악, 정치, 가치, 사회 구조에 장기적인 변화를 이끌어냈다.

그들은 전체 시스템에 충격을 던진 사회의 가치 변화를 주도했다. 어마어마한 숫자를 가진 이들 베이비 부머들은 기존 사회가 강요하는 권위에 반란을 일으키면서 많은 사람들이 변화를 믿는다면 시스템이 바뀔 수 있다는 개념을 확산시켰다. 이는 일종의 패러다임 전환이었다. 1960년대 이전만 해도 대부분의 아들들은 아버지를 닮기를 원했고, 딸들은 어머니를 닮고자 했다. 아빠가 셰비(Chevy)를 몰았다면 아들도 셰비를 몰았고, 엄마가 아이보리(Ivory) 비누를 썼다면 그 딸도 아이보리 비누를 썼다.

반란의 1960년대는 이 모든 것들을 변화시켰다. 아빠가 셰비를 몰았다면 아들은 셰비만큼은 몰고 싶어 하지 않았다. 엄마가 아이보리 비누를 썼다면 딸은 아이보리만큼은 피해서 비누를 샀다. 아예 비누 자체를 거부하기도 했다.

베이비 부머 세대는 가정용품 브랜딩에 진화적인 개념을 가져오면서 10년을 주기로 그 개념을 파괴해갔다. 오랫동안 유지되었던 가정용품 브랜드는 각 가정의 선반에서 사라져버렸다. 그 자리에는 다양한 가치에 기초한 새로운 제품이 대신 들어섰다.

1970년대에는 1960년대의 이상주의자, 민중운동가, 학생, 히피들이 '나 세대(me generation)'로 또 한 번 변신한 시대이다. 학교를 졸업하고, 가정을 꾸리고, 자신의 집을 가진 베이비 부머들은 이전 세대와는 전혀 다른 방식으로 돈을 소비했다.

'나 세대'는 제품과 서비스를 그들의 가치 구조를 확장시키고 상징하는 것으로 보았다. 과거에는 이러한 사고방식이 아주 유명한 브랜드에만 해당되는 것이었다. 단지 가격이 비싸서가 아니라 남들과 다를 수 있다는 이유만으로 각자의 취향에 따라 브랜드를 선택하고 옷을 결정하게 되면서 1960년대에 나타난 개인주의가 1970년대의 경제적 현상에까지 영향을 미치게 된 것이다. 1970년대에서 1980년대로 넘어가면서 이들은 더 많은 물건을 갖춘 더 큰 쇼핑센터를 원하게 되었고, 이에 따라 전문 매장이 번성하기 시작했다. 서로 다른 욕구를 충족시키기 위해 매장도 나름대로 진화하고 다양화되었다. 패션은 더 이상 단순한 시각적 즐거움이 아니라 개인의 개성을 표현해주는 상징물이었다. 그리고 한동안 음악이 그러한 세태를 반영했다.

1980년대에 베이비 부머는 또 하나의 변화를 몰고 왔다. 베이비 부머들이 30대가 되면서 본격적으로 직업에 정착한 것이다. 이들 고등교육을 받은 세대는 비즈니스 전문가, 테크놀로지 전문가, 혹은 매니저가 되었다. 또 1960년대의 특성이었던 자유화 물결을 타고 수많은 여성들이 직업 전선에 뛰어들었고, 가계 수입은 두 배로 늘어난 대신 출산은 뒷전으로 밀려났다. 그 결과 가처분 소득의 전례 없는 증가로 베이비 부머들은 그 이전 세대에서는 상상할 수도 없었던 폭발적인 소비 활동을 시작했다. 1980년대는 엄청난 소비의 시대였으며, 제품에서 가정, 직업, 결혼에 이르기까지 모든 것에 대한 두드러진 방종의 시기였다.

이 모든 것은 겨우 20년 전의 세대로서는 믿기 어려울 정도의 변화였다. 그럼에도 불구하고 1980년대의 소비 붐은 또 한 번 우리 경제를 극적인 방법으로 뒤흔들었다. 고가 상품들이 활개를 치고, 편리함이 강조되었으며, 막강한 소비 세력가로 등장한 중산층에게 접근하기 위해 디자이너 브랜드가 대중상품화되었다.

베이비 부머가 40세로 접어들던 1990년대, 또 다른 일련의 심리학적 변화가 우리 경제를 강타했다. 자기 인생의 절반 정도를 살았다고 생각되면 돈을 쓴다는 것에 대해 비로소 진지하게 생각을 하게 되는 법이다. 베이비 부머 또한 중년에 접어들자 미래에 대한 준비에 관해 심각한 불안감에 사로잡혔다―그리고 이들은 잘 알려진 것처럼 많은 문제점을 가지고 있는 사회 보장 제도(베이비 부머 세대의 거대한 인구군에 의해 엄청난 압박을 받고 있는) 등 정부에게만 기대할 수는 없다는 생각을 하게 되었다. 베이비 부머들은 투자에 눈을 돌리기 시작했다. 지금까지 그랬듯, 그들은 투자 또한 그들이 원하는 방향으로 재창조했다. 주식 소유에 대한 폭발적인 붐이 일어난 것이다. 그 결과 현재 미국 가정의 50퍼센트 이상이 어떤 종류이든(뮤추얼 펀드를 포함해) 주식을 소유하고 있으며, 이는 그 전례를 찾아볼 수 없는 수준이다.

그렇다면 그들은 소비를 중단했을까? 그렇지 않았다. 베이비 부머들은 유동 자금을 계속해서 주식 시장에 투자하는 한편, 상품과 서비스 획득을 위한 자금은 융자로 해결했기 때문에 개인 부채율이 최고 수준으로 상승했다.

21세기의 첫 10년을 시작하는 시점(나는 이 시기를 '암흑기'라고 부른다)에 와 있는 현재, 베이비 부머들은 50세를 맞이하고 있다. 이러한 변화가 다음 10년 동안 끼칠 영향은 엄청날 것이다. [표 3-1]을 보면 연령별 개인 소비에는 예측 가능한 패턴이 있는데, 베이비 부머는 지금 한 사람의 일생 중 소비의 절정기에 해당하는 45세에서 55세 사이에 있다는 사실을 알 수 있다. 이는 곧 대부분의 가정

【표 3-1】 덴트 곡선: 소비자 연령에 따른 지출/투자

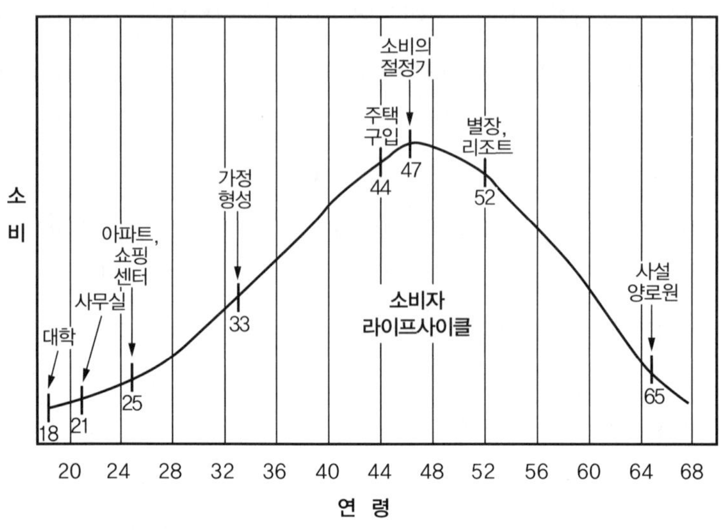

출처: 2000년대 투자 대성황, 사이몬 앤드 슈스터(Simon & Schuster), 1999년. 해리 덴트 주니어
(Harry S. Dent, Jr.) 개작, 허락을 받아 수록함.

에서 소비가 감소하기 시작한다는 것을 의미한다. 생각해보자. 55
세 정도 되면 대부분의 사람들은 원하던 것을 모두 가져보았을 것
이다. 자녀들도 성장해 독립하게 되고, 사람들은 더 작은 규모의 집
으로 옮길 것을 고려할 것이며, 일도 덜 하게 될 것이다. 즉 소비에
대해 더욱 신중하고 선택적으로 되어가며 시장에서 돈을 회수하기
시작하는 것이다.

　이러한 베이비 부머의 가치 변화가 경제에 미치는 영향을 과소평
가하지 않기 위해서는 베이비 부머가 거쳐온 단계마다 그 영향이
우리 경제에 얼마나 급속한 변화를 가져왔는지를 기억할 필요가 있
다. 1960년대의 '항거주의', 1970년대의 '나 세대', 1980년대의

'지쳐 쓰러질 때까지 쇼핑하기', 1990년대의 '투자 열풍' 모두 경제 시스템에 엄청난 충격을 가져다주었다. 나는 베이비 부머가 기존의 소비 패턴을 버리고 저축과 투자에 열을 올리게 될 암흑기를 고적한 10년이라고 이름 붙였다.

현업에서 은퇴한 사람들에게 물어보면, 그들에게 가장 중요한 관심사 두 가지는 건강과 여유 자금이라는 점을 쉽게 알 수 있다. 이 두 가지 전제 조건이 바로 유동자금을 유통 시장으로부터 끌어들일 것이다. 역설적인 말이지만, 소비 대신 저축에 관심을 기울인다는 그 사실이 금융 시장에 엄청난 부정적인 타격을 가할 것이라는 점을 이해해야 한다. 소매를 통한 매출이 떨어지면 주가는 하락할 것이고, 주가가 내려가면 주식 시장의 단골 고객인 베이비 부머들은 그만큼 소비를 감소시킬 것이다. 연방준비제도이사회는 이러한 부정적인 연쇄적 변동을 멈출 수 없다. 왜냐하면 이자율을 내리는 것은 상품과 서비스에 대한 수요가 있을 때만 가능하기 때문이다. 만약 그럴 수만 있다면 침체의 충격은 최소화될 것이다.

1998년 당시 소비의 인구통계학적 영향에 대해 연구한 경제 전문가들은 암흑기의 중반 무렵 소매를 통한 소비가 둔화될 것으로 추정했다. 1998년 5월, 리처드 그린(Richard K. Green)이 발표한 「체인 스토어 시대(Chain Store Age)」라는 연구 논문에서는 소매 성장이 다시 회복되기까지는 30년의 고갈기를 거쳐야 할 것이라고 예측하고 있다([표 3-2]).

+3에서 +6퍼센트인 시장에서도 비즈니스는 이미 적지 않은 변화의 충격을 느껴야 했다. 그런데 -5퍼센트가 현실로 나타난다면 어떻게 될 것인가? 그야말로 엄청난 충격이 아닐 수 없을 것이다.

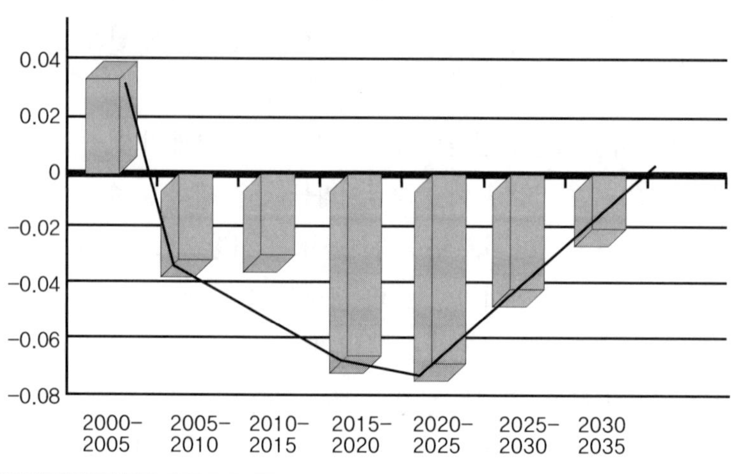

출처: 체인 스토어 시대(Chain Store Age), 1998년 5월

이 책을 쓰고 있는 현재(2001년 말), 우리 경제는 그 충격의 첫 해를 경험하고 있다. 나는 이런 현상이 베이비 부머 세대 전체가 시장으로부터 돈을 회수하는 그때 우리 경제가 맞게 될 전면적인 구조 조정의 예고편에 불과하다고 생각한다. 이제 우리 경제의 모든 영역에서 그나마 소비를 기대해볼 수 있는 시간도 기껏해야 3, 4년 정도밖에 남지 않았다. 2005년에서 2006년이 되면 시장에서 돈이 빠져나가고 있다는 사실을 느낄 수 있을 것이다. 사람들이 무엇을 살 것이며 어떻게 살 것인지에 대한 주요한 사회 재정의는 매장 안에 있다. 북미 경제로서는 대단히 위험한 시기다.

현명한 소비자의 탄생

오늘날의 고객들은 어떻게 구매해야 하는지에 대해 이전 세대보다 교육도 더 받았고, 그만큼 더 잘 이해하고 있다. 그래서 그들은 생산자나 유통자에게 요구도 할 수 있고, 이전의 고객 세대보다 훨씬 더 막강한 힘을 가지고 있다.

GDP 중 3분의 2 이상이 소비자의 지출로 이루어지며, 그 중 4분의 3 이상이 직접적으로 여성에 의해, 또는 여성에게 영향을 받아 이루어진다는 사실을 기억하자. 오늘날 미국 가정의 CFO로서 엄마들은 마케터들이 판매하는 데 전문가인 것 이상으로 현명한 구매자들이다. 엄마들은 그 전 세대보다 교육도 더 받았고, 현명한 소비를 위한 도구들—소비자를 위한 정보로 가득 차 있는 잡지, 신문, 칼럼, 텔레비전, 라디오는 물론 인터넷까지—을 과거 어느 때보다 더 많이 가지고 있다.

게다가 엄마들은 한 세대 이전의 엄마들보다 시간이 별로 없다. 집 밖에서 하나 이상의 직업을 가지고 있는 경우도 많다. 하지만 배우자와 아이들을 돌보는 일에 깊이 관여하고 있다는 것은 이전과 다름이 없다. 그래서 엄마들은 시간에 대한 압박을 받고 있으며, 시간과 돈을 현명하게 사용하고자 한다. 엄마들은 언제 제품의 가치가 가장 빛을 발하는지도 충분히 알고 있으며, 적당한 시기가 될 때까지 인내심을 갖고 기다릴 줄도 안다. 가격이 대폭 내려갈 때면 가정용 재고를 비축하는 법도 알고 있다. 대부분의 상품과 서비스는 세일 기간에 맞춰 구입한다. 쇼핑을 할 시간은 없지만 구입한 물건이 잘못됐을 경우 다시 반환하는 데는 적극적으로 시간을 할애한다. 더 절약하기 위해 친구와 구매력을 합치는 법도 알고 있다. 엄마들은 기업보다 훨씬 인내심이 있다. 유행 상품에는 가격 인하 기간이 오기 마련이며, 어떤 계절상품이든 그 계절이 지나가면 가격이 떨어지고, 모든 판매업체들은 더 낮은 경쟁 가격에 맞추어 팔 수밖에 없다는 사실도 잘 알고 있다.

전통적으로 마케팅은 공급자에서 고객으로 상품과 서비스가 이어지는 흐름을 관리하는 활동으로 정의되었다. 하지만 더 이상은 아니다. 오늘날 마케팅은 고객에 대한 대응이다. 이제 비즈니스계에서는 구매의 신체적 측면(예를 들어 쇼핑 경험에서 신체적인 관련 요인들)뿐 아니라 구매 경험의 심리적인 면까지 염두에 두어야 한다. 그렇게 하지 않는다면 엄마들은 우리 손을 떠나버릴 것이다. 그리고 우리도 무너질 것이다.

위협받는 고객 관계

오늘날 비즈니스가 결코 간과해서는 안 될 진실 한 가지가 있다. 대부분의 여성(남성)들은 더 이상 쇼핑하기를 원하지 않는다는 것이 그것이다. 비즈니스 입장에서는 사람들이 여전히 쇼핑하기를 좋아한다—엄마들이 최우선적으로 해야 한다고 생각하는 일은 쇼핑 몰에서 쇼핑하는 것이다—고 주장하고 싶어 하지만, 연구 결과들을 보면 결코 그렇지 않다는 것을 알 수 있다. 오늘날의 여성들은 쇼핑, 특히 지금까지 우리가 제공했던 방식의 쇼핑을 즐기기에는 정말이지 너무나 바쁘다.

그 결과 대부분의 고객들은 마케터들이 마케팅과 비즈니스를 얼마나 엉망으로 만들어버렸는지에 대해, 그리고 그들의 삶을 쓸데없이 복잡하게 만들어버렸는지에 대해 입을 모아 불평한다. (만약 들어주려고만 한다면 마케터에게 직접 불평하는 것도 주저하지 않는다.) 고객들은 상품들이 품목별로 차곡차곡 정리되어 있지 않고 매장에 어지럽게 널려 있는 것도 불만스럽다. 매장마다 비슷비슷한 상품 구색도 마찬가지다. 체계적으로 교육받지 못한 어설퍼 보이기만 하는 판매원들도 성에 차지 않는다. 이런 것들이 모두 옷, 가정용품, 가구, 가전제품 등을 사는 일을 즐겁지 않은 일로 만드는 것이다.

엄마들은 염증을 느꼈고, 등을 돌려버리고 말았다. 지금의 마케팅 믹스 요소들 중 엄마들이 그나마 마음에 들어 하는 것이 있다면 그것은 기업의 수익 구도 차원에서는 하나도 득이 될 게 없는 낮은 가격뿐이다. 그 외에 우리가 전달하고자 하는 것들은 지금의 엄마들에게는 전혀 먹혀들지 않고 있다.

구매자의 시장

오늘날 고객 권력이 부상하고 있는 데에는 판매자들 간의 경쟁이 과도해진 것도 하나의 원인이 될 수 있다. 판매자들 간의 경쟁이 치열해지면 구매자 시장이 형성되는 것은 필연적인 결과이다. 오늘날 우리 경제에는 역사상 가장 막강한 구매자 시장이 만들어지고 있다.

우리는 매장을 지나치게 많이 내버렸고, 지금도 내고 있다. 1인당 소매 공간은 점점 늘어나고 있다. 거기다 가격대별로 모든 품목의 상품을 검색해내는 인터넷의 능력까지 가세해 온라인이건 오프라인이건 기업은 지금 거래를 위해 서로 가격을 낮추는 경쟁에 혈안이 되어 있다. 그 결과 우리는 이윤은 둘째치고라도 그저 만들어 낸 상품을 어떻게든 팔아야 한다는 '거래'만을 이야기할 뿐이다.

온라인 매장이건 오프라인 매장이건 간에 독특한 제품을 가지고 있지 않으며 각 개인별로 맞춤화된 서비스를 대규모로 제공하고 있지도 못하기 때문에 소비자들에게 선보이는 제품과 서비스는 대부분 보편화 양상을 띠고 있다. 고속도로를 따라 조금만 내려가보면 모든 지역마다 똑같이 지루하게 되풀이되는 서비스에 충격을 받을 것이다. 근교에 있는 서너 개의 매장만 들러 각 매장에서 뭔가 독특한 상품 구색이 있는지 찾아보라. 온라인에서 브랜드 상품을 찾아보라. 아마 얼마나 많은 유통업체들이 있는지, 그리고 그럼에도 불구하고 선택의 폭은 얼마나 좁은지에 대해 놀라지 않을 수 없을 것이다.

이러한 과다 경쟁을 야기한 원인에는 여러 가지가 있다. 이는 세계 경제의 변화가 초래한 부분도 있다. 싱가포르, 칠레, 말레이시아, 인도네시아, 브라질, 한국 등 신흥 경제 강국으로 부상하고 있는 국가들뿐 아니라 폴란드, 헝가리, 루마니아, 러시아, 카자흐스탄 공화국 등 이전에는 소비에트 연방의 세력권 안에 있던 나라들이 급속히 성장하고 자유 시장 경제에 발을 들여놓으면서 이들 나라에서 생산된 제품들까지 전세계 시장에 본격적으로 가담하고 있기 때문이다.

기존의 영역 구분도 무너지고 있다. 모든 유형의 비즈니스가 모든 종류의 상품을 팔고 있는 것이다. 모든 소매업체들이 더 넓은 지역으로 뻗어나가며, 더 일반화된 매장이 되어가고 있다. 약국, 슈퍼마켓, 할인매장, 백화점, 통신 판매, 카탈로그 판매, 쇼핑 채널 등 어디에서든 텔레비전을 살 수 있다. 온라인상에서도 살 수 있고, 어느 지역에나 있는 벼룩시장에서도 살 수 있는 시대인 것이다.

테크놀로지와 거래

고객 권력의 성장을 초래한 마지막 요인은 테크놀로지이다. 신경제는 오래가지 못했지만 소비와 구매 행위에 미친 그 영향력만큼은 앞으로 몇 세기 동안이나 이어질 것이다. 정보의 대중화는 상인, 제조업체, 고객들 간의 관계에 뚜렷한 변화를 가져왔다. *기존의 세력자였던 판매자를 밀어내고 구매자를 전면에 부각시킴으로써 이제까지의 세력 구도를 뒤엎어버린 것이다.*

과거 전국 방방곡곡을 돌아다니던 세일즈맨이 사라지자 고객들은 상인들과 제조업체가 팔기로 결정한 장소에 가서 물건을 사야 했다. 이전에 비해 불편해지기는 했지만 시간과 수고를 투자할 가치는 있었다. 고객들을 집 안의 편안한 의자에서 끌어내기 위해 소매업체들은 더 넓은 매장을 세웠고, 더 많은 상품을 추가했다. 대형 유명 상점들 사이에 전문 매장이 들어섰다. 자동차 딜러들은 한 군데에 모여 고객들의 동선을 줄여주고자 배려했다.

웹은 이러한 것을 완전히 바꾸어버렸다. 판매업자들이 고객의 집을 일일이 방문하는 이전의 방식으로 다시 한 번 되돌아간 것이다. 이번에는 가상현실이라는 형태이기는 했지만 말이다. 하지만 불행히도 대부분의 닷컴 회사 CEO들은 과거의 보따리장수들이 제공했던 세심한 서비스를 기억할 만큼 나이가 많지 않았다.

그럼에도 불구하고, 고객이 단 한 번의 거래를 하고자 할 때도 수많은 경쟁사들을 신속하게 고객 앞에 모아주는 힘은 40년의 비즈니스 유통 역사를 일거에 뒤집어놓기에 충분했다. 힘의 균형을 고객에게 옮겨놓음으로써 넥스트 이코노미가 세워지는 근간이 되는 주춧돌을 놓았던 것이다.

5년이나 줄어든 브랜드 충성도

결국 고객의 마음속에서 상품과 서비스는 얼마든지 대체할 수 있는 것으로 생각되기에 이르렀다. 이제 독창적인 상품이나 서비스는 점점 더 찾아보기 힘들게 되었다. 대부분의 상품 카테고리마다 가격 차이를 인정할 만한 뚜렷한 차별점이 더는 눈에 띄지 않는다. 급기야 고객의 마음속에 수많은 브랜드들이 하나같이 비슷한 것으로 각인되기에 이르렀다. 마케팅과 마케팅 이론은 정통으로 일격을 당한 것이다. 브랜드 관계는 변하고 말았다. 저장실에 보관되는 상품은 매주 바뀌었고, 소비자에게 영향을 끼치지도 못했으며, 더 이상 가족의 일원이 되지 못했다.

[표 3-3]을 보자. 이렇게 충성도가 하락하고 있다는 것뿐만 아니라 주지해야 할 몇 가지 사항이 더 있음을 알 수 있다. 첫째, 고객 충성도 하락에는 유명 브랜드도 예외가 되지 못한다. 둘째, 가장 큰

연령	1975	1985	1995	2000
20-29	66%	57%	50%	59%
30-39	73%	55%	55%	59%
40-49	77%	59%	53%	60%
50-59	82%	65%	62%	59%
60-69	86%	69%	62%	65%
70-79	93%	78%	72%	73%

출처: 제휴에 관한 선서(Pledge of Alliance), 데이비드 제이 립크(David J. Lipke), DDB 라이프 스타일 연구 2000, 미국 인구통계학(American Demographics)에서 인용, 2000년 11월

폭으로 고객 충성도가 떨어진 때는 베이비 부머가 37세에서 55세 사이의 시기였다. 베이비 부머들이 그들의 부모가 선택한 브랜드에 대해 가지고 있었던 충성도와 같은 정도의 충성도를 느끼지 않게 되었다는 것은 브랜딩에 있어 커다란 충격이었다.

이 같은 트렌드가 형성된 데에는 다양한 원인이 있다. 나는 스토어 상표가 여러 상품 카테고리에서 주도 브랜드의 디자인과 외양을 거의 똑같이 복제하는 일이 합법적으로 가능해진 1960년대와 1970년대부터 이러한 현상이 시작되었다고 본다. 많은 사람들이 이러한 스토어 브랜드를 사용해보았고, 소비자들은 이들 가짜 브랜드들이 품질 면에서는 처지지만 절약 차원에서는 수용 가능한 대안이 될 수 있다는 점을 깨달았다. 스토어 브랜드는 1980년대와 1990년대에 이르러 가끔 해당 카테고리를 주도하는 브랜드의 품질을 능가할 만큼 발전했고, 덜 알려진 브랜드 제품을 통해서도 비슷한 품질을 얻을 수 있다는 개념이 점점 더 확산되기 시작했다.

브랜드 선두주자들은 포장, 테크놀로지, 유통 등에서 차별화 전략에 실패했고, 엄마들은 사용할 만한 브랜드의 목록은 충분하며 선택의 기준은 가격이라고 믿게 되었다. 1960년대의 기존 가치를

뒤집는 항거주의에서 싹을 틔운 실험적 욕구는 1980년대와 1990년대에 만개했고, 브랜드 충성도는 땅으로 곤두박질쳐버렸다.

오늘날 이를 아이디어와 상품 디자인, 비슷비슷한 매장 설치 능력이나 널리 퍼져 있는 환불 보증 능력 등을 급속도로 확산시킨 테크놀로지의 탓으로 돌리건 아니건 간에 B2C 영역은 물론 지금의 모든 제조업체들은 더 이상 독특한 제품을 만들어내지 못하고 있다. 그나마 겨우 목숨을 부지하고 있는 몇 안 되는 차별화 전략도 고객의 가치 구조와 동떨어져 있는 것이 사실이다. 그 결과 구매를 결정하는 유일한 기준이 '가격'이 되어가고 있는 것이다.

마케터들은 과연 생존할 수 있을까?

지금까지 살펴본 것처럼 막강한 권력을 가진 고객의 부상은 지난 2세기 동안의 경제 발전 과정에서 최고의 절정기를 누리고 있다. 그로 인한 여러 결과들 중 중개 시대의 급속한 퇴락—탈중개라는 말로 알려진 현상—에 주목할 필요가 있다. 마케터들—전형적인 중개자—이 앞으로도 관계의 끈을 놓지 않고자 한다면, 고객의 구매 경험에 가치를 더할 수 있는 새로운 방법을 모색해야 한다.

가능한 한 빨리 움직여야 한다. 이러한 일련의 변화를 가져온 트렌드들은 거부할 수 없을 뿐더러 마이크로(micro) 트렌드가 아니라 매크로(macro) 트렌드이다. 바로 이것이 변화의 트렌드가 멈추지 않는 이유이며, 마케팅이 재창조되어야 하는—빠른 시일 내에—이유인 것이다.

CHAPTER 4

네 가지 P의 실패

한때는 네 가지 P가 마케터들이 무엇에 초점을 맞추어야 하는가
하는 문제를 결정하는 데 있어 꽤 충실하게 그 기능을 했었다.
그러나 더 이상은 아니다. 마케팅 불능을 초래한
가장 큰 이유 중의 하나는 이 네 가지 P가 고객과 의미 있는 방식으로
그 관계를 수립하는 데 실패했기 때문이다.

the Next Economy

경제를 구성하고 있는 요소 중 소비자라는 이름의 영역으로부터 이윤을 얻고자 시도하고 있는 상상할 수도 없을 만큼 많은 회사들이 오늘날 최저 수익선을 유지하는 것조차도 힘에 겨워하고 있다. 구경제에서 신경제, 그리고 넥스트 이코노미로 진화하는 과정에서 이러한 회사들은 더 이상 제 기능을 발휘하지 않는 낡은 도구들만 가지고 있을 뿐이다. 우리가 두 장에 걸쳐 살펴보았듯이 그로 인한 결과는 너무나 많은 회사들이 현재 뼈아프게 경험하고 있는 것들이다. 고객 권력의 부상과 함께 이러한 새로운 현실은 기업들에게 어떻게 해야 효과적으로 비즈니스를 재창조할 수 있을지에 대해 고민하도록 내몰고 있다.

문제의 핵심은 마케팅 불능에 있다. 그리고 비즈니스가 아직도 그 문제를 인정하려 들지 않는 것이 더 큰 문제다. 베이비 부머가 문화 혁명을 시작하던 1960년대 이후 지난 40년간 기업들은 소비자의 기호에 맞추고자 그들의 비즈니스에 관해 문자 그대로 모든 면에서 재창조의 노력을 기울였지만 마케팅은 그러한 노력에서 제외되었다. 소비자의 트렌드를 앞장서서 이끌어야 할 마케터들은 모순적이게도 2장에서 묘사된 증상이나 고객 권력의 부상이 그들의 비즈니스에 미칠 파장 등을 부인하기에 급급했다. 그들은 더는 제 기능을 발휘하지 않는 도구들을 가지고 계속해서 거래를 시도한 것이다.

모든 마케팅 전략이 세워진 토대가 되었던 전통적인 4P—가격(Price), 상품(Product), 장소(Place), 프로모션(Promotion)—는 더 이상 고객의 행동에 어떤 영향력도 행사하지 못한다. 넥스트 이코노미를 맞아 마케팅 또한 재창조를 해야 할 때다.

브랜드 가치 산출 공식을 다시 한 번 살펴보자.

$$\text{브랜드 가치(Brand value)} = \frac{\text{자산(Equity)}}{\text{가격(Price)}}$$

구경제와 신경제 시기에는 이 공식의 오른쪽 부분이 4P라고 하는 전통적인 네 요소로 구성되어 있었다.

$$\frac{\text{브랜드 가치}}{\text{(Brand value)}} = \frac{\text{상품(Product)}+\text{장소(Place)}+\text{프로모션(Promotion)}}{\text{가격(Price)}}$$

수세대에 걸쳐 마케터 교육은 위의 네 가지 P를 기초로 이루어졌다. 이런 원칙 하에서는 브랜드 가치의 정의는 마케팅의 낡은 기준을 바탕으로 세워질 수밖에 없었다. 이 정의에 따르면 마케팅이란 상품과 서비스를 제조업체에서 소비자에게로 연결시키는 경로를 관리하는 활동이다. 이런 정의 하에서는 마케팅은 다음의 두 가지에 초점을 맞출 수밖에 없다. "무엇을 팔 것인가, 그리고 어떻게 팔 것인가?"

이제 이 정의는 바뀌어야 한다. 넥스트 이코노미에서 마케팅의 초점은 '무엇을 어떻게 팔 것인가' 에서 '왜 구매하는가' 로 이동할 것이다.

한때는 네 가지 P가 마케터들이 무엇에 초점을 맞추어야 하는가 하는 문제를 결정하는 데 있어 꽤 충실하게 그 기능을 했었다. 그러나 더 이상은 아니다. 마케팅 불능을 초래한 가장 큰 이유 중의 하나는 이 네 가지 P가 고객과 의미 있는 방식으로 그 관계를 수립하는 데 실패했기 때문이다.

이제 네 가지 P 각각을 하나하나 살펴보면서 이들이 브랜드와 소비자를 연결해주는 힘을 잃게 된 과정을 알아보자.

첫번째 P: 상품(Product)

USP의 죽음

제조업체들이 나름대로 차별화된 상품을 제공했던 적이 없었던 것은 아니다. 25년 전 훌륭한 마케터를 가르는 기준은 고객층을 공략할 수 있는 USP(unique selling proposition: 독특한 판매 제안. 다른 제품과 차별되는 점을 부각시키는 것-역주)를 규정하는 능력이었다. 이는 차별화된 제조 테크놀로지가 차별화된 가격을 부여하며, 브랜드에 중요한 가치를 더할 수 있다는 생각에 기초한 것이다. 다음 초점을 다시 한 번 짚어보자. '무엇을 팔 것인가?' 이에 대해 마케터가 해야 할 일은, "우리가 파는 물건은 이것입니다. 이것은 다른 것과 다릅니다."라고 말하는 것이었다.

하지만 이런 전략은 더는 먹히지 않는다. 앞에서 살펴보았듯이 POPAI의 자료에 따르면 사람들이 구매 결정을 내리는 것은 쇼핑 전이 아니라 매장에서다. 이러한 사실은 사람들이 더 이상 특정 브랜드를 염두에 두고 매장에 가지는 않는다는 것을 의미한다. 사람들은 더 이상 상품 차별화가 가격 프리미엄을 정당화시킨다고 믿지 않기 때문에 몇몇 브랜드의 목록을 정해놓는 대신 수용 가능한 상품들을 얼마든지 살 수 있다고 생각한다.

이처럼 상품 자체가 브랜드 가치에 무의미해지고 있는 것에는 여러 가지 이유가 있다. 테크놀로지는 상품을 아주 빠른 속도로 복제할 수 있게 해준다. 다른 상품 유형들뿐만 아니라 패션 스타일의 복제도 지금은 아주 쉬운 실정이다. 런던, 밀라노, 뮌헨, 동경에서 만들어진 제품들은 만들어짐과 동시에 전세계에 알려지고, 불과 몇 주 만에 똑같이 모방되고 복제된다. 그 결과 한때는 제품 개발자들의 게임이었던 비즈니스는 현재 용병들의 게임이 되어버렸다. 누구든 돈만 가지고 있다면 새로운 테크놀로지를 가장 먼저 손에 넣을 수 있는 세상이 된 것이다. 하지만 이 새로운 테크놀로지의 기준도 해가 아니라 주 단위로 바뀌고 있다.

언젠가 알파 히드록시산(alpha-hydroxy acid)이라고 하는 대체 물질이 개발되어 화장품 업계가 떠들썩했던 때가 있었다. 나는 그때 캐나다 레블론(Revlon: 화장품 회사 이름—역주)과 일하고 있었다. 그 물질은 여성의 피부에 눈에 보일 정도의 뚜렷한 변화를 가져올 수 있는, 정말이지 혁명적인 화장품을 만들 수 있는—그리고 레블론에게 장기적인 제품 판매 이익을 가져다줄 수 있는—테크놀로지처럼 보였다. 나는 그 테크놀로지를 이용한 신상품의 출시 전략을 입안하고 있었는데, 놀랍게도 레블론의 경쟁 업체들은 하나같이 그에 맞설 수 있는 나름대로의 무기를 준비하고 있었다. 그리고 그 테크놀로지를 둘러싼 전쟁은 제품전이 아니라 광고전이 되어버렸다.

상품이 브랜드 가치에 영향을 끼치지 않는 이유는 또 있다. 기업의 연구 개발은 현재 많은 부분 아웃소싱으로 이루어지고 있다. 식품 회사, 제약 회사, 거의 모든 종류의 개별 상표 소비재 제조업체가 이런 방식으로 연구 개발을 진행한다. 이런 트렌드는 제조업체들이 경비 절감과 주가 상승을 도모하기 위해 만들어낸 것이라고 볼 수 있다. 아웃소싱 자체는 문제 될 것이 없다. 그러나 신상품의 개발이라는 중요한 문제를 회사 외부에서 진행하게 되면 상품의 특수성과 회사의 전통을 제대로 살리지 못할 우려가 있다. 외부의 연구자나 제품 디자인 회사들은 고객과 그 브랜드 간의 긴밀한 관계에 대해 제대로 이해하지 못할 수도 있는 것이다.

고객 관계는 회사가 아니라 브랜드와 이루어진다는 점을 기억할 필요가 있다. 상품이나 서비스는 그 관계를 이어주는 매개체일 뿐이다. 하지만 브랜드는 기업이 프리미엄을 확보할 수 있는 유일한 근거이다. 브랜드와 고객 사이의 역사적인 관계를 근본적으로 이

해하지 못하는 아웃소싱 제품 개발자들에 의해 연구 개발이 이루어
진다면 이 관계를 위험에 빠뜨릴 수 있다. 왜냐하면 그 사람들의 초
점은 고객이 아닌 상품에 있기 때문이다.

상품 개발과 관련한 이러한 문제는 회사 내부에서 발생할 소지도
많다. 그저 진열 공간을 얻기 위해, 혹은 단기 판매로 유통 채널을
메우기 위해 모(母)브랜드와는 아무 관련도 없는 제품 카테고리로
브랜드를 확장하는 경우가 얼마나 많은가 말이다. 도대체 브랜드
자산을 갉아먹기까지 얼마나 많은 다른 제품들이 나와야 하는가?
고객이 그 본래의 가치에 의문을 가지게 될 때까지 상품의 크기, 모
양, 색상, 포장을 얼마나 더 늘려야 하는가? 고객과의 계약이 언제
깨질 것인지가 그렇게 궁금한가?

상품과 고객 사이의 연결을 존중하는 기업 태도에 따라 성공과
실패가 갈렸던 비즈니스의 예는 얼마든지 많다. 크라프트(Kraft)의
성공은 수십 년 동안 일관되게 추진했던 '손맛과 요리법(hands and
recipes)' 캠페인에 힘입어 이루어졌다. 그동안 크라프트는 고객들
에게 제품 포장에 '크라프트'라는 브랜드 네임이 붙어 있지 않으면
크라프트가 만든 것이 아니라는 사실을 주지시켜왔다. 이는 포장
과 상품 컨셉트를 그대로 복제해서 스토어 상표로 유통시키는 식품
유통업체에 대한 노골적인 경고였다. 크라프트의 한 관계자는 "우
리는 그런 게임에 말려들 생각이 없습니다."라고 말했다. 그리고
이 회사는 엄마들에게 크라프트 제품을 사용하는 새롭고 쉬운 방법
을 가르쳐줄 수 있도록 지속적으로 요리법들을 개발하고, 그것을
광고를 통해 소개했다.

이는 아주 간단한 메시지였지만 수년에 걸쳐 꾸준히 전달되면서

경쟁 업체들을 물리치는 데 아주 효과적으로 작용할 수 있었다. 그러나 내가 보기에 이러한 유산은 수십 년에 걸쳐 손실되었으며 최근에는 퇴보하고 있는 것 같다. 이 회사의 앞으로의 성공은 역사적으로 크라프트의 성공을 이끌었던 고객 신뢰를 다시 확보할 수 있느냐에 달려 있을 것이다.

또 다른 예를 들어보자. 지난 수십 년 동안 유명 자동차 회사들은 상품과 고객 간의 관계를 발전시키는 데 탁월한 능력을 발휘해왔다. 이들은 무엇을 해야 할지를 알고 있었던 기업들이었다. 재규어(Jaguar)의 신모델과 1950년대와 1960년대를 풍미했던 전통적인 재규어로부터의 진화 모델은 그 좋은 예가 될 수 있다.

반대로 GM의 올즈모빌(Oldsmobile)은 브랜드의 역사적 가치를 전혀 살리지 못한 사례이다. 1980년대 중반에 GM은 제품의 이미지를 현대화하기 위해 광고 문구에 "이 자동차는 아버지가 타던 올즈모빌이 아닙니다."라는 말을 사용했다. 나는 그들이 그럼으로써 올즈모빌의 고유한 이미지와 역사적 가치를 깎아내렸다고 확신한다. 이러한 실수는 기업의 정체성과 별 관계가 없는, 심지어 아무런 관련도 없는 신모델을 출시하는 등 일련의 브랜드 관리 오류의 시작이었다. 올즈모빌의 관리자는 차라리 완전히 새로운 자동차 회사를 차리는 것이 나을 뻔했다. 결국 그들은 아무 것도 얻지 못하고 제품을 철수할 수밖에 없었다.

올즈모빌의 사례에서 볼 수 있는 것처럼 *브랜드를 무분별하게 확장하는 것은—특히 4P 원칙에 따라서—거의 항상 얻는 속도와는 비교도 안 되게 빠른 속도로 고객을 잃는 비극을 초래한다.*

개별 상표의 유혹

크라프트의 예에서도 언급하였듯이 개별 상표 또한 상품의 죽음을 초래한 하나의 원인이다. 현재 당신의 고객이 어느 날 가장 큰 경쟁자가 된다면 보통 큰 문제가 아닐 것이다. 그런데 이런 일이 1970년대와 1980년대에 많은 상품 카테고리에서 일어났다. 슈퍼마켓, 백화점, 그리고 여타 소매업체들이 지금까지 자신의 진열대에 상품을 진열시켜주었던 그 회사들과 경쟁하기 위해 개별 상표 상품 라인을 개발하고 나선 것이다.

그러자 기존의 브랜드 상표를 가지고 있는 회사들은 혼란의 소용돌이에 휘말리고 말았다. 그들은 개별 상표 브랜드가 자신들의 제품과 그들의 '브랜드' 제품을 똑같이 취급하리라고는 미처 생각지 못했다. 그 결과 그들의 제품을 그대로 모방한 개별 상표에 대항해 스스로의 권리를 찾는 데 실패하고 말았다. 그들은 러시안 룰렛—브랜드의 죽음을 담보로 해서—을 하고 있었던 셈이다.

앞서도 말했지만 이제는 매장에서 구매를 결정하는 것이 쇼핑 패턴의 주류를 형성하고 있다. 이는 고객과의 접촉이라는 측면에서 대단히 중요한 사실이다. 만약 제품 포장의 색상이나 글자체가 유명 브랜드의 것과 거의 똑같다면 고객들은 유명 브랜드의 제품이거나 최소한 그 브랜드에서 만들어진 것이라고 믿게 된다. 그리고 그것을 구매할 가능성도 커진다. 그리고 그 제품이 더 싼 가격에 제공되고 있다면, 상품을 브랜드 가치에 더 중요한 자산이라고 간주했던 마케터들은 다시 한 번 좌절할 수밖에 없게 되는 것이다.

스토어 브랜드(store brand)가 일반화되면 제조업체들은 스토어 브랜드와 자사의 브랜드를 차별화하기가 아주 힘들어진다. 많은 개별 상표 제품들이 브랜드 제품과 같은 공장에서 만들어지고 있고, 포장만 빼면 같은 제품이나 다를 바 없는 경우도 많다. 이러한 문제는 회사의 비용 구조와 마케터들이 따라야 하는 원칙들을 생각한다면 필연적인 것이다—결국 브랜드 매니저는 이 과정을 조절하지 못했고, 이런 종류의 모방자들을 막을 수 없었던 것이다.

어떤 식품점이든 가서 매장을 한번 둘러보라. 어떤 백화점이든 좋으니 한번 돌아보라. 약국의 진열대에 얼마나 많은 비슷비슷한 제품들이 있는지 한번 세어보라. 같은 카테고리 안의 주도 브랜드와 스토어 브랜드의 경쟁 상황을 보면 깜짝 놀랄 것이다. 소비자들은 상품이란 쉽게 대체될 수 있는 것이며, 구매 결정을 하는 데 있어 가격이 가장 주도적인 요소라는 사실을 더 한층 확신하는 계기를 가지게 된 셈이다.

주도 브랜드들은 이런 고도의 모방 행위를 막기 위해 그들의 레버리지를 사용했어야 했다. 그러나 개별 상표가 제공하는 제품 물량의 확대 기회 같은 문제들은 대단히 유혹적인 것이었다. 네댓 개의 브랜드가 해당 카테고리 매출의 다수를 점하고 있는 과점 상태인 경우 저렴한 가격으로 물건을 공급할 수 있다는 것은 경쟁 우위를 점할 수 있는 대단한 이점이다. 이는 과점 업체들은 보통 그들의 수익성을 결정하는 총 비용이 고정되어 있기 때문이다. 스토어 브랜드에 물건을 대주는 계약을 맺게 되면 이 총 비용 부담이 줄어들어 손익 분기점도 낮아지고 수익 또한 증가하게 된다.

불행히도 마케터들에게는 이러한 결정을 내릴 수 있는 권한이 없었다. 생산 및 판매부서가 스토어 브랜드 관련 정책을 만들었으며, 성공적인 개별 상표 전략에 따른 이익도 이들이 이끌어낸 것이다.

그런데 이상한 것은 생산부서에서 라인을 전면 가동해서 스토어 브랜드 제품을 만들어내면 낼수록 기업이 입는 타격은 커져만 갔다는 사실이다. 상대적으로 가격이 더 싼 스토어 브랜드가 전면에 부각되면서 기존 브랜드의 시장 점유율이 잠식당한 것이다. 스토어 브랜드의 재계약 시점이 되면 이들은 재계약을 하는 수밖에 선택의 여지가 없었다. 이는 소매업체에게 엄청난 협상 이익을 가져다주었지만 제조업체의 마진에는 그만큼의 타격을 주었다. 마진율이 줄어들어 회사의 수익 구도에 압박을 주었고, 그로 인해 브랜드를 지원할 수 있는 마케팅 자금도 줄어들었으며, 고객에게 의미 있는 존재가 되어야 할 브랜드를 아무 것도 아닌 상표로 전락시키는 등 사이클은 악화일로로 치닫기 시작했다. 이것은 한 비극적인 시나리오가 아니라 실제로 일어나고 있는 일이다.

제조업체는 항상 제품 경험의 본질을 유지해야 한다. 고객과 브랜드 간의 접촉점을 관리해야 한다는 것을 절대로 잊지 말라. 그 접촉점에는 의식적으로 구매를 준비하고 제품을 사용하는 순간뿐만 아니라 매장 진열대에 놓인 제품을 시각적으로 인식하는 행위까지 포함되어야 한다. 이러한 접촉점을 신성하게 생각하라―그것들은 정말이지 중요한 요소이기 때문이다.

두번째 P: 장소(Place)

전문성의 죽음

한때 '장소(Place)'는 브랜드를 차별화하는 데 중요한 역할을 했다. 어떤 장소에서 물건을 사느냐 하는 문제가 브랜드와 고객 간의 관계에 영향을 미쳤기 때문이다. 장소는 가격 구조를 그럴 듯하게 포장해주었으며, 또는 비용에 대한 기대를 정당화시켜주기도 했다.

그 당시 유통이나 '장소'는 전문성을 의미했다. 1970년대와 1980년대만 하더라도 마케터들은 정보의 수집을 판매 관련자들에게 의존했다. 판매원들이 정보를 주고, 기업은 제품을 만들어 매장에 제공했던 것이다. 전문 판매원들은 부가적인 이윤 차액을 창출했다.

오늘날에는 인건비를 줄이려는 노력의 일환으로 콜 센터 상담원, 배달원으로 파트타이머를 활용하는 방안이 그 어느 때보다 활성화되고 있다. 경험과 지식을 의욕과 공손함만으로 대체시킴으로써 고객과의 접촉점 관리에 또 한 번 실패하고 말았던 것이다. 웹 사이트에서건 오프라인 매장에서건 간에 우리의 가장 가치 있는 자산인 엄마들은 자신의 요구에 대해 거의 알지 못하는 직원들과 날마다 접촉하고 있는 셈이다.

많은 소매업체들이 제공하는 품목이 기하급수적으로 늘어나고 있다는 사실은 문제를 더욱 심각하게 만들고 있다. 광범위한 재고품 목록들을 감당하는 일은 결코 쉬운 일이 아니다. 설상가상으로 테크놀로지는 너무나 급박하게 변화하고 있다. 매년 새로운 기구들과 가전제품들이 시장에 쏟아져 나오고 있다. 숙달된 전문 인력이라 하더라도 그때그때 출시되는 새로운 첨단 제품들을 제대로 숙지하는 것은 어려운 일인데 어떻게 파트타임 아르바이트 학생에게 그것이 가능하겠는가? 이는 거의 불가능한 일이다.

더군다나 신경제는 전문성과 관련해 또 다른 문제를 추가시켰다. 정보화 시대라는 이름에 걸맞게 말 그대로 '모든 것'에 대한 엄청난 양의 데이터를 축적하는 데 성공한 것이다. 테크놀로지의 잠재적인 구매자들은 온라인상에서 구입하고자 하는 물건의 세부 사항을 조사하고 여러 매장을 비교한 후에 그 어떤 매장 직원보다 훨씬 많은 정보와 지식으로 무장한 상태에서 매장으로 나갈 수 있게 된 것이다.

고객과의 거래에서 전혀 제 역할을 하지 못하는 전문성의 딜레마를 해결하기 위해 많은 시도들이 이루어져왔다. 홈 데포(Home Depot)는 은퇴한 기술자들을 매장에 대거 기용해서 '전문성 강화'를 도모했다. 월마트(Wal-Mart)는 방문해주서서 감사하다는 마음을 표현하는 '인사 잘 하기'를 강조했다. 어떤 소매업체는 보상 체제를 바꾸어 매장 판매 직원들에게도 판매량을 기준으로 일정 비율의 커미션을 할당해주었다. 그러나 고객과 직접 거래하는 대부분의 기업들은 고객과 거래하는 접촉점에서 고객들에게 제대로 된 능력과 전문성을 보여주지 못하고 있다는 데 동의하고 있다. 또 신뢰를 다시 회복시키기 위해 훈련이 가장 중요할 것이라는 사실에도 동의한다. 그러나 시간이 너무 촉박하다!

고객들은 여전히 전문성을 필요로 하고 원하고 있다. 어쨌든 오늘 것은 어제 것보다는 조금이라도 전문화되고 세련되고 진보된 것이다. 하지만 소매업체들은 더 이상 전문성을 제공해줄 수 있는 위치에 있지 않다. 그리고 소비재 제조업체들도 더 이상 소매업체들을 지원할 수 있는 예산을 가지고 있지 못하다. 과거에는 판매원들을 교육시킬 수 있는 사람들이 매장에서 함께 근무하고 있었다. 그래서 매장은 고객을 도와줄 수 있는 지식을 나름대로 가지고 있었다. 만약 스키에 대해 궁금한 점이 있는 고객은 스키 매장에서 도움을 얻을 수 있었던 것이다. 이러한 전문성은 이제 사라졌다. 오늘날 사람들은 도움이 필요하다면 매장이 아니라 인터넷을 뒤져야 한다. 기술 팀의 답변을 들으려면 반나절은 기다려야 하고, 그나마 정확한 답을 얻으려면 또 반나절을 허비해야 하기 때문이다.

어디서든 무엇이든 살 수 있다

한때 장소는 편리함을 의미하기도 했다. 소비자들은 편리하다는 이유로 근처 소매점을 찾았다—필요한 경우 반품하기도 수월하기 때문이다. 하지만 운송 시스템이 정교화되면서 편리함은 더 이상 중요한 요인이 되지 못하고 있다. 예를 들어 시어즈 캐나다(Sears Canada)는 전세계 3,500개에 이르는 지점을 통해 제품을 어디든지 배달해주고 있다. 또 UPS나 페덱스(Fedex)는 반품을 원한다면 하룻밤 사이에 회수해 갈 수 있다.

단 5분 만에 미국 인구의 94퍼센트에 접근할 수 있는 라디오 셰크(Radio Shack)도 있다. 그리고 결정적으로 인터넷을 통해 집에 편안히 앉아 전세계의 전자상거래 사이트에 접속해 무엇이든 주문할 수 있고, 하룻밤 사이에 배달을 받을 수도 있으며, 마음에 들지 않는다면 바로 반품을 시킬 수도 있다. 편리함은 더 이상 장소의 차별화에 기여하지 못한다. 오늘날은 어디에서 무엇이건 살 수 있는 시대인 것이다.

이제 장소는 브랜드 가치나 브랜드 자산을 수립하는 데 도움을 주지 못한다. 그러나 우리는 장소가 역사적으로 시장에 기여했던 핵심 가치는 '전문성'이었다는 사실을 기억해야 한다. 이 전문성이라는 이슈는 넥스트 이코노미에서 다시 한 번 전면적으로 부각될 것이다. 상품을 선택하고 이용하는 데 도움이 되는 객관적인 어드바이스라는 형태로 진정한 지식을 찾고자 하는 고객들의 간절한 욕구는 여전히 존재하기 때문이다.

세번째 P: 프로모션(Promotion)

광고의 문제

구경제와 신경제 사이의 어디쯤에서 비즈니스는 광고가 소비자에게 상품이나 서비스의 특성을 알리고 경쟁 브랜드로부터 자기 브랜드를 차별화할 수 있도록 구분시켜주는 도구라는 사실을 망각해버린 것 같다. 광고는 '약속'이다. 브랜드가 잠재 고객에게 제공하는 비가시적 거래를 가시적인 형태로 구체화해주는 것이다.

문제는 제공하는 상품과 서비스의 독특함이 사라지면서 광고가 특정 브랜드를 다른 브랜드들로부터 차별화시키는 능력 또한 사라졌다는 것이다. 하지만 광고 산업은 여전히 유력하며 고객 관계에도 중요한 부분이었기 때문에 마케터들은 뭔가 다르다고 이야기할 것이 없다면 말만이라도 다르게 하기로 결정해버렸다.

오늘날 우리의 광고는 광고로 표현해야 하는 브랜드 자체보다 더 잘 차별화되어 있다. 그래서 광고의 인지도는 올라가는 반면, 브랜드 충성도는 오히려 하락하고 있다. 여기에서 짚고 넘어가야 할 것 중 하나는 소비자로 하여금 브랜드를 시도해보고 싶은 마음을 갖게 하는 촉매제로서의 광고의 역할이다. 만약 광고가 소비자에 대한 약속이라면 광고의 목적은 브랜드가 제공하는 것에 대한 기대를 조성하는 것—계약에 의미를 부여하고, 구매 결정에 대한 근거를 마련하는 것—으로 자리매김되어야 한다.

광고의 두번째 역할은 광고의 인지가 브랜드에 대한 실제 시도로 전이되게 만드는 것이다. 이러한 인지의 전이가 이루어지지 않는다면, 시도도 이루어지지 않을 것이다. 그러나 광고를 보는 횟수는 늘어나는 반면 광고로 인한 판매율은 변화가 없다는 사실은 이러한 전이가 일어나지 않고 있다는 것을 증명해준다. 광고가 재미있고 인상적일 수는 있다. 요란하게 인구에 회자될 수도 있다. 그러나 그런 광고들은 브랜드 관리가 필요로 하는, 시도를 자극하는 광고라고는 볼 수 없다. 바로 이 때문에 유명한 광고는 많지만 구매로 연결된 광고는 적으며, 그 광고가 전달하고자 하는 내용을 소비자들이 모두 읽은 광고는 거의 없는 것이다. 고객들은 광고를 보기는 하지만 구매로 연결시키지는 않고 있으며, 경쟁사에 대해 브랜드를 차별화시키기 위해 그 광고가 전달하고자 하는 내용을 기억하지도 못한다.

여러 해 동안 나는 광고를 만드는 사람들에게서 그들의 클라이언트들이 제작 과정을 간섭한다는 불평을 들어왔다. 광고 제작자가 자긍심을 갖고 만든 본래의 필름이 클라이언트가 검토하고 승인하는 과정에서 완전히 다른 형태로 바뀌는 경우도 많이 보았다. 신경제에서는 이런 일들이 많이 줄어들었다. 신경제는 창의성을 대단히 존중하는 20, 30대의 CEO들이 주축이 되었던 시대였다. 마침내 속물적인 클라이언트에 의한 간섭은 사라지고 창의성이 살아날 수 있었다. 그러나 그 결과는 어땠는가? 혼란의 극치였다. 광고와 브랜드, 제품 간에는 어떤 연결고리도 만들어지지 않았다. 광고는 도대체 무슨 물건을 팔겠다는 건지 기본적인 내용도 담고 있지 않은 경우도 허다했다. 이토이즈, 아이빌리지(iVillage), 닥터쿠프(DrKoop) 등 신경제 때 엄청난 돈을 광고에 쏟아 부었던 브랜드들은 지금은 어디에 있는가? 대부분 이미 죽었거나 죽어가고 있는 중이다.

그럼에도 불구하고 광고 대행사들은 브랜드에 대한 시도나 구매 반복을 유도하는 것과는 아무 상관없는, 그저 참신하고 독창적인 아이디어만을 고집했다. 광고는 오직 인지도(효과가 있든 없든)와 1일 후 상기율(day-after call: 광고가 노출된 다음 날 측정하는 상기율—역주)에 의해 그 효과가 측정되었고, 이러한 측정 기준이란 단지 주변의 온갖 광고 더미 속에서 그 광고가 시청자에게 얼마나 접촉했는가—상품 계약이 고객에게 의미가 있는지 아닌지와 관계없이—라는 것만 가르쳐줄 뿐이다. 마케팅 사회는 이러한 문제를 인정하려 들지 않았다.

문제는 그 창의성에 가치가 배제되었다는 것이다. 어떤 경우 오락성이 그 이미지를 통해 브랜드 구축에 도움이 될 때도 있긴 하다. 문제는 이러한 접근이 평범한 기업들은 감당할 수 없을 정도로 엄청난 투자를 필요로 한다는 것이다. 이런 방식의 광고 전략에 성공한 회사들은 수년—혹은 수십 년—에 걸쳐 이러한 광고를 계속해야 하며, 수백만 달러를 들여가며 광고의 모든 것이 브랜드의 이미지를 제대로 표현하고 있는지를 조사하는 전문 인력을 따로 두어야 한다. 코카콜라나 맥도널드, 버드와이저 같은 몇몇 기업은 이런 식의 광고 전략을 집행할 수 있다. 하지만 이는 비즈니스를 굉장히 비싼 방식으로 운영하는 것이다.

반면 트로피카나(Tropicana) 같은 '보통 규모' 기업의 경우를 살펴보자. 이 회사는 광고에 돈을 상대적으로 덜 쓰고 있지만 타당한 곳—신선함과 건강이라는—에 초점을 맞추고 있다. 고객과 접촉하는 모든 면이 트로피카나 음료를 마셨을 때 얻을 수 있는 이점을 강조하고 있다. 트로피카나 제품의 포장도 건강을 말하고 있다. 이 제품은 건강에 대한 주제를 꾸준히 확장해나갔다. 이 회사의 웹 사이트는 비록 원시적이기는 하지만 아주 효과적이다. 건강한 삶에 대해 말하고 있기 때문이다. 이 브랜드는 고객들과 아주 밀접한 관련성을 구축할 수 있었다. 광고를 포함해 트로피카나 브랜드와 관련된 모든 요소들이 '트로피카나 음료를 마시면 어떻게 건강에 도움이 되는가'라는 일관된 주제에 초점을 맞추고 있기 때문이다. 이 전략은 점차 그 중요성이 증가해가고 있는 가치와 라이프스타일을 제대로 겨냥한 것이라고 볼 수 있다. 트로피카나는 많은 기업들이 보고 따라야 할 모범적인 사례이다.

메르세데스(Mercedes)와 현대(Hyundai) 자동차를 분해한 다음 모든 부품을 두 개로 나누어보라. (회사명과 로고는 없애야 한다.) 대부분의 사람들은 그 부품들을 회사별로 구분할 수 없을 것이다. 하지만 그 부품을 다시 조립해서 자동차를 만든 다음 조금만 달려보면, 눈을 가리고서도 어떤 회사의 것인지를 구분할 수 있다.

광고 캠페인에서 마케팅의 약속은 상품과 서비스에 의해 전달되어야 한다. 그러면 계약은 이루어질 것이다.

조급함의 뼈아픈 결과

뛰어난 광고가 반드시 브랜드 구축으로 이어지는 것은 아니라는 사실을 매디슨가(Madison Avenue: 뉴욕의 광고업 중심지―역주) 스스로 증명해 보이자 소비재 회사의 구조를 장악하고 있는 제품 관리 시스템은 각 브랜드 매니저들에게 단기간에 브랜드 가치를 고양시킬 수 있는 다른 방법을 찾으라고 압박을 가하고 있다. 물론 브랜드 관리의 개념 자체가 퇴색해버렸기 때문에 그 보호를 위해 보수를 받으면서도 실제로는 브랜드 매니저 스스로가 그 상품을 망가뜨리고 있는 것이 현실이다. 브랜드 관리는 상품 매니저에서 수석 상품 매니저, 마케팅 매니저, 수석 마케팅 매니저, 마케팅 부사장, 수석 부사장, 마케팅 최고 책임자 등 올라갈수록 좁아지는 피라미드 꼭대기까지의 달리기 경주로 변해버렸다.

이런 피라미드가 산업 전반을 주도하고 있다. 젊은 마케터들은 브랜드를 더욱 강력하게 만들고자 하는 책임 의식보다는 브랜드를 동료들보다 조직에서 앞서 나가는 도약대로 이용하려고만 한다. 조직에서 남들보다 빨리 앞서갈 수 있는 기준은 일반적으로 판매량이다. 하지만 미국 내 기업의 CEO가 그 자리를 지키는 기간이 평균적으로 2년이 채 안 된다는 사실을 상기해보자.

이 모든 것이 어떻게 해서든 판매량을 빨리 늘리는 것에만 프리미엄을 주도록 만들었다. 그리고 브랜드 매니저들도 광고란―특히 관련성이 떨어지는 경우에는 더더욱―제대로 효과를 얻기까지는 오랜 시간이 걸린다―브랜드가 하룻밤 사이에 만들어질 수 없는 것처럼 광고 효과 또한 하룻밤 사이에 얻어질 수 없다―는 사실을 깨닫는 데는 그리 오랜 시간이 걸리지 않았다. 마케팅에 종사하는 사람들은 광고를 투자가 아니라 지출로 생각하기 때문에 어떻게든 같은 분기 안에 긍정적인 결과를 보기를 원한다. 하지만 광고는 그런 것이 아니다.

판매 프로모션: 수익체감의 게임

15년에서 20년 전부터 이러한 트렌드들이 점차 그 세력을 확장하면서 제품 매니저들은 광고로부터 얻지 못한 단기간의 이익을 얻어내고자 그 전략을 판매 프로모션으로 전환했다. 판매 프로모션은 단기간에 효과가 나타날 수 있기 때문이다. 이는 '반짝 판매량'을 인위적으로 늘려준다. 쿠폰을 이용하거나 그밖에 고객이 거래에서 얻어갈 수 있는 혜택을 늘리는 방법으로 고객 확보 비용을 줄이면 분명 판매량은 증가한다. 그러나 이는 브랜드에 가치를 더한다기보다는 단순히 제품 구매 가격을 떨어뜨리는 행위일 뿐이다. 제품을 싸게 팔아 판매량을 늘린 것에 불과하다는 말이다. 이 수치는 짧은 기간밖에는 지속되지 않는다. 나는 프로모션을 실행하고 나서 시간이 지날수록 판매량과 시장 점유율은 제자리로 돌아가고, 프로모션 기간이 끝나면 이전의 상태보다 더 악화되는 경우를 수도 없이 보아왔다.

더욱 심각한 문제는 이런 프로모션 전략이 마치 헤로인과 같은 중독성을 가진다는 것이다. 프로모션이 끝나고 판매량이 평상시 수준으로 떨어지면 새로운 프로모션을 시도해야 한다는 압력을 배겨낼 수가 없다. 게다가 고객들은 점점 더 프로모션을 *기대하게* 되고 프로모션이 있을 때까지 구매를 하지 않는 지혜를 발휘하기도 한다. 구매자는 할인된 가격에 중독되는 것이다. 이는 판매자에게든 구매자에게든 아주 좋지 못한 증상이다.

이런 현상이 모든 비즈니스 영역—소비재, 포장 상품, 소매 유통, 전자상거래, B2B, B2C 마케팅 할 것 없이—에서 일어나고 있다. 문제는 정상 가격보다 할인 가격으로 판매되는 비율이 훨씬 빠르게, 계속해서 증가하고 있는 포장 상품 영역에서 특히 심각하다.

소매가격을 내려야 한다는 압력은 여러 방향에서 가해진다. 온라인 유통업체들이 '아이볼'을 구사해야 했던 것처럼 기존 유통업체들도 고객에게 다가갈 수 있는 방법이 필요했다. 그들은 이를 위한 수단으로 결국 주도 브랜드 제품을 더 낮은 가격으로 제공하는 전략을 채택했다. 이는 소비자들이 할인된 제품과 함께 정상 가격의 다른 제품들도 함께 구매해주리라는 기대에서 비롯된 것이었다. 게다가 스토어 상표가 오늘날 각종 카테고리의 35에서 40퍼센트를 차지할 정도로 물량 공세를 퍼부으면서 브랜드 제품의 가격 대비 가치를 낮게 인식하는 분위기도 그에 한몫 했다.

물론 엄마들은 이 모든 것을 알아채고 있었다! 엄마들이 '현명하게' 제품을 구매하는 데 얼마나 대단한 능력을 발휘하는지를 이해하기 위해서는 당장 다음 주의 주말 신문을 훑어보고 할인 행사를 가진 브랜드 중에서 엄청난 판매량을 달성한 업체가 있는지 찾아보면 된다. 아마 한 곳도 없을 것이다.

나는 여러 해 동안 소매업체와 포장 상품 제조업체의 마케팅에 관한 컨설팅을 해왔다. 브랜드 광고는 좋은 시도다. 그러나 판매량이 둔화되는 기미가 보일라치면 가장 먼저 브랜드 광고부터 없애고 본다. 그리고 가격을 대폭 할인해주는 판매 이벤트를 하느라 정신이 없다.

이렇게 *판촉(sales promotion)*이라고 하는 인위적인 자극에 의존하는 것은 장기적으로 브랜드 가치를 구축하는 데 별 도움이 되지 못한다. 예를 들어 어떤 ISP(Internet service provider: 인터넷 서비스 제공 사업자—역주)들은 인터넷 접속을 유도하기 위해 장비를 무상으로 지급하거나 아주 싼 가격에 공급함으로써 컴퓨터 하드웨어의 가격을 낮추었다. 이들 중 대다수는 오늘날 사라져버렸다. 장거리 전화 비즈니스에서도 비슷한 일들이 일어났다. 전기 통신 회사가 장기간 전화 계약을 맺는 고객을 대상으로 전화기의 가격을 대폭 낮추어준 것이다.

착각하면 안 된다. 프로모션을 통해 제품 가격을 낮추는 행위는 과거의 면도날 컨셉트—면도기를 싸게 판매함으로써 면도날을 많이 팔 수 있었던—와는 다르다. 그 둘 사이에는 중요한 차이가 있다. 바로 면도날은 대체가 불가능하다는 것이다. 질레트(Gilette) 면도기를 가지고 있는 사람은 반드시 질레트 면도날도 사야 한다. 그러나 인터넷 서비스나 장거리 전화 서비스 같은 경우는 얼마든지 바꿀 수 있는 것들이다. 인터넷이나 장거리 전화 비즈니스는 경쟁적인 가격 프로모션 싸움에 휘말리기 쉬운 일상용품 비즈니스가 되었던 것이다. 전환 해지율(churn rate: 통신 서비스 이용자들이 현재 가입된 통신 서비스를 해지하거나, 다른 통신 서비스 회사로 가입을 이전하는 비율—역주)은 높고 수익성은 낮다. 테크놀로지 비즈니스에서 이러한 무분별한 프로모션 전략으로 얻을 수 있는 장기적인 결과라면 기업의 도산, 그리고 그 카테고리의 가치 자체가 고객의 마음속에서 '싸게' 인식된다는 것뿐이다.

그 결과 장거리 전화 서비스 회사나 ISP들은 고객 1인당 평균 350

달러에서 400달러라는 어마어마한 고객 확보 비용만 늘리고 있는 중이다. 그 돈을 회수할 때까지라도 어렵게 확보한 고객을 유지할 수 있는 경우는 그나마 다행이다. 기존의 고객이 계속해서, 아니 영원히 빠져나가고 있는데도 그들은 반짝 고객들을 늘리는 데만 온 신경을 집중시키고 있다.

신경제가 한창 전성기를 구가하고 있을 때는 주식 시장에서도 이런 비현실적인 비즈니스 모델을 지원해주었다. 하지만 지금은 상황이 바뀌었다. 시장이 마침내 안정된 수익 구도를 요구하기 시작한 것이다. 이는 신경제에서처럼 단 몇 달 정도가 아니라 장기적으로 고객 관계를 유지하는 데 초점을 맞추게 될 넥스트 이코노미로 이행하고 있다는 하나의 증거가 될 수 있다.

프로모션에 의한 판매 증진은 증가하는 속도 면에서나 그 허약성 면을 보았을 때 결국 거품 같은 것이다. 프로모션으로 이루어지는 판매는 금세 사라지게 된다. 그리고 다른 모든 회사들이 그 기회를 호시탐탐 노리고 있다. 만약 이번 주말, 판촉에 인력을 포진시키면 당장 판매는 증가할지도 모른다. 하지만 진정한 수익성은 기대할 수 없다. 다음 주말에 경쟁업체가 똑같은 행사를 실시한다면 잠시나마 판매가 증가하는 것 같던 상품은 다시 먼지만 잔뜩 뒤집어쓰게 될 것이다. 그 결과는 마이너스 마케팅 사이클뿐이다. 연말이 되면 시장 점유율은 하나도 증가하지 않고 이윤은 한계점으로 치닫고 있을 것이다.

네번째 P: 가격(Price)

가격 대 가치

브랜드 가치를 산출하는 공식을 다시 한 번 살펴보자.

$$\text{브랜드 가치} = \frac{\text{자산}}{\text{가격}} = \frac{\text{장소, 상품, 프로모션}}{\text{가격}}$$

이 공식에 따르면 브랜드 가치를 높이는 방법은 두 가지다. 이해하기 쉽도록 공식에 숫자를 넣어보자. 첫번째 방법은 한 개, 혹은 세 가지 P—상품, 장소, 프로모션—의 조합을 이용해 브랜드를 차별화하는 것이다.

$$2 = \frac{20}{10}$$

고객 삶에 대한 관련성을 높임으로써 자산의 값을 높이면 고객에 대한 브랜드 가치를 두 배로 늘릴 수 있다.

$$4 = \frac{40}{10}$$

트로피카나의 브랜딩 전략이 바로 이런 방법에 의한 것이었다. 하지만 대부분의 브랜드들은 차별화에 실패했기 때문에 다음의 두번째 방법을 보다 많이 사용했다.

$$4 = \frac{20}{5}$$

브랜드 가치는 똑같이 두 배 상승했지만, 그것은 고객에게 가격을 떨어뜨리는 방법을 통해서였다. 이 두번째 경우에 있어서 브랜드 가치의 상승분은 고객 유치 비용을 낮춤으로써 얻어진 결과였다. 구경제와 신경제에서 마케팅이 실패한 원인은 바로 이것이라고 해도 과언이 아니다. *가격은 비용이고 가치는 값어치다.* '가치'가 아니라 '가격'에 초점을 맞추었기 때문에 마케팅 사회는 고객 충성도를 구축하는 데 실패하고 얼마든지 교체할 수 있는 브랜드의 목록만 늘려놓았을 뿐 대체 쇼핑을 현실화시키는 결과를 초래했던 것이다.

과점 시장 환경에서의 가격

대부분의 사람들은 자유 시장 경제에서는 가격과 수요에 관련된 전통적인 법칙이 고정 불변의 진리라고 생각한다. 이러한 법칙에 따르면 가격이 높아질수록 판매하는 제품의 양은 줄어들기 마련이다. 아주 간단하고도 1차원적인 논리다.

넓은 시각에서 봤을 때 이는 분명 맞는 말이다. 예를 들어 어떤 카테고리의 상품을 모두 갖추고 있다고 했을 때, 가격이 비싼 상품보다 저렴한 상품의 판매량이 더 많다는 말이다. 하지만 실제 시장에서는 가격과 수요 간의 관계는 그렇게 단순하게 이루어지지 않는다. 그 이유는 무엇일까?

그 이유 중의 하나는 이 전통적인 법칙이 경쟁 브랜드들이 무제한으로 제품을 공급할 수 있는, 이론적으로 완전히 개방되고 마찰이 없는 시장을 전제로 하고 있기 때문이다. 하지만 실제 삶에서 사람들은 완전한 자유 시장이라기보다는 과점 시장에서 물건을 구매하고 있다고 보아야 한다. (경제학 용어로 과점은 시장이 셋에서 다섯 정도의 경쟁 업체에 의해 점유되고 있을 때를 뜻한다.) 예를 들어 미국 내에는 20에서 30개 정도의 화장실 휴지 제조업체가 있는데, (해외에서 수입되는 것까지 고려한다면 훨씬 더 많아질 것이다) 교외의 슈퍼마켓에서는 두세 개의 브랜드 제품밖에 들여놓지 않는다. 동네에 들어와 있는 주유소는 두세 개가 고작이고, 식품점 진열대에 있는 치즈 브랜드도 네댓 개에 불과하다.

즉 현실에서는 거래 시점에서 소수의 공급자들만이 대부분의 시장을 장악하고 있다는 이야기다. 그리고 경제학자들은 과점 시장에서는 일반적으로 급격한 경사를 이루는 수요 곡선이 나타난다는 사실을 발견했다. 이는 완만한 곡선이 아니라 갑자기 급하게 꺾어지는 지점이 있다는 것을 의미한다. 다시 말해 어떤 지점에 이르면 아무리 가격을 내려도 판매량이 더 이상 늘어나지 않는다는 말이다. 왜 이런 현상이 일어나는 것일까?

그 이유는 과점 시장에서 시장 점유율을 잃을 때 발생하는 경비는 소수의 주도 브랜드가 감당하기에는 너무 크기 때문이다. 예를 들어 화장실 휴지를 생산·판매하는 빅 4 기업에 들어가 있다면, 계속해서 유지하고 관리해야 하는 엄청난 제조·판매·마케팅·유통 시스템을 가지고 있는 셈이다. 그렇기 때문에 손익분기점에

이르는 판매량이 엄청나게 높은 것이다. 판매량이 갑자기 뚝 떨어
진다면, 그 상황을 감당하는 것은 불가능하다. 그래서 경쟁업체들
중 하나가 가격을 내리면 판매량을 떨어뜨리지 않기 위해, 그리고
시장 점유율을 잃지 않기 위해 모든 업체가 한꺼번에 가격을 낮추
는 전쟁이 벌어진다.

이런 과점 시장에서는 전통적인 가격과 판매량 관계가 제대로 먹
히지 않는다. 이것이 오늘날 시장이 돌아가는 상황이다. 지금 쇼핑
을 하고 있다고 생각해보자. 그 대상이 세탁제든, CD든, 청바지든
상관없다. 20, 30개 브랜드 중에서 선택하게 될까, 아니면 3, 4개 브
랜드 중에서 고르게 될까? 분명 후자일 것이다. 이번 주에는 A 브랜
드가 가격이 싸다면 다음 주에는 B 브랜드가 더 쌀 것이고, 그 다음
주에는 C 브랜드가 더 쌀 것이다. 연말이 되면 모든 주요 경쟁업체
들이 번갈아 이익을 가져가게 될 것이다. 시장 점유율은 아주 공정
하게 공유되고 있는 셈이다.

오늘날은 대부분의 소비가 과점 시장에서 이루어지기 때문에 실
제로는 가격점이라는 것도 두세 개에 불과하다. 카테고리 안의 모
든 상품들은 같은 가격대로 맞추어진다. 경쟁업체에게 시장에서
앞서 나갈 수 있는 기회를 내줄 기업이란 한 군데도 없기 때문이다.
가격 또한 이처럼 실제로 점유율에 영향을 미치지 않기 때문에 우
리는 네번째 P, 즉 가격도 불능에 빠졌다고 결론을 내릴 수밖에 없
다. 일시적인 가격 인하 전략으로 얻은 단기 판매 증가분은 다음 분
기에는 경쟁업체의 똑같은 가격 인하 전략으로 상쇄되기 마련이
다. 결국 1년 전체를 놓고 보았을 때 가격이 시장 점유율―수익성
은 물론이고―에 기여한 바는 없는 셈이다.

이런 과점 상황은 대부분의 시장에서 꽤 오랫동안 존재해왔지만 마케팅 업계는 이것이 의미하는 바를 이해하지 못하고 있다. 한때 소비자가 구매 결정을 하는 데 있어 가격과 품질 사이에는 명확한 관계가 있는 것처럼 보였다. 부모님들은 "비싼 만큼 제값을 한다."라고 충고하곤 했다. 한 세대 전만 해도 이는 좋은 충고였다. 그 당시에는 과점이 지배하던 시장 비율이 지금보다 훨씬 적었기 때문이다. 그러나 신경제 시기에 접어들면서 테크놀로지가 경쟁 제품을 쉽게 복제할 수 있도록 해주었고, 브랜드 간의 차이는 점점 줄어들었으며, 잘 알아보기 힘든 품질보다는 눈에 잘 띄는 크기가 더 중요한 의미를 가지게 되었다. '비싼 것이 제값을 한다.'는 말이 더는 먹히지 않는 상황에서는 일시적이더라도 그 중 저렴한 제품을 골라 구매하는 것이 현명할 것이다.

불과 얼마 전까지만 해도 최저 가격 보장은 소매업체들이 선택할 수 있는 중요한 차별화 전략이었다. 하지만 실제로는 오늘날 모든 업체들이 이러한 보증수표를 확보하고 있다는 것이 문제이다. 그 결과 사람들 모두가 비슷한 가격대에 노출되어 있다. 좋아하는 브랜드가 좋아하는 매장에서 이번 주에 할인 판매를 하지 않는다 하더라도 최저 가격에 구매하는 것이 가능하다—경쟁업체의 광고를 뒤져보기만 하면 얼마든지.

가격은 넥스트 이코노미에서 아주 중요한 이슈가 될 것이다. 그러나 그 가격을 다루는 방식은 분명 아주 달라질 것이다—훨씬 효과적으로. 상대적으로 비싼 가격에 상품을 제공하는 소매업체가 그에 걸맞은 진정한 브랜드 자산을 제공하지 않는다면 그 기업은 비즈니스계에서 퇴출될 것이다. 가격 유연성은 경제 이론에서 말하는 것처럼 유용한 무기가 아니다. 오히려 브랜드 자산에 의존하는 정도가 더 높다. 이제는 싸구려 소매업체에서도 소니 같은 신뢰도 높은 브랜드 제품을 구입할 수 있다. 물론 소비자는 만족한다. 결국 싸구려 소매업체의 경쟁자들은 차별화를 위해 그에 맞추어 똑같이 낮은 가격에 물건을 제공하든지 가치를 더하든지 하는 두 가지 방법밖에 없다.

실패의 대가

마케팅을 보호하고 존속시켰던 네 가지 P의 실패는 혹독한 결과를 초래했다. 비즈니스 그룹은 고객 관계를 수립해야 했지만 마케터들이 스스로를 재창조하는 데 실패함으로써 기업은 수십억 달러라는 막대한 경비를 지출해야 했던 것이다.

지금까지 살펴본 바와 같이 네 가지 P는 불능에 빠졌다. 제조업체에서 소비자에게로 상품과 서비스를 전달하는 흐름을 관리하는 개념으로서의 마케팅은 실패했다. 질서는 무너졌다. 넥스트 이코노미에서 우리는 새로운 적용 방식을 정의하고, 신뢰도를 재조정해야 할 필요가 있다. 금방 알게 되겠지만 넥스트 이코노미에서 고객은 왕이며, 고객을 최우선으로 생각하는 마케팅이야말로 기업의 수익성에 유일한 구세주가 될 것이다.

CHAPTER 5

넥스트 이코노미의 태동

넥스트 이코노미는 마케팅에 대한 새로운 정의, 새로운 우선순위,
새로운 기술에 의해 굴러가게 될 것이다.
마케팅은 모든 접촉점에서 브랜드와 고객 간의 관계를 고무시킴으로써
브랜드 자산을 수익성 있게 구축하는 책임을 지고 있다.
이러한 마케팅 기준 각각은 고객에 대한 브랜드 관련성을 강화시키고
결국 브랜드 충성도를 높이게 될 것이다.

the Next Economy

내 추측이 맞다면 넥스트 이코노미는 2006년 무렵에 시작되어 2020년까지 지속될 것이다. 그 영향은 암흑기의 중반 무렵이 되면 바로 느낄 수 있을 것이다. 왜냐하면 바로 그때, GDP의 든든한 기둥이었던 베이비 부머의 상품 및 서비스에 대한 구매가 축소되는 것을 확실하게 느낄 수 있을 것이기 때문이다. 2006년에서 2020년까지 우리는 판매자 시장에서 구매자 시장으로의 이행을 경험하게 될 것이며, 그 과정에서 기업의 마케팅 원칙은 변화할 수밖에 없을 것이다.

이 거대한 이동이 비즈니스와 경제에 미칠 영향은 추측하기도 힘들 정도이다. '고적한 10년'에 마케터에게 요구되는 도전은 이러한 냉혹한 인구통계학적 압력으로 인한 것이다. 이 장에서는 이와 관련된 것을 살펴볼 것이다.

시장에서의 퇴각

가장 먼저, 그리고 가장 뚜렷하게 알 수 있는 것은 베이비 부머들이 시장에서 퇴각할 것이라는 사실이다. 나이가 들면 소비가 줄어드는 것은 당연하다. 하지만 베이비 부머의 엄청난 인구는 이 당연한 사실이 경제적으로, 그리고 사회적으로 미치는 영향을 이루 말할 수 없이 크게 할 것이다. [표 5-1]에서 베이비 부머와 그 부모 세대의 인구 비율만 봐도 앞으로 베이비 부머가 GDP에 몰고 올 충격을 짐작할 수 있을 것이다. 그리고 전쟁과 불황을 경험한 세대가 사라짐에 따라 베이비 부머의 소비에 대한 영향력은 단순히 그 규모뿐 아니라 전쟁 세대와 X세대 둘 다에 미치는 인구통계학적 충격에

【표 5-1】소비 규모로 살펴본 세대별 비교

세대	출생연도	연령(2000년)	인구수(백만 명)	전체 인구 대비(%)
GI 세대	1930년 이전	71+	25.3	9.1
공황 세대	1930~1939	61~70	17.8	6.5
전쟁 세대	1940~1945	55~60	15.6	5.7
베이비 부머	1946~1964	36~54	**77.4**	**28.2**
X세대	1965~1976	24~35	44.9	16.4
Y세대	1977~1994	6~23	70.7	25.8
밀레니엄 베이비	1995년 이후	0~5	22.9	8.3

출처: 세대별 구분(Generational Divide), 앨리슨 스타인 웰너(Alison Stein Wellner), 미국 인구통계학, 2000년 10월. 허락을 받아 수록함.

의해서도 증대된다.

베이비 부머는 그 전 세대와는 달리 나이가 든다고 해서 시장에서 쉽게 물러나지는 않을 것이라 주장하는 사람들도 있다. 베이비 부머들은 은퇴 시기도 연장되고, 은퇴한다 하더라도 파트타임 일을 계속할 것이라고 말이다. 또 베이비 부머들이 역사적으로 무엇이든 반대로 했던 경향을 보였던 것처럼 미래에도 우리 경제에 강력한 개혁의 바람을 몰고 오리라 기대하기도 한다. 물론 베이비 부머들은 그렇게 하려 하겠지만, 미국 내 가계 저축률은 계속해서 *하락*하고 있으며 잔고는 바닥을 보이고 있는 것이 현실이다. 수백만 명의 사람들이 그 달 벌어서 그 달 생활을 해결하고 있으며, 개인 부채는 계속해서 높아만 가고 있다.

저축률은 가처분 소득의 8.7퍼센트 수준이었던 것이 10년도 안 되어 바닥으로 떨어진 상태이다. ([표 5-2])

[표 5-2] 미국 소비자 저축률

연도	저축률
1992	8.7
1993	7.1
1994	6.1
1995	5.5
1996	4.8
1997	4.2
1998	4.2
1999	2.1
2000	-.1

출처: 경제 분석청, 미국 상공부, 워싱턴, 2001년 6월 29일

반면 개인 부채는 폭발적으로 증가하고 있다. ([표 5-3])

분명히 이러한 역(逆)트렌드가 계속된다면, 가구 예산에서는 엄청난 액수의 돈이 빠져나가게 된다. 미국의 가정은 그 날 벌어서 그 날 먹고 사는 상황에 봉착하게 될 것이다. 주식 시장을 일

[표 5-3] 미국 소비자 저축률

연도	연간 상승률(%)
1996	7.9
1997	4.4
1998	5.4
1999	7.1
2000	9.5
2001	10.5

출처: '소비자 부채(Consumer Credit)', 연방준비제도이사회 통계 자료, 2001년 4월.

종의 저축 계획으로 보는 사람들도 있지만 주식이란 전혀 저축성이 보장되지 않는다.

모든 상황들은 정말이지 불안하기 그지없으며, 이 카드로 만든 집을 튼튼하게 해주는 것으로서 소비자 신뢰(consumer confidence: 소비자의 현재 및 장래의 재정 상태, 소비자가 보는 경제 전반의 물가, 구매 조건 등을 지수화한 것—역주)가 얼마나 중요한지를 알려준다. 2006년이 되면 모든 것들이 분명해지기 시작할 것이다.

모든 결과들이 베이비 부머가 심리적·경제적으로 피로를 느끼는 60대에 접어들고 있으며, 시장에서 대대적인 퇴각을 하게 될 것으로 예측하고 있다.

이를 수학적으로 생각해보면 결론은 더욱 명확해질 것이다. 오늘날 평균적인 미국 가정은 세금을 공제하고 나면 (1년 평균 4만 달러가 조금 안 된다) 하루에 소비할 수 있는 금액이 100달러 정도이다. 이 100달러 중 점점 더 많은 돈이 연금 조성이나 투자에 몰리고 있다. 이는 곧 다른 곳, 즉 소매업체, 포장 상품 제조업체를 비롯한 대다수의 제조업체 비즈니스의 축이 되어왔던 상품과 서비스에 대한 소비가 줄어들고 있다는 뜻이다. 베이비 부머가 시장에서 퇴각한다는 것은 우리 경제를 굴러가게 했던 연료가 바닥이 난다는 말과 같다.

　베이비 부머들이 은퇴기에 접어들면서 상황은 더욱 심각해지고 있다. 보통의 경우 안락한 노후 생활을 위해서는 은퇴 후 최종 임금의 65퍼센트 정도는 보장받을 수 있어야 한다. 그러나 평균적인 401k(확정갹출형 연금. 미국의 대표적인 기업 연금 제도—역주) 은퇴 계획이 지급을 보장하는 액수는 3만5,000달러 정도밖에 되지 않는다. 이 정도로는 은퇴 후 12개월 정도밖에 생활할 수 없다. 게다가 이들 중 겨우 4분의 1 정도만이 세금이 유예되는 IRA(개인 은퇴 연금 계좌—역주)를 가질 수 있으며 그나마 최대한 받을 수 있는 금액도 법으로 정해진 5퍼센트를 넘길 수 없다.

　어떤 베이비 부머들은 65세 이후에도 은퇴하지 않고 계속해서 일할 것이다. 그러나 시장 수요가 낮아지면 고용률도 낮아지기 마련이며, 이런 상황에서 베이비 부머들은 강제로 고용 시장에서 내쫓길 수밖에 없다. 그 자리는 Y세대—베이비 부머에 버금갈 정도로 엄청난 인구군을 가지고 있는—가 메우게 될 것이다. 결국 베이비 부머들은 소비를 줄여야 한다는 압박 아래 놓이게 된다. 이제 그들에게 닥친 문제는 *무엇을 살 것이냐*가 아니라 *살 것인가 말 것인가*가 되는 것이다.

　어떤 사람들은 베이비 부머들이 그 부모 세대로부터 물려받은 유산의 힘으로 이러한 재정적 위기를 탈출할 수 있을 것이라고 주장하기도 한다. 분명 베이비 부머의 부모 세대로부터 베이비 부머 세대로 부의 이동이 있을 것이라는 전망은 맞다. 그러나 이 '부'는 대부분 부동산의 형태—1946년에는 1만8,000달러에 팔렸던 집의 가격은 지금은 40만 달러를 훌쩍 뛰어넘는다—를 띠고 있다는 것이 문제이다. 주택은 은퇴 계획과는 다르다. 주식이나 채권, 은행 예금과 달리 부동산은 이자나 배당금을 창출하지 못한다. 주택을 소유하고 있다는 것은 새로 사는 것보다 비용이 더 많이 든다. 베이비 부머들이 노후를 위해 집을 모두 판다고 결심한다 하더라도 베이비 부머보다 상대적으로 그 수가 적고 덜 부유한 잠재 구매자(이후 세대)들을 대상으로 하기 때문에 집값은 폭락하게 될 것이 분명하다. 그래서 나는 베이비 부머가 물려받은 유산이 우리 경제를 살리게 될 것이라고는 믿지 않는다.

파급 효과

베이비 부머들이 소비 시장에서 퇴각하면서 우리 경제 전반에 미치는 파급 효과는 여러 가지가 있다.

- **탈중개자 현상:** 제품과 서비스의 유통 시스템이 점차 직거래 시스템으로 돌아서게 된다. 소비 모델에서 판매자를 대변하던 전통적인 중개자들은 사라질 것이다. 대신 구매자를 대변하는 새로운 중개자가 등장할 전망이다. 넥스트 이코노미는 구매자 위주의 경제로 다시 태어날 것이다.
- **월 스트리트로의 통화 유입:** 투자가 수십만 명의 사람들을 사로잡아 소비재 상품 시장에서 수십억 달러가 투자 시장으로 유입될 것이다. 미국 가정의 절반 이상이 주식 시장에 투자를 하고 있다. 우리는 이미 사람들이 생활을 영위한다는 목적 하에 주식을 현금화하지는 않는다는 사실을 알고 있다. 점점 낮아

지는 저축률과 늘어가는 개인 부채율 등 모든 징후들은 주식에 대한 투자를 줄이기보다는 개인 부채를 늘리는 것을 선택할 것이라는 전망에 힘을 더해주고 있다.

• *신용카드 부채 한도 초과:* 소비를 가능하게 하는 유동자금이 큰 폭으로 줄어들 것이다. 1인당 소지하고 있는 신용카드 수는 지난 4년 동안 꾸준히 증가해왔다. 우리는 이미 이 '나중에 지불' 프로그램으로 구매한 상품에 대해 결제는 나중에 하고 있다. 미 연방준비제도이사회의 이자율은 3퍼센트에 불과한 데 반해 신용카드의 이자율이 10에서 18퍼센트나 되는 상황에서 유동자금이 원활하게 소통되기란 어려운 일이다. 그리고 그 총액의 규모는 엄청나다. 카드데이터닷컴(Carddata.com)에 따르면 미국의 평균적인 가정에서는 빅 4 신용카드 회사의 신용카드를 평균 5장이나 가지고 있으며, 실제로 사용하고 있는 총액은 1조2,000억 달러나 된다고 한다. 이러한 수치가 더 올라갈 곳이 있을까?

• *쇼핑의 즐거움이 사라진다:* 베이비 부머들은 그들의 삶에서 양보다 질—소유하고 있는 돈의 액수보다는 수입의 안전한 유지—에 점점 초점을 맞추게 될 것이다. 베이비 부머들이 60세에 가까워지면 돈이 빠져나가는 것에 대한 이러한 오래된 공포는 현실로 나타나게 될 것이다. 그리고 지금 이 순간도 그들은 날마다 60세를 향해 나이를 먹고 있는 중이다. 가계 규모가 줄고 그에 상응해 수요가 둔화되는 현상은 더 이상 피할 수 없다. 우리 경제에서 25세에서 49세의 가장(家長) 세대가 차지하는 비율이 67퍼센트라는 어마어마한 숫자라는 사실을 기억해보

자. 가까운 매장이나 시내 쇼핑센터, 자주 이용하는 웹 사이트를 생각해보자. 모든 제품과 서비스는 엄마들에게 제공되며, 이것들은 매일매일 가정생활을 영위하는 데 필요한 것들이다. 하지만 아이가 없는 가정이 기하급수적으로 늘어나고 있기 때문에 이들 가정에 제공되는 제품과 서비스의 종류도 변화해야 한다. 1960년대, 1970년대, 1980년대, 그리고 1990년대 변화의 주역이었던 베이비 부머라는 버블 인구들은 역시 수요의 강도와 소비 패턴 모두를 대대적으로 변화시킬 것이다.

- *장기 요양 붐:* 미국 의료보험 협회는 65세 이상 인구의 40퍼센트가 어떤 형태든 요양원에서 노후를 보내게 될 것이라고 발표했다. 요양 시설을 이용하는 데 드는 연간 평균 비용은 20만 달러에 이른다. 이런 현실은 소비자 지출 구도에 심각한 변화 요인으로 작용할 수 있다. 조금만 주의를 기울인다면 오늘날 우리 앞에 서서히 다가오고 있는 그 무거운 발자국 소리를 들을 수 있을 것이다.

이렇게 생각해보자. 대부분의 기업들은 지난 10년간 +5퍼센트 지출 환경(매년 지출이 5퍼센트씩 증가하는 시장 환경)에서 살아남고자 모든 노력을 기울여야 했다. 그렇다면 -5퍼센트 환경에서는 어떻게 해야 할 것인가? 그 충격은 끔찍할 것이다.

대부분의 비즈니스 영역이 비용 절감과 혁신에 성공하면서 제품과 서비스의 가치가 하락하며 통화가 수축되고 있다. 새 자동차가 선을 보여도 바퀴가 땅에 닿기가 무섭게 가격이 30퍼센트나 떨어지고, 패션도 기껏해야 한 시즌을 넘기지 못하고 있으며, 갈색 가전

(텔레비전, 오디오, 스테레오, 카메라 등)을 취급하는 소매업체들도 같은 형태의 제품을 5년 이상 끌고 가지 못한다. 전세계적으로 모든 상품이 더욱 빨리 재정의되고 개발되면서 가치는 급속도로 그 자산을 상실하고 있는 것이다. DVD가 새롭게 등장했을 때 VHS 플레이어의 가치는 땅으로 곤두박질쳤고, 모든 사람들이 새로운 디지털 카메라를 원하면서 어제만 해도 첨단 소리를 듣던 35mm 카메라는 헐값에 처분되는 신세로 전락하고 말았다.

이것이 바로 비즈니스를 기다리고 있는 '고적한 10년'의 모습이다. 마케터들은 이 상황을 어떻게 감당해낼 것인가?

인간화되는 테크놀로지

앞으로 다가올 10년은 뭐니 뭐니 해도 테크놀로지의 이용, 그리고 그 테크놀로지를 고객을 만족시키고 기쁘게 하는 방향으로 적용시켜가는 것이 가장 중요한 핵심이 될 것이다. 넥스트 이코노미는 마침내 오래도록 기다려왔던 텔레비전과 컴퓨터의 결합을 가져다줄 것이고, 단순하고 삶의 질을 높여주는 환경을 만들어줄 것이다. 예를 들어 이메일 교환을 위한 가볍고 휴대 가능하며 저렴한 네트워크 장비가 대중화될 것이며, 사용 간편한 여러 장비들은 사람들이 진정으로 하고자 하는 일을 하는 데 도움을 줄 것이다. 그리고 이런 것들은 1960년대 거의 모든 사람들이 소유하고 있었던 전통적인 통신망 전화—떨어뜨려도 이상 없이 작동할 정도로 튼튼했던 기계들—처럼 견고하고 실용적인 테크놀로지가 될 것이다. 베이비 부머들은 이런 테크놀로지와 함께 성장했으며, 간절하게 그런 테크놀로지를 그리워하고 있다.

자동차를 생각해보자. 베이비 부머들은 미국에서 고품질의 저렴한 외국 차를 타고 다녔던 최초의 세대이다. 그들은 가스가 적게 들고 평생 몰고 다녀도 고장이 안 날 것 같은 혼다, 도요타, 닛산 등을 사서 타고 다녔다. 그 결과는 다음과 같다.

- 그런 성능 좋은 몇몇 자동차가 날개 돋친 듯 팔려나갔다.
- 고객들이 진정으로 감사해하는, 심지어 사랑하기까지 하는 초대형 브랜드들이 생겨났다.
- 베이비 부머들은 신형 자동차를 사는 데 2만5,000달러에서 8만 달러까지 돈을 아끼지 않았으며, 그 소비에 대해 대단히 만족스러워했다.

넥스트 이코노미에서 지난 10년간 급속하게 발전해온 디지털 테크놀로지는 그 옛날의 테크놀로지처럼 새롭게 구성되어야 한다. 사람에 맞춘 테크놀로지여야지 사람이 맞추는 테크놀로지가 되어서는 안 될 것이다.

넥스트 이코노미가 신경제의 어리석음을 바로잡아줄 것으로 기대되는 일은 그 외에도 많다. 예를 들어 브릭(bricks)과 클릭(click)을 각각 다른 것으로 간주하던 관행—즉 디지털과 전통적인 비즈니스 운영을 구분해 생각하던—은 사라질 것이다. 토이스아르어스(Toys R Us)나 반스앤노블(Barnes & Noble), 메이시 같은 회사들은 자기 브랜드를 위해서는 고객에게 한 가지 얼굴만 보여줘야 한다는 사실을 깨닫게 될 것이다.

너무나 당연하게 보이는 사실이지만, 최근까지만 해도 신경제의 추종자들은 꽤 논리적인 근거까지 제시해가며 디지털과 전통적인 비즈니스를 분리해서 운영해야 한다고 주장했다. 그러나 모든 비즈니스에서 고객은 하나이며, 그 고객은 브랜드의 한 가지 얼굴만 대할 수 있기를 원한다는 사실을 간과해서는 안 된다.

우리는 항상 브랜드 관계를 말하지만, 고객과 만나는 모든 접촉점이 매끄럽지 못하고 상호 가치를 증대시켜주는 방향으로 운영되지 못한다면 이는 고객에게 잘못된 약속을 하고 있다는 말이며 고객의 기대와 반응은 서로 다른 것이 될 수밖에 없다. 다중인격 장애를 가지고 있는 사람과 관계를 맺기는 어려운 법이다.

베이비 부머의 복수

그동안 X세대의 기세에 눌려 무시당하고 제대로 기를 펴지 못하던 베이비 부머들은 다가올 10년에는 막강한 경제적 파워를 발휘하게 될 것이다. 그들의 후원으로 넥스트 이코노미는 무대 전면에 나서게 된다. 우리 비즈니스계는 그로 인해 새로운 도전 과제에 맞닥뜨리게 될 것이다.

- *서비스가 모든 것을 지배한다:* 제품 판매에서 서비스 판매로의 경제적 이동은 계속될 것이며, 더욱 가속화될 것이다. 베이비 부머들은 나이를 먹어가면서 더욱 삶의 질을 높여주는 서비스

를 모색해나갈 것이다. 스스로를 제품 판매자로 생각하고 있던 비즈니스라 하더라도 넥스트 이코노미에서 성공하기를 원한다면 그들의 상품을 서비스와 연관시켜 그 가치를 증대시켜야 한다는 것을 깨닫게 될 것이다.

- *고객 관계가 핵심이다:* 넥스트 이코노미에서 브랜드 경험은 단순히 제품의 거래와 소비에 국한되어서는 안 되며, 거래와 소비 수준을 뛰어넘는 것이어야 한다. 브랜드와 관련된 고객 관계의 모든 측면이 중요해질 것이며, 비즈니스가 고객과의 관계를 더욱 발전된 방향으로 유지시키고자 한다면 이 관계를 체계적으로 관리해야 한다.
- *고객을 기쁘게 해야 한다:* 넥스트 이코노미에서 성공은 단순히 고객을 만족시키는 것이 아니라 고객을 기쁘게 해주는 것에 초점을 맞추는 기업의 차지가 될 것이다.
- *최고 고객 마케팅:* 모든 고객을 동시에 기쁘게 해줄 수 있는 수준의 서비스를 제공하고 있는 기업은 거의 없다. 넥스트 이코노미에서 살아남기 위해 모든 기업은 *최고 고객*을 규명하고 그들에게 초점을 맞추어야 한다.

넥스트 이코노미는 마케팅에 대한 새로운 정의, 새로운 우선순위, 새로운 기술에 의해 굴러가게 될 것이다. 마케팅은 모든 접촉점에서 브랜드와 고객 간의 관계를 고무시킴으로써 브랜드 자산을 수익성 있게 구축하는 책임을 지고 있다. 이러한 마케팅 기준 각각은 고객에 대한 브랜드 관련성을 강화시키고 결국 브랜드 충성도를 높이게 될 것이다. 넥스트 이코노미에서 기업의 초점은 '무엇을 팔 것인가'에서 '소비자들이 왜 사려고 하는가'로 바뀌어야 한다. 이러한 구매자 위주의 경제에서는 최고 고객과 그들이 즐겨 찾는 브랜드 간에 새로운, 그리고 더욱 의미 있는 관계가 만들어지게 될 것이다.

이 책의 나머지 장에서는 이러한 아이디어의 의미에 대해 더욱 자세히 살펴보고 기업이 가까운 미래에 그 아이디어들을 제대로 적용시킬 수 있는 세부적인 실천 방안을 제시할 것이다.

NEXT
ECONOMY

〉〉〉〉〉〉〉〉〉〉〉〉〉〉〉〉〉〉〉〉〉〉〉 PART 2

당신의 고객은
어디에 있는가

CHAPTER 6

고객 욕구의 세분화
—인구통계학의 한계를 넘어

기업의 광고는 넓은 범위의 수용자를 겨냥하고 엽총을 쏘는 것이 아니라,
구체적인 사람들의 진정한 가치와 욕구를 표적으로 삼는
소총이 되어야 할 것이다.
기업의 창의적인 능력이 사람들을 더 많이 이해할수록
그 창의성은 더욱 진가를 발휘하게 될 것이다.

the Next Economy

넥스트 이코노미에서 마케팅의 목적은 브랜드와 고객 간의 관계를 이해하고 고양시키는 것이 될 것이다. 신경제 시기의 흥미로운 발전 중 하나는 CRM(고객 관계 마케팅: customer relationship marketing)의 성장이었다. B2C 시장에서 배너 전략이 실패하자 마케터들은 브랜드 광고로 눈을 돌렸다. 하지만 라벨과 브랜드의 차이점도 이해하지 못했기 때문에 이 전략 또한 실패하고 말았다. 그리고 CRM을 발견하였다.

신경제는 정보가 주도하던 시대였다. 인터넷상에서는 '쿠키'가 사람들이 어디를 가는지 속속들이 알려주었다. 그리고 세세한 판매 데이터는 사람들이 무엇을 사는지 마케터들에게 알려주었다. 그러나 닷컴 기업이 어떻게 수익성과 그에 관한 패러다임을 변화시킬 수 있을 것인가라는 무성한 논의들에도 불구하고 CRM은 신경제의 기업들을 소생시킬 수 있을 만큼 비즈니스로 재빨리 전환하는 데 실패하고 말았다.

넥스트 이코노미는 '*정보(information)의 지식(knowledge)화*'가 전부라고 해도 과언이 아니다. 다가오는 10년 동안 현명한 마케터라면 고객보다 한 발 앞서가는 마케터―최고 고객이 무엇을 원하는지를 먼저 생각하고, 소비 라인을 단순화하는 데 테크놀로지를 사용하며, 회사 내에서 고객을 대리하는 입장에 서는―가 됨으로써 고객을 기쁘게 해야 한다. 신경제에 시작된 CRM은 수익성 있는 브랜드 충성도를 구축할 수 있는 최고 고객과 브랜드 간의 관계를 더욱 긴밀히 이어주는 방향으로 발전해야 할 것이다.

넥스트 이코노미에서 우리 마케터들은 고객들이 무엇을 사는지에 대해서뿐만 아니라 고객들이 *왜* 그것을 사는지에 대해서도 이해할 수 있어야 한다. 그리고 전통적인 도구―예를 들면 인구통계학―를 사용해서는 고객을 제대로 분석할 수가 없다. 인구통계학은 일종의 회계 모델이지 마케팅 모델이 아니다. 이제는 인구통계학 대신 고객들이 구매 결정을 왜, 어떻게 내리게 되는지를 정확히 파악할 수 있는 다른 접근이 필요하다.

나는 그 대안으로 1960년대에 처음 등장한 욕구 세분화(want segmentation) 기법을 추천하고 싶다. *심리통계학*(psychographics: 수요 조사 목적으로 소비자의 행동 양식, 가치관 등을 심리학적으로 측정하는 기술―역주)이라고도 하는 이 방법은 마케팅 업계로부터 실용적이지 않고, 부정확하며, 조잡하고 애매모호한 근거들로 가득 차 있다고 격렬하게 비판받아왔다.

하지만 그렇지 않다. 매슬로우(Maslow)의 '욕구의 단계 이론(hierarchy of needs)' 을 접해본 사람이라면 인간의 신체적 관심사가 일단 충족되면 그 동기는 심리적인 욕구로 전환된다는 말을 기억할 것이다. 우리는 서구 문명에서 상업과 GDP가 엄마들에 의해 주도되었다는 사실을 잘 알고 있다. 이러한 상황에서 우리는 40년 이상이나 엄마들의 '필요' 를 타깃으로 해왔다. 엄마들은 필요한 것이 아니라 원하는 것을 산다. 엄마들의 필요는 아주 기본적인 품목으로, 소비에서 차지하는 비중도 아주 작다. 그리고 우리는 그 사실을 조만간 뼈저리게 느끼게 될 것이다.

인구통계학은 생리학에 그 바탕을 두고 있다. 그것은 나이, 수입, 사는 곳 등이 구매 원인을 제공하는 직접적이고 유일한 요인이라고 간주한다. 그 결과, 인구통계학적으로 수립된 마케팅 표적은 외관상 고무도장으로 찍은 듯 똑같은 세계로 묘사되고 있다. 인구통계학적 세계에서 이상적인 고객 가족은 다음과 같이 구성되어 있다.

- 18세에서 54세 사이의 두 성인
- 가계 소득 5만 달러 이상
- 대도시에 거주
- 두 자녀와 함께 거주
- 개 4분의 3마리 소유

이러한 모델이 가지는 가장 큰 문제점은 이 결과와 실제 가족들의 구매 원인과는 근본적으로 아무런 상관이 없다는 것이다. 도대체가 "전 18세에서 54세 사이의 연령층에 들어가는 기혼 여성이에

요. 이번 주 토요일에 백화점에서 2.3켤레의 신발을 살 예정이지요."라고 말하는 엄마들이 존재한다고 생각하는가? 물론 그런 엄마들은 한 명도 없다.

분명 수백만 가족들이 이런 인구통계학적 묘사에 들어맞기는 하다. 하지만 그 가족들 하나하나는 결코 똑같지 않다.

톰 헤네시(Tom Hennessey)와 카렌(Karen) 부부는 분명 이 범주에 들어간다. 그들은 42세로 시카고에 살고 있다. 톰은 회계사이고 카렌은 금융 설계사이다. 두 사람 사이에는 베스(Beth)와 리지(Lizzie)라는 두 아이가 있고, 명문 대학에 진학할 꿈을 가지고 있다. 헤네시 부부는 렉서스(Lexus)를 몰고, 세인트존스(St. John's)로 휴가를 떠나며, 주말에는 골프를 즐긴다.

하지만 브라이언 주코프스키(Brian Zukofsky)와 리(Leah) 부부도 이 범주에 들어가는 것은 마찬가지다. 이 부부는 26살의 퍼포먼스 예술가로 뉴욕 소호 변두리에 있는 공장을 개조한 건물의 꼭대기 층에 산다. 아이들인 알레그라(Alegra)와 케노(Keno)는 대안학교의 부속 유치원에 다닌다. 가족들 중 아무도 운전을 할 줄 모른다. 검은색 옷을 즐겨 입고 펑크스타일 헤어를 하고 있으며, 주말에는 비요크(Bjork)의 콘서트를 보러 간다.

그리고 조지 홈스(George Holmes)와 헬렌(Helen) 부부도 이 범주에 들어간다. 그들은 51세로 달라스에서 헬렌의 아버지에게서 물려받은 목재소를 운영하고 있다. 10살과 12살 된 자녀인 매트(Matt)와 로라(Laura)는 둘 다 축구, 승마, 암벽 등반에 취미가 있다. 홈스는 지난 휴가 때 SUV를 몰고 옐로스톤을 돌고 왔다.

위에서 말한 세 쌍의 부부에게 같은 매력, 같은 미디어, 같은 가치 프로모션을 사용해 제품과 서비스를 팔 것인가? 행운을 빈다! 이러한 조합을 다른 국가, 다른 대륙으로 확대시킨다면 기존의 인구통계학적 접근 방식이 얼마나 소비자 대상을 단순화시켰는지 알 수 있을 것이다.

인구통계학적 관점—연령, 수입, 거주지 등—에 따라 수백만 고객들을 분류함으로써 마케터들은 고객들이 왜 구매하는지에 관해서—이것이야말로 넥스트 이코노미에서 마케터들이 초점을 맞추고 집중해야 할 가장 중요한 정보이다—는 어떠한 정보도 얻을 수 없었다.

필요 대 욕구

인구통계학적 접근과 관련된 또 하나의 문제점은 고객과 구매 행동을 욕구가 아니라 필요의 관점에서 해석하고 있다는 것이다. 필요는 소비의 가장 기본적인 동기이다. 당연히, 필요에 의한 구매에는 가격만이 유일한 차별점이다. 필요는 사람들을 기쁘게 하지 못한다—단지 만족시킬 뿐이다.

사람들은 수분을 필요로 한다…… 그러나 그들은 에비앙(Evian)을 원한다.
사람들은 옷을 필요로 한다…… 그러나 그들은 리즈(Liz)를 원한다.
사람들은 자동차를 필요로 한다…… 그러나 그들은 포르셰(Por-

sche)를 원한다.

사람들은 어디론가 떠나야 할 필요를 느낀다…… 그러나 그들은 라스베가스(Vegas)로 가길 원한다.

사람들은 잔디를 깎아야 할 필요를 느낀다…… 그러나 그들은 디어 제품(Deere)으로 깎기를 원한다.

평균적인 소비자들은 그저 필요를 만족시키는 데에만 관심이 있고 소수의 엘리트 소비자들만이 욕구 등의 심리를 가지고 있을 거라고 착각하면 안 된다. 수요가 공급을 훨씬 웃돌고 있었던 1950년대라면 이는 맞을 수도 있다. 오늘날 대다수 사람들의 거의 모든 구매에는 '욕구'가 깊이 개입되어 있다.

이러한 상황에는 많은 이유가 있다. 물론 미국을 비롯해 세계 전반적으로 부가 향상된 것도 중요한 요인이다. 모든 사람들이 카드를 포함해 다양한 형태로 외상 구매를 이용할 수 있다는 것도 이유가 될 수 있다. 또 현대의 커뮤니케이션 테크놀로지가 광범위하고 깊게 확산되면서 전통적 개념의 화이트칼라와 블루칼라의 경계가 희미해진 것도 하나의 요인이다.

미국의 중산층이 거주하는 거리를 죽 따라가며 상위 25퍼센트에 해당하는 인구를 만나보면 그들에게 차이점보다는 공통점이 더 많다는 사실을 발견할 수 있을 것이다. 자동차, 의류, 서비스, 각 가정의 선반에 들어 있는 물건들은 모델이 조금씩 다르다는 차이가 있을 뿐 같은 브랜드일 가능성이 크다. 이런 현상은 현재 유럽, 일본, 라틴 아메리카, 아시아 등 세계 모든 지역의 중산층에서 공통적으로 나타나고 있다.

소비는 갈수록 기능적 행위가 아니라 열망적 행위가 되어가고 있다. 즉 필요가 아니라 욕구에 의해 주도되고 있는 것이다. 이러한 라이프스타일과 관련된 브랜드를 구매할 수 있는 전통적인 수단이 없는 사람들도 질 높은 삶을 위해 재정적 기반을 마련할 방법을 찾고 있다. 바로 이 때문에 개인 부채가 항상 높은 수준을 유지하는 것이며 저축률은 저조한 수치를 보이고 있는 것이다.

소비자의 취향과 관심의 관점에서 보자면 미국은 오늘날 지리적인 거리감의 중요성이 그 어느 때보다도 떨어지고 있다. 그리고 전 세계적으로 동일한 양상이 나타나고 있다. 어느 곳의 사람들이건 같은 브랜드 네임, 같은 패션 스타일, 음악이나 영화의 똑같은 유행, 똑같은 자동차와 컴퓨터, 비디오 게임들을 알고 있다. 그렇기 때문에 수입이나 지리적 조건 등으로 시장을 세분화해온 낡은 이론은 더 이상 맞아떨어지지 않는 것이다.

놀랄 만한 실례가 있다. 유니레버(Unilever)는 최근 인도의 빈민 지역으로 유통망을 확장했다. 회사의 마케팅 매니저들은 그 계획이 실패할 것이라고 믿었다. 그런 시장에서는 당연히 더 싼 제품이 인기가 있을 것이라고 생각했기 때문이다. 그런데 그들은 '좋은 물건'이라면 비싼 가격도 기꺼이 감수하고자 하는 사람들의 엄청난 숫자에 놀라지 않을 수 없었다. 욕구는 이렇게 재정적으로 궁핍을 겪고 있는 가정의 구매까지도 좌우할 수 있다.

사람들은 필요와 욕구를 모두 충족시키기 위해 구매를 한다. 사실 생각해보면 모든 일에는 단 두 가지의 동기—해야 하는 것과 하고 싶은 것—만이 존재한다는 사실을 알 수 있다. (조화로운 삶이라면 이 두 가지 모두가 포함되어 있을 것이다.) 어떤 영역들은 특정 소비자들에게 전혀 욕구를 자극하지 않는다. 개인적인 스타일에 민감하지 않은 사람이라면 손목시계를 살 때 어떤 스타일이건 기능만 제대로 한다면 구매할 것이다. 그런 시계는 10달러 정도면 살 수 있다. 뉴욕 뒷골목에 가면 5달러에도 살 수 있다. 하지만 롤렉스(Rolex) 시계를 5,000달러나 주고 사기도 한다. 둘 다 시간이 맞는 것은 마찬가지인데도 말이다.

이는 넥스트 이코노미의 가혹한 현실의 한 단면을 시사해주고 있다. 바로 *필요에는 마진이 없다*는 사실이다. 사람들이 필요만을 위해 구매를 한다면 그들은 가장 낮은 가격대의 제품을 찾는다. 이것은 구매(purchase)가 아니라 취득(acquisition)이다. 진정한 이윤이란 필요를 공급하는 것이 아니라 욕구를 만족시키는 데서 창출되는 것이다. 19인치 텔레비전이 아니라 3,500달러의 고화질 홈시어터 텔레비전을 팔아야 수익이 생기는 것이다.

필요에 의해 구매하는 제품 및 서비스는 가능한 한 시간, 돈, 에너지가 적게 들어가야 고객에게 가치가 있는 법이다. 때문에 만약 필요와 관련된 비즈니스라면 그 초점은 가장 빠르고, 쉽고, 저렴하거나, 가장 편리한 것이 되어야 한다. 그렇지 않으면 결국 퇴출될 것이다.

수익성을 보다 높이고자 한다면 기업은 최고 고객을 분류해내고 그들에게 무엇인가 특별한 것을 소유했다는 만족감을 제공해야 한다. 제품이나 서비스의 수준을 단순히 필요를 만족시키는 것이 아닌, 욕구를 충족시키는 수준까지 끌어올려야 한다는 것이다.

예를 들어 은행은 신속한 업무 처리 속도, 저렴한 수수료 등을 강조하는 기본적인 비즈니스의 수준을 만족시키고 있지만, 동시에 프라이빗 뱅킹이나 금융 카운슬링 서비스도 제공하고 있다. 이 경우 필요가 아니라 욕구에 기초해 은행을 찾는 최고 고객들을 위해 특정 인터넷 사이트에 접속할 수 있는 개인 비밀번호, 우선적인 IPO(initial public offering: 공개 상장—역주) 리스트, 개인 맞춤식 뉴스레터, 국제 은행 업무, 개인 카운슬러와 연결할 수 있는 수신자 부담 전화번호, 연구 보고서 등을 제공할 수 있을 것이다.

이러한 시나리오에서 욕구 기초 고객의 획득 비용은 필요 기초 고객을 획득하는 비용보다 더 높을 수도 있다. 그러나 기본 서비스를 보다 진일보된 욕구 프로그램으로 전환하는 경제성은 그 마진이 아주 크기 때문에 훨씬 매력적이다. 이때 이러한 전환은 인구통계학적 요인에 기초해서 이루어져서는 안 된다. 대신 고객의 심리통계학적 프로필, 라이프스타일에서의 우선순위, 태도, 행동 패턴에 기초한 것이어야 한다.

게다가 이는 단순히 B2C 영역의 시장에서만 유용한 도구가 아니다. 기업 간 거래 영역에서도 경쟁 기업보다 대상 고객에 대해 더 잘 알고 있다는 것은 충성도 높고 장기적인 고객 관계를 구축하는 확실한 방법이다. 잘 나가는 판매원이라면 누구든 이러한 사실을 증명해줄 것이다. 만약 욕구 세분화를 통해 구매 담당 부사장의 희망이나 염원에 대해 보다 많은 지식을 얻을 수 있다면 당연히 판매 면에서 좋은 결과를 끌어낼 수 있지 않겠는가?

당신의 화살통에 어떤 화살을 넣어둘 것인가? 구매 담당 부사장의 나이가 45세이고 두 아이를 가졌다는 사실만 알고 있을 것인가, 아니면 나이는 45세, 두 아이가 있으며 매주 일요일이면 집 근처 침례교회에 가고, 일주일에 두 번 어린이 병원에서 자원봉사를 하며,

아프리카 어린이를 후원하고, 텔레비전에 나오는 저속한 언어들에 불쾌해하고 있으며, 미국의 학교 시스템이 실패했다고 믿고 있다는 사실을 알고 있을 것인가? 고객의 삶에 대한 태도에 관한 지식이 판매 기법에 초점을 제공해줄 것이라는 사실을 알겠는가? 그게 훨씬 효과적일 것이라고 판단되는가? 물론이다! 어떤 B2B 영역이건 간에 최고의 판매 전문가들에게 물어보라. 고객에 대해 더 많이 알면 알수록 고객 서비스 전략은 더욱 효과적으로 수행될 수 있다는 사실을 증언해줄 것이다.

욕구 세분화의 효과

제품이나 서비스의 개념을 필요 충족에서 욕구 충족으로 전환시키는 데에는 브랜드 자산—카테고리가 제공하는 기본적인 가치 외에 구매를 유도하는 동기가 되는—이 요구된다. 그리고 만약 고객에 대한 접근법, 목표, 마케팅이 인구통계학에 기초해 있다면 이를 달성할 수 없다. 단순한 물에서 에비앙으로, 단순한 자동차에서 포르셰로, 단순한 잔디 깎는 기계에서 디어 제품으로 전환시키고자 한다면 고객과의 관계—욕구를 충족시키는 브랜드 자산에 의해서만 수립될 수 있는 고객 관계—가 필요하기 때문이다.

욕구를 이해하고 제품과 서비스를 마케팅하기 위해서는, 그리고 사람들의 욕구에 정확하게 가닿고자 한다면 인구통계학을 통한 세분화를 욕구 *세분화*로 전환시켜야 한다. 사이코그래픽이라고도 불리는 욕구 세분화는 기존의 방식과는 다르지만 오늘날의 시장 상황을 분석하고 해독하는 훨씬 강력한 방법이다.

욕구 세분화는 완전히 새로운 방법은 아니다. 욕구 세분화의 개념은 1960년대에 사람들의 구매 행위가 근본적으로 변화하면서 등장했다. 가정에 생기는 변화는 마케팅에 있어서 이전부터 중요한 부분이었다. 이전 세대에는 가정을 새로 꾸리고 본격적인 소비 활동을 시작하면서 그 부모 세대를 똑같이 모방하는 것이 일반적이었다. 구매 패턴은 예측하기 쉬웠고 마케터들은 30세, 45세, 60세 등 연령별로 그들이 선호하는 자동차, 의류, 휴가의 종류를 유형화할 수 있었다. 그러나 1960년대에 들어와 이러한 흐름은 바뀌어버렸다. 사람들은 부모 세대를 모방하기를 거부했고, 구매 행동과 인구통계학 사이에는 갑작스런 괴리 현상이 일어났다. 그 결과 소비자들을 인구통계학에 의해 정확하게 분류한다는 일은 더 이상 어렵게 되어버린 것이다.

욕구 세분화는 이러한 변화의 조류를 타고 등장했다. 이 방법은 마케팅 철학과 실질적인 응용 시스템으로서 그 후 약 25년간에 걸쳐 이용되었다. 하지만 시장을 분류하는 주된 기법으로 사용된 적은 한 번도 없었다.

왜 그랬을까? 첫번째 이유는 기존의 세분화 모델(인구통계학에 의한)의 효과가 점차 떨어져가고 있었음에도 불구하고 당시 성장하고 있던 경기로 인해 기업들을 만족시킬 만큼 충분한 수요가 창출되고 있었기 때문이다. 그 결과 대부분의 마케터들은 고객에 대해 생각하는 데 있어 무엇인가 새로운 방법을 강구해야 한다는 필요성을 느끼지 못했다.

두번째 이유는 대기업—특히 마케팅과 광고 부서를 중심으로—

의 관료주의가 기존의 관료 체계를 위협할 수 있는 새로운 표준과 측정 도구를 받아들이는 것을 거부했기 때문이다. 욕구 세분화 모델을 받아들이려면 기업 자체를 전면적으로 재창조해야 했기 때문에 그 부담을 받아들일 수 없었던 것이다.

마케팅 관련자들이 이 모델을 거부했던 중요한 이유가 또 있다. 모든 관료주의적 권력의 기반은 정보와 예산에 기초하고 있다. 간부급 매니저들은 기존의 낡은 정보 데이터베이스를 제대로 이용하는 법을 터득하고 있었다. 목표 고객을 정하는 데 이들은 인구통계학적 기반을 이용했으며, 지금도 그렇다. 욕구 세분화 기법을 이용하면 정보 제공원으로서 권력 기반이 위험해질 뿐만 아니라 예산을 얻을 수 있을지도 불투명해지기 때문에 그 모델을 이용함으로 인해 어떤 인센티브도 얻을 수 없다고 판단한 것이다. 다시 말해 욕구 세분화 모델을 받아들인다는 것은 그들의 직업적 안정을 위협하는 것일 뿐이었다. 그래서 아무도 매력을 느끼지 못했던 것이다.

그 결과 미디어 구매도 여전히 인구통계학에 의해 이루어지고 있다. 닐슨(Nielsen)의 시청률 조사도 단순히 머릿수를 세는 방식으로 이루어지기 때문에 넓게 보면 인구통계학이라고 볼 수 있다. 그리고 신경제에 들어서면서 마케팅이 재창조되어야 한다는 필요성이 대두되었을 때 비즈니스는 역시 성공 척도로서 인구통계학을 설정했다. 단지 차이가 있다면, 머릿수 대신 '아이볼'을 센다는 사실뿐이었다.

또한 초기의 사이코그래픽 모델이 태도 중심이 아니라 행동 중심에 가까웠다는 것도 있다. 그리고 점점 늘어가는 마케팅의 비효율성에 대한 '획기적인 해법'으로 과대 포장되었기 때문에 많은 독자적 모델들이 제대로 조사되지 않은 채 성급하게 도입되었다. 이런 이유들이 광고나 마케팅 업계의 거부 분위기와 함께 맞물려 욕구 세분화라는 강력한 도구가 제대로 발전할 수 없었던 것이다.

네번째 이유는 마케팅과 광고업계가 잘못된 것들을 측정해왔다는 사실이다. 특히 우리는 마케팅의 중심 과제로서 비용 효율성을 측정하고 이를 추구해왔다. 다시 말해 우리는 1,000명당 노출에 대한 광고비용의 절감—그리고 최대한 많은 '아이볼'을 얻는 것—에만 모든 관심을 쏟았다는 사실이다. 그 결과 마케팅 전략으로서는 대단히 비효율적인 접근이었음에도 불구하고 1,000명에 대한 광고비용을 낮추기 위해서는 목표 그룹을 넓힐 수밖에 없었던 것이다. 물론 이 전략은 수적으로 더 많은 소비자를 얻게 해주었지만, 결국 앞에서 얘기했던 헤네시, 주코프스키, 홈스 부부에게 똑같은 메시지를 전달하고 있었던 셈이다. 판매를 유도하는 데 있어 마케팅의 효율성이 땅에 떨어진 것도 당연하다.

욕구 세분화가 부정되었던 또 다른 이유를 들자면, 욕구 세분화라는 도구를 사용해야 하는 비즈니스계의 사람들—즉 광고나 포장 디자인, 신상품 개발 등 창조적인 일에 종사하는 사람들—이 테크놀로지에 익숙하지가 못했던 것도 있다.

매니저들은 성공을 위해 필수적인 기술을 다시 배워야 할 필요가 있는 새로운 방식을 거부함으로써 다시 한 번 그들의 권력 기반을 보호하고자 했다. 창조적 직군에 종사하는 사람들이 주장하는 바는, 좁은 스펙트럼 안에서 고객을 분류하고 창의성을 발휘해야 한다면 창조 프로세스에 불필요한 제한이 가해진다는 것이었다. 물론 해설자는 지루함을 느낄 수도 있다. 그러나 엄마들과 관련된 주제에 대해 설명한다면, 엄마들은 귀를 기울일 것이다. 그리고 엄마들은 그 광고를 내보낸 회사를 기억해줄 것이다! 어떤 경우든 욕구에 기반을 둔 창조성은 지루할 수가 없다. 브랜드 자산에 창조성 자체만이 아니라 고객을 연계시킬 수만 있다면 당연히 아주 독창적이고 관련성 깊은, 뛰어난 창조물이 나올 수 있을 것이다.

최근에 애플랙 보험(Aflac Insurance)이 실시한 캠페인을 예로 들어보자. 애플랙의 광고는 오리와 사운드를 이용한 대단히 독특하면서도 기억에 남는 광고였다. 그 회사가 소비자의 주의를 끌기 위해 사용한 메커니즘은 회사명이었다. 오리가 계속해서 짖어대는 "애플랙(Aflack)!"이라는 소리는 시청자에게 브랜드 이름을 주지시키면서 보험사와의 연관성을 직접적으로 표현한다. 이 광고는 텔레비전, 인쇄매체, 옥외광고 등 소비자와 만나는 모든 접촉점에 지속적으로 노출되었다. 오리는 이제 이 브랜드의 상징이다. 이 캠페인은 훌륭한 광고 캠페인이 표현해야 하는 두 가지 요소를 모두 포함하고 있었다. 초점(보험사)과 파워(오리)가 바로 그것이다. 멋진 앙상블이었다!

제대로 만든 광고의 또 다른 예로 금융 문제에 관심을 가지고 있는 고객들을 지원하는 전문가에 초점을 맞추고 있는 피델리티(Fidelity)의 캠페인을 들 수 있다. 우리는 날마다 우리 모두가 가지고 있는 금융과 관련된 문제를 해결해주는 보통의 피델리티 직원들을 본다. 전반적인 분위기는 따뜻하고, 신뢰가 가며, 안심시켜주는 것이다. 이 광고가 주효할 수 있었던 이유는 한결같은 논조와 기업이 고객에게 다가가는 친근감이었다. 그래서 오늘날처럼 갈수록 불확실성이 지배하는 금융 시장에서 친절하고 신뢰할 수 있으며 전문적인 서비스를 받을 수 있다는 믿음을 주는 데 성공했다. 초점(전문가)과 파워(우리는 당신의 문제를 이해합니다)가 잘 어우러진 또 하나의 예가 될 수 있는 훌륭한 광고였다.

욕구 세분화 모델이 거부되었던 다른 이유를 들어보자. 이 모델이 처음 도입되었을 때 욕구 세분화의 개념 자체가 잘못 이해되었던 것도 하나의 요인이다. 어떤 회사들은 독자적 시스템을 구축하려 했고, 이러한 비즈니스를 구축하는 도구로서 시장 분류 시스템을 사용했다. 이 발상 자체는 전혀 잘못된 부분이 없다. 하지만 이 회사들은 그 시스템에 충분히 투자하지도 않고서 완전히 제 기능을 갖추기도 전에 그것을 처분해버렸다. 이 같은 사실은 SRI(Stanford Research Institute International)에 의해 창안 및 출시된 VALS(Value And Life Style: 소비자의 생활양식에 대한 정보를 바탕으로 한 시장 세분화 전략 중 하나. 가치관과 생활습관을 기준으로 소비자를 구분한다—역주) 등 어떤 사이코그래픽 시스템에도 마찬가지로 적용된 사실이었다. VALS의 옛날 버전은 잘 맞아떨어지지 않았지만, 최신 버전은 훨씬 강력하다.

오늘날에는 골드파브(Goldfarb), SRI, 톰슨 라이트스톤(Thompson Lightstone) 등에서 개발한, 이용 가능한 욕구 세분화 시스템이 많다. 유럽이나 다른 지역에서 사용할 수 있도록 개발된 시스템도 있다. 이러한 모든 시스템들은 점점 더 정교하고 유연하며 사용자 친화적인 시스템으로 발전하고 있다. 오늘날 어떤 카테고리든 VALS에 의해 분류된 욕구 영역을 교차 분석할 수 있다. 누구나 스카버러 리서치(Scarborough Research)나 미디어마크 리서치 기관(Mediamark Research Institute, MRI)에 전화를 걸어 주요 시장, 제품 카테고리, 경쟁업체, 브랜드, 사용법 등에 따라 분류된 사이코그래픽 자료를 얻을 수 있다. 세분화와 관련된 데이터는 이제 프로그래밍과 통신 부호를 사용하는 모든 미디어를 통해 얼마든지 이용 가능하다. 목표 고객을 욕구에 따라 분류할 수 없다는 변명은 더는 통하지 않는다.

욕구 세분화는 어떤 효과가 있는가? 욕구 세분화는 고객의 가치—그들에게 중요한 것, 그리고 삶에 대한 태도들—에 따라 시장을 분류하는 방법이다. 이는 사람들이 왜 사는지(buying)를 이해할 수 있는 아주 중요한 요소다.

욕구 세분화를 사용하는 것과 사용하지 않는 것 사이의 차이는 전혀 모르는 낯선 사람에게 물건을 파는 것과 배우자에게 물건을 파는 것 사이의 차이처럼 극명하다. 배우자에게 물건을 팔 때는 어떻게 해야 할 것인지—언제 시도를 할 것인지, 포장 색깔은 어떤 것이 좋은지, 브랜드 판매원으로 누가 가장 효과적일 것인지, 광고를 내면 좋을 텔레비전 프로그램은 무엇인지, 출근할 때 듣는 라디오 프로그램은 무엇인지, 즐겨 찾는 웹 사이트가 무엇인지 등에 대해—를 정확하게 알 수 있다. 욕구 세분화는 그와 똑같은 깊이와 친밀감으로 최고 고객을 파악할 수 있는 능력을 제공한다.

다양한 사이코그래픽 시스템들 간에는 차이점들이 있긴 하지만 공통점도 많다. 대부분의 시스템들은 소비자를 '대단히 보수적'에서 '대단히 향락적'까지 가치 스펙트럼을 분류한다. 또 시스템은 소비자를 특정한 영역이나 '셀'에 집어넣기 위해 각각의 삶에 중요한 것이 무엇인지에 대한 질문을 보통 300개에서 400개 정도 준비한다. 제품과 관련된 질문도 활용할 수 있다. 그런 다음 특정한 셀에 있는 개개인들을 구매 행위와 연결시키는 작업을 수행하는데,

이 단계가 물론 가장 중요하다.

수년간 이러한 모델을 사용해온 회사들은 적은 경비로 각각의 소비자를 분석할 수 있는 예측 모델을 개발하고자 회기분석(regression analysis)이라는 통계 기술을 사용해왔다. 예를 들어 이 기술을 사용하면 300에서 400개에 이르는 전체 질문 중 20에서 25가지만 물어도 만족할 만한 답을 얻어낼 수 있으며, 그 답으로 비교적 정확하게 소비자들을 각 셀에 분류시켜 넣을 수 있다.

독자적인 사이코그래픽 시스템을 사용하기 위해서는 많은 융통성을 발휘할 수 있다. 어떤 시스템은 사용 허가를 받아야 하는 것도 있다. 이때 사용 허가만 받으면 다른 리서치 회사들도 독자적인 예측 질문(소비자를 셀로 분류시킬 수 있는)을 사용할 수 있고, 특정한 고객들의 관심사를 분류해주는 제품과 관련된 질문으로 이를 구체화시킬 수 있다. 예를 들어 스카버러는 VALS 시스템과 몇몇 전통방식의 인구통계학적 척도 등을 함께 사용해서 구매와 미디어 행위를 연구한다.

VALS 욕구 세분화 시스템

욕구 세분화가 어떻게 작용하는지에 대해 보다 구체적으로 알기 위해 SRI가 개발한 VALS 시스템에 사용되는 사이코그래픽 셀을 살펴보자. VALS는 소비자를 8개의 그룹으로 나눈다. 이 기준에 따라 가장 전통적이고 보수적인 층부터 가장 실험적이고 향락적인 층까지 순서대로 기술해보자. 8개의 셀과 각각에 해당되는 소비자의 가장 뚜렷한 특징들은 다음과 같다.

고난자(Strugglers)
- 향수(鄕愁)적이다
- 소심하다
- 신중하다

신념자(Believers)
- 융통성이 없다
- 충직하다
- 도덕적이다

생산자(Makers)
- 책임감이 있다
- 현실적이다
- 자기만족형이다

노력자(Strivers)
- 현대적이다
- 진취적이다
- 스타일에 관심이 많다

충족자(Fulfilled)
- 내성적이다
- 유식하다
- 자신감 있다

구현자(Actualizers)
- 주도적이다

- 세련됐다
- 개혁적이다

성취자(Achievers)

- 목표 지향적이다
- 브랜드에 민감하다
- 보수적이다

경험자(Experiencers)

- 트렌드에 민감하다
- 충동적이다
- 독창적이다

VALS를 더 자세히 알고 싶은 사람들을 위해 SRI가 제공한 2개 카테고리에 관한 설명을 인용해보겠다. 먼저 구현자(actualizers)에 대한 설명이다.

구현자는 자신감 있고 객관적 시각을 지녔다. 폭넓은 지적 관심사를 공유하며 다양한 레저 생활을 즐기고, 고등교육을 받았으며, 능동적인 사회생활을 영위한다. 변화를 주도하는 리더이며 새로운 상품과 테크놀로지에 대해 대단히 긍정적인 반응을 보인다.

한편, VALS 시스템에서 말하는 경험자(experiencers)에 대한 설명은 다음과 같다.

경험자는 전통을 타파하려는 경향이 강하다. 활동적이고 외향적이

며, 새롭고 첨단의 모험적인 자극을 좋아한다. 라이프스타일은 패션,
운동, 사교, 스포츠에 치중되어 있다.

이제 이해가 가는가? 물론 이러한 카테고리들은 어느 정도 일반
화시킨 것이기는 하다. 분명히 특정한 VALS 박스에 꼭 들어맞는 사
람은 거의 없을 것이다. 그러나 나이와 성별 외에는 어떤 공통점도
없는 수백만 명의 사람들을 한꺼번에 묶어버리는 것보다는 모든 고
객을 하나가 아닌 여러 카테고리로 나누어 연구하는 것이 소비자들
을 면밀히 이해하는 데에는 훨씬 도움이 될 것이다.

지형적 변수

선진국 소비자들의 경우 거의 일반화가 이루어졌다고 볼 수 있지
만, 여전히 지형적 변수는 존재한다. 캐나다에서 많은 일을 했기 때
문에 나는 북미의 다양한 지역에 사는 소비자들 간의 차이점을 자
세히 들여다볼 수 있었다. 이는 굉장히 미묘한 것이다.

예를 들어 몬트리올이나 퀘벡을 방문한 적이 있는 사람들은 퀘벡
에 거주하는 프랑스계 캐나다인들과 '일반적인' 캐나다인들의 패
션에 대한 취향이 전혀 다르다는 사실을 발견할 수 있었을 것이다.
실제로 그들은 패션이나 취향에 대한 관심이 남다르다. 이는 모든
프랑스계 캐나다인들이 유전적으로 그렇게 태어났기 때문은 아니
다. 단지 패션에 관심 있는 층에서 퀘벡에 거주하는 사람들의 비율
이 다른 어떤 곳보다 높기 때문이다.

이런 종류의 차이점에 대응하기 위한 최상의 방법을 모색하는 데에는 특별한 판단력과 기술이 필요하다. 프랑스어를 사용하는 퀘벡의 마케팅 및 광고 관련 업계에서는 이 지역에서는 독특하고 차별화된 캠페인을 펼쳐야 한다는 것이 정설로 되어 있다. 그들의 주장은, "우리는 프랑스인입니다. 당신의 앵글로 스타일은 우리에겐 맞지 않습니다."라는 것이다. 그러나 결과는 뜻밖이었다. 유행에 민감한 다른 소비자들에게 효과가 있었던 캠페인이 프랑스어를 사용하는 퀘벡 주민들에게도 마찬가지로 먹혔던 것이다.

퀘벡 시민이라고 해서 유행에 민감한 캘거리, 앨버타, 뉴욕 시민과 별반 다를 바 없었다는 것이다. 그저 서로 다른 언어를 사용할 뿐이었다. 그리고 그들은 시간이 지날수록 멕시코시티, 더블린, 동경에 사는 유행에 민감한 소비자들과도 차이를 보이지 않게 될 것이다.

욕구 세분화의 활용

욕구 세분화가 지금까지보다 더욱 결정적인 사안이 될 넥스트 이코노미에서는 표적 고객을 찾아내는 일이 가장 중요하게 된다. 광고계에 미치는 영향도 엄청나게 커질 것이다. GRPs(gross rating points: 총 도달 빈도. 일정 기간 동안 광고 메시지가 수용자에게 도달된 총합—역주)는 더 이상 중요한 의미를 갖지 못한다. 이젠 사람들이 보는 '질'이 더 중요한 세상이기 때문이다. 넥스트 이코노미에서 미디어는 수용자의 양보다 질에 입각해 광고 시간대를 편성하게 될 것이다. 그리고 기업들은 보다 많은 최고 고객에게 접근하기 위해 아무리 많은 광고비라도 기꺼이 지불하고자 할 것이다.

광고는 이제 더 이상 별로 독특할 것도 없는 창의성에만 의지할 수는 없다. 대신 최고 고객과 깊이 연관될 수 있는 데 초점을 맞춘 창의적인 내용을 담아낼 수 있어야 한다. 사이코그래픽은 창의성을 대신하는 것도 아니고, 숫자에 기초한 어리석은 마케팅 플랜을 만들어내지도 않는다는 사실을 기억하라. 사람들과 직접적으로 관련된 방식으로 창의성에 초점을 맞춰야 한다는 말이다. 기업의 광고는 넓은 범위의 수용자를 겨냥하고 엽총을 쏘는 것이 아니라, 구체적인 사람들의 진정한 가치와 욕구를 표적으로 삼는 소총이 되어야 할 것이다. 기업의 창의적인 능력이 사람들을 더 많이 이해할수록 그 창의성은 더욱 진가를 발휘하게 될 것이다.

기업의 목표는 고객과 가장 친한 친구로 관계를 맺는 것이다. 그리고 욕구 세분화 전략이 없이는 이런 수준의 친밀함과 관련성을 획득할 수 없다. 넥스트 이코노미에서 권력의 기반은 이동할 것이다. 엄마들과 관련되고자 하는 사람들은 그들이 엄마들에게서 무엇을 원하는지가 아니라, 엄마들이 그들에게 무엇을 원하는지에 대해 이해하려고 해야 한다. 이를 위해서는 엄마들의 가치, 태도, 삶에서 얻고자 하는 것에 대한 이해가 필요하다. 욕구 세분화가 바로 이런 작업을 가능하게 해주는 것이다.

욕구 세분화의 가치에 대해 이해가 되었는가? 그렇다면 이제 무엇을 해야 할 것인가? 첫번째 단계는 비즈니스와 가장 잘 맞는 욕구 세분화 모델을 찾는 것이다. VALS 말고도 좋은 모델이 있다. 최근 라이프스타일 분류와 인터넷 사용자들의 구매 행위 분석을 위해 고안된 세분화 시스템을 알아보자.

이베이츠닷컴(Ebates.com)은 온라인 쇼핑객들을 여섯 카테고리로 분류한다:

- 클릭 앤드 모르타르(Clicks-and-mortar: 온라인에서 쇼핑은 하지만 구입은 오프라인에서 함—역주)
- 에비발런트 뉴비(Ebivalent newbies: 인터넷을 처음 사용하고 온라인 쇼핑에 익숙하지 않음—역주)
- 훅트, 온라인, 싱글(Hooked, online, and single: 인터넷에 푹 빠져 쇼핑, 뱅킹, 투자를 즐기는 싱글족—역주)
- 헌터 개더러(Hunter-gatherers: 30~49세 연령대의 남자들로 두 명의 자녀가 있으며 인터넷을 이용해 가격 비교와 분석을 주로 함—역주)
- 시간에 민감한 물질주의자(Time-sensitive materialists: 주로 편리하고 시간이 절약된다는 이유로 인터넷 쇼핑을 이용함—역주)
- 브랜드 충성파(Brand loyalists: 특정한 사이트만 골라 들어가고 인터넷 사용도 그 사이트를 중심으로 함—역주)

퓨 인터넷 유저 타입(Pew Internet User Types)은 인터넷 사용자를 네 가지 종류로 규정한다:

- 신규 방문자(Newcomers)
- 실험주의자(Experimenters)
- 실용주의자(Utilitarians)
- 네티즌(Netizens)

테크노그래픽스 세그먼트(Technographics Segments)는 테크놀로지를 대하는 태도를 중심으로 소비자를 10개 카테고리로 분류한다:

- 빨리 쫓아가는 사람(Fast forwards)
- 뉴 에이지 양육자(New Age Nurturers)
- 마우스 포테이토(Mouse potatoes: 모니터 앞에서 대부분의 시간을 보내는 컴퓨터광―역주)
- 테크노스트라이버(Technostrivers)
- 디지털 애호가(Digital hopefuls)
- 기계 마니아(Gadget grabbers)
- 핸드셰이커(Handshakers)
- 전통주의자(Traditionalists)
- 미디어광(Media junkies)
- 방관자(Sidelined citizens)

너무 복잡한 것 같은가? 그렇지 않다. 이 모든 시스템들 사이의 차이(각 카테고리의 재미있고 독특한 이름들과 함께)는 생각하는 것만큼 심오한 뜻을 담고 있는 것은 아니다. 두어 개의 시스템을 실험해보면 카테고리 간에 겹치는 범위가 꽤 넓다는 사실을 알게 될 것이다. 결국 소비자를 생각하는 방식의 차이일 뿐이다.

최고의 욕구 세분화 모델은 행동과 관련된 모델이다. 내가 VALS 모델을 좋아하는 이유는 기존에 확보해놓은 광범위한 고객 데이터베이스에도 적용할 수 있다는 것과, 무수히 많은 제품, 서비스, 배너, 라벨 등에 욕구 세분화 모델을 교차 분석, 사용할 수 있다는 것 때문이다. 예를 들면 VALS에 의해 분류된 주요 카테고리별로 특정 소매업체나 브랜드 시장을 여러 종류의 고난자, 신념자, 생산자 등으로 자세히 규명해낼 수 있다. 이런 데이터는 VALS뿐 아니라 스카버러 같은 다른 리서치 회사들로부터도 얻을 수 있다.

일단 각 카테고리에 해당하는 셀별로 참여율—우리 고객에게 가장 중요한 것—을 알았다면 고객의 욕구에 부합하는 마케팅 프로그램을 만들 수 있다. 그런 후, '아이볼'의 수치(기존의 인구통계학적 접근 방법으로)가 아니라 목표 셀의 고객이 좋아하는 프로그램, 잡지, 다른 미디어 등에 초점을 맞추어 미디어 광고 계획을 짤 수 있다. 마케터들은 표적 고객과 최대한 감정이입을 이룰 수 있는 방법, 접근하기에 가장 좋은 시간을 알 수 있을 것이다.

목표 셀이 미식축구를 거의 보지 않는데 NFL(National Football League: 전미 미식축구 리그전—역주)의 광고 시간을 살 이유가 있겠는가? 훨씬 저렴한 비용으로 VH1이나 아메리칸 무비 클래식(American Movie Classics)의 광고 시간을 사서 목표 셀에 정확하게 도달할 수가 있는데 말이다. 중요한 것은 수용자의 양이 아니라 질이다.

사이코그래픽의 가치는 비단 광고에만 국한되는 것은 아니다. 제조업체도 마찬가지로 각 영역에 따라 제품을 디자인하고 마케팅할 수 있다. 광고만이 브랜드와 고객 사이의 단 하나의 중요한 접촉점은 아니라는 사실을 기억하라. 포장 또한 중요한 의미를 갖는다. 각 사이코그래픽 영역에 따라 포장을 달리 하면 충동구매의 아주 중요한 동기로서 그 힘을 발휘할 수 있다.

유통망도 중요한 접촉점 중 하나다. 특정한 셀에 있는 사람들은 특정한 매장에 더 자주 간다. 그래서 목표 셀을 알고 있다면 어떤 매장에 물건을 납품하고 전시해야 가장 공격적으로 프로모션할 수 있는지를 알 수 있다. 제품의 실제 모양 역시 고객의 특정한 그룹에 맞출 수 있다.

욕구 세분화와 인터넷

오늘날 기업들의 웹 사이트는 대단히 일반적인 수준으로 디자인되어 있다. 그러나 인터넷의 쌍방향 대화 기능과 상대적으로 저렴한 비용으로 맞춤 서비스를 제공할 수 있다는 본래의 장점을 감안한다면 이 전략은 인터넷이라는 미디어를 잘못 사용하는 것이다. 사람들이 웹 사이트에 들어가 정보를 찾는 방법은 고객 그룹별로 아주 다르다. 왜 웹 서퍼(web surfer: 인터넷을 탐색해 정보를 캐내는 사람―역주)들이 사이트에 들어가는 방법에 따라 사이트의 입구에 차이를 주려는 시도를 하지 않는가? 사이트에 하나의 입구만을 둔다면 서퍼들은 그들이 사는 물건과 그 물건을 사는 장소별 카테고리에 따라 실망감을 느낄 수도 있다. 예를 들어 만약 표적 셀에 속하는 사람들이 유용한 정보를 찾기 위해 끊임없이 인터넷을 탐색하는 것을 좋아한다면 (예를 들면 충족자) 그들을 위해 비밀번호를 알아야 접속할 수 있으며 제품 정보, 사용법, 제품 사용에 대한 아이디어 등을 교환할 수 있는 채팅 룸이 있는 특별한 웹 사이트를 구축하는 방법이 유효할 것이다. 반대로 다른 소비자 그룹―예를 들면 노력자―은 이미지, 그리고 다른 사람으로부터 인정받는 데 관심이 있다. 그들을 위한 웹 사이트는 유명 연예인들이 추천하는 제품들과 최상급으로 꾸며진 제품 사진들로 채우는 방법을 생각해볼 수 있을 것이다.

　욕구 세분화는 인터넷의 비즈니스 잠재력을 이해하는 데 커다란 역할을 할 수 있다. 이는 경제적인 비용으로 개인 맞춤식 정보를 공급할 수 있는 웹의 능력에 달려 있다. 인터넷은 현재 가격만이 유일한 차별점이기 때문에 '필요'에 근거한 마케팅 시스템에 기초해 운영되고 있다. 사람들은 인터넷에서 항상 할인 행사가 이루어진다고 믿으며, 편리하다는 이유로 책, CD, 여행 서비스를 구매한다. 넥스트 이코노미가 본격화되면, 사람들은 각 개인의 구매 욕구에 맞춘 상품 및 서비스를 제공한다는 이유로 인터넷에서 그것들을 사게 될 것이다.

　오늘날 몇 안 되는 아주 성공적인 중간자로서 기능하고 있는 웹 사이트는 욕구에 기초하고 있다. 사람들은 그들의 개인적이고 감성적인 필요를 만족시키는 무엇인가를 사고 싶기 때문에 그 사이트를 찾는 것이다. 순수한 온라인 기업으로는 야후, 아마존, 이베이 같은 초기의 온라인 비즈니스 선도자들과 클릭 앤드 모르타르 기업들―온라인과 오프라인 사업을 병행하고 있는 랜즈엔드(Lands' End), 엘엘빈(L.L. Bean), 월마트, K마트(K-mart), 메이시 등―이 승기를 잡고 있다. 이들 기업들은 전통적인 마케팅 시절부터 발전한 강력한 고객 관계를 구축하고 있다. 즉 고객에 대한 브랜드 자산을 가지고 있는 것이다. 이들은 고객들의 욕구를 충족시키는 데 이 관계를 이용할 수 있다. 욕구가 강력할수록 고객과 웹 사이트 간의 관계는 더욱 굳건해진다.

　욕구 세분화는 또한 가까운 미래에 데이터베이스 및 기관기업에 종사하는 사람들—즉 인터넷 사용자들에 대한 정보를 모으고, 추적하고, 해독하고, 공급하는 회사들—이 폭발적으로 증가하게 될 것이라는 사실을 의미한다. 이런 회사들에는 더블클릭(Doubleclick) 같은 쿠키 추적 회사, AOL, 야후, MSN 같은 포털 기업, 포레스터(Forrester), 보스턴 그룹(Boston Group), 주피터(Jupiter) 같은 리서치 회사, 그리고 마이크로소프트 같은 인터넷 도구 제공 회사들이 포함된다.

앞으로 넥스트 이코노미가 전개됨에 따라 인터넷상의 B2C 비즈니스는 욕구 세분화 비즈니스로 전환될 것이다. 현재 한 해에 100만 달러 정도의 매출을 올리고 있는 소규모 기업들은 웹에서 꽤 쏠쏠한 재미를 보고 있다. 단 한 푼의 고정비용이나 추가비용을 들이지 않고 매년 그 규모가 확대되고 있는 것이다. 이는 이들이 '욕구'를 다루고 있기 때문이다. 이런 회사들은 전세계적으로 수천 개가 있다. 말 그대로 모든 분야에 걸쳐 다양한 사이트들이 있다. X등급 성인물 사이트에서 중고차 사이트에 이르기까지 모든 욕구들이 표현되고 있다. 포르세에서 비틀즈까지 모든 자동차 브랜드를 찾아볼 수 있다. 개를 가지고 있는가? 그렇다면 도그토이즈닷컴(dogtoys.com)을 방문해보라. 고양이를 좋아하는가? 캣퍼니처닷컴(catfurniture.com)을 찾아가보라. 클래식 기타를 좋아하는가? 엘미닷컴(lmii.com)에 접속하면 기타 제조업체를 만날 수 있다. 또는 동전, 고서, 도자기 등을 사거나 팔고 싶을 때도 인터넷에 들어가보면된다. 그야말로 세상 모든 것이 인터넷에 들어 있다고 해도 과언이아니다.

하지만 이와 반대로 타임(Time)지 같은 거물들은 웹에서 썩 재미를 보지 못했는데, 이는 그들이 어느 곳에서나 얻을 수 있는 정보를 제공했기 때문이다. 그들은 근본적으로 무슨 일이 일어나고 있는 가―이는 필요에 관련된 것이다―에 초점을 맞춘다. 그러나 *왜*를 알고자 한다면 필요에서 욕구로 시각을 바꾸고 지식의 영역을 더욱 특화시켜야 한다. 그래서 나비 수집가, 럭비광, 스키 애호가, 골동 품 애호가들은 그들을 위해 만들어진 것 같은 사이트를 좋아하는 것이며, 다소 돈이 들더라도 기꺼이 그곳을 방문하게 되는 것이다.

이번에는 금융 정보 영역의 사례를 살펴보자. 더스트리트닷컴 (TheStreet.com)은 처음에 유료 서비스를 제공하는 것으로 시작했 다. 이 사이트는 왜 그런 현상이 일어나고 있는지에 대한 설명과 함 께 월스트리트의 트렌드에 대해 최신 정보들을 제공했다. 이는 익 숙한 패턴을 따른 것이다. 금융 정보를 통해 돈을 버는 사람들은 이 *왜*라는 것을 통해 성공했다. 다우 존스(Dow Jones) 같은 사람이나 월스트리트 저널(Wall Street Journal), 배런스(Barron's)의 발행자, 뉴 스레터 발행자, 고급 금융 어드바이스를 제공하는 컨설턴트들을 생 각해보라. 그러나 더스트리트닷컴은 참을성이 없었다. 그래서 트 렌드에 대한 뛰어난 통찰의 대가로 시행하던 유료 서비스를 (광고 수입을 기반으로 한) 무료 서비스로 전환해 주식 시세, 금융 관련 주 요 뉴스, 그리고 무슨 일이 일어나고 있는가에 대한 데이터를 제공 한 것이다. 그렇게 하자마자 이 사이트는 시장을 잃고 말았다.

웹상에서 무엇은 무료 비즈니스다. 그것은 어느 곳에서나 15분 마다 얻을 수 있다. 무엇은 필요를 충족시킬 뿐이다. 그러나 사람들 은 *왜*에 돈을 지불한다. *왜*는 욕구를 충족시키기 때문이다.

실시간으로 유료 시세 서비스를 제공한다 하더라도 정보를 신속하게만 제공할 수 있다면 성공할 수 있을 것이라고 믿는 사람들도 있다. 나는 그렇게 생각하지 않는다. 물론 내가 아는 사람들 중에도 유료 금융 서비스를 위해 돈을 지불하는 사람들이 있지만, 그들은 실시간으로 입찰 가격을 알아보거나 데이터와 가격 변화를 포착하기 위해 이 서비스를 이용한다. 그들은 현재가 아니라 미래에 참여함으로써 돈을 버는 사람들이다. 그들은 트렌드와 변동성을 알고자 한다. 그들은 무엇이 아니라 *왜*를 원하고 있는 것이다.

욕구와 공통 가치

사람들의 심리와 행동을 이해하기란 힘든 일이다. 하지만 포르셰를 모는 사람들은 가끔 자기 가족보다 다른 포르셰 운전자와 더 좋은 관계를 맺고 있다. 새턴(Saturn) 자동차도 역시 비슷한 유대감을 형성한다. 보통 핵가족들은 필요를 기반으로 만들어진다. (가장 가까운 가족은 욕구에 기초한 그룹이다.) 그러나 외부에서 만들어진 욕구 기반 가족은 공통 가치를 중심으로 이루어진다. 그들의 삶에 관련 있는 것이 다른 사람들과 연결시켜주는 매개가 되는 것이다. 중요한 클럽 멤버십은 그 클럽이 지역 취미 그룹이건, 포르셰 소유자 클럽이건, 버드워치나 얼음낚시 클럽이건 간에 이와 같이 만들어진다. 공통 가치가 있다는 이유만으로 완전히 낯선 사람들이 순식간에 어울린다는 사실은 주목할 만하다. 얼음낚시를 하다가 문제가 생기면 다른 얼음낚시꾼이 달려와 도움을 준다. 새턴 자동차가 고장이 나면 다른 새턴 운전자가 차를 세우고 도와준다.

이와 똑같은 현상이 브랜드에도 적용된다. 공통 가치를 연결시킬 수만 있다면 브랜드는 사람들과 관계를 맺을 수 있는 것이다. 그래서 (심리적 관점에서) 포르셰 소유자 클럽의 멤버가 될 수 있었던 기업은 최고급 타이어, 고급 자동차 액세서리를 만드는 회사가 될 수도 있고, 개인 맞춤식 최고급 여행 패키지를 제공하는 회사가 될 수도 있으며, 세련된 스포츠웨어를 판매하는 회사가 될 수도 있다.

이러한 사례들이 보여주는 것처럼 무엇인가를 브랜딩하는 데 가장 효과적인 방법 중의 하나는 공통 가치에 관련되는 것이라 할 수 있다. 나이 든 베이비 부머를 중심으로 사람들이 소비를 그만두게 되는 넥스트 이코노미에서 사람들이 끝까지 손을 놓지 않으려 할 것은 바로 그들의 공통 가치이다. 공통 가치는 사람들에게 즐거움의 원천이다. 사람들은 계속해서 연관되기를 원한다. 만약 지출을 줄여야 한다면 가장 먼저 별로 중요하지 않은 것들부터 잘라나갈 것이다. 소중한 포르셰나 꽃꽂이 클럽 활동은 가능한 한 붙잡고 있을 것이다. 브랜드에 있어 공통 가치에 관련되는 것이야말로 바로 고객 관계를 구축하는 열쇠가 되는 것이다.

욕구의 변화

욕구 구조는 지속적으로 변하기 마련이다. 왜냐하면 가치 자체가 항상 변화하고 있기 때문이다. 우리는 이를 *성장*이라 부른다. 또한 이는 삶에서 점진적으로 쌓인 경험과 그를 바탕으로 앞으로 나아가고자 하는 염원의 반영이다. 이 둘은 한 곳에 정체되어 있는 개

넘이 아니다. 그렇기 때문에 욕구 세분화에 관련된 과학도 정체될 수는 없다.

1980년대 사람들은 물건을 얼마나 *비싸게* 주고 샀는가를 자랑했던 반면 1990년대 사람들은 얼마나 *싸게* 주고 샀는가를 자랑했다는 사실은 하나의 극적인 사례가 될 수 있다. 기업들이 이러한 변화를 제대로 포착하지 못하면 매우 위험하다. 브랜드 가치를 사람들과 계속해서 관련시키기 위해서는 기업들 스스로 끊임없이 변화를 모색해야 한다. 이는 필요를 기반으로 하는 전통적인 마케터들에게는 받아들이기 힘든 개념이다. 그러나 넥스트 이코노미에서는 그 중요성이 더욱 커질 것이다.

1970년대에는 30세 이상의 어떤 사람도 믿을 수 없었다. 암흑기에는 30세 이하의 사람을 믿을 수 없었다. 1980년대에 사람들은 일주일에 30시간 노동을 염원했지만, 1990년대에는 24시간, 일주일, 365일 내내 쉬지 않고 일했다. 1970년대에 사람들은 모든 것을 모든 사람과 나누었지만 1990년대 사람들은 프라이버시 침해에 대해 피해망상을 가지고 있었다.

상대적으로 변화하지 않는 필요와는 달리 욕구는 굉장히 변덕스럽다. 이는 욕구 세분화가 풀어야 하는 난제이기도 하다. 하지만 만약 이 숙제를 해결하지 않는다면 브랜드는 심각한 손상을 입게 될 수도 있다. 끊임없이 움직이는 고객 가치를 좇아 브랜드 관련성을 그때마다 바꾸는 것도 위험할 수 있지만, 더욱 위험한 것은 시간이 지나도 전혀 변화하지 않는 것이다.

물론 브랜드가 기존에 가지고 있던 자산을 바꾸라는 것이 제품을 완전히 다시 만들라는 뜻은 아니다. 사실 대부분의 경우 브랜드의 개성, 이미 획득된 자산, 독특한 매력 등은 조심스럽게 수정되더라도 브랜드의 생리학적인 본질은 변하지 않는다.

넥스트 이코노미에 성공적으로 기업을 운영하려면 정체되고 단단히 굳어진 구경제의 전략이 넥스트 이코노미에는 먹히지 않는다는 사실을 이해해야 한다. 스피드와 효율성, 카테고리의 지배를 강조했던 신경제의 전략도 전략적인 차원에서 관련성이 부족했던 것은 마찬가지다. 새로 시작되는 넥스트 이코노미에서 비즈니스는 브랜드와 최고 고객 사이의 관련성을 기반으로 전략적인 비전을 구축해야 한다. 이는 공통 가치가 브랜드 자산에 필수적인 요소라는 것을 의미한다. 더불어 비즈니스의 전략이 최고 고객을 지원하고 기쁘게 하는 계약 이행의 개념이 되어야 한다는 뜻이기도 하다. 넥스트 이코노미에서 전략은 기업이 아니라 고객에게 초점을 맞춘 것이 되어야 한다. 우리가 무엇을 팔고 싶은가가 아니라 고객이 우리에게 무엇을 사고 싶은가라는 물음에서부터 시작해야 한다는 것이다. 제품이 아니라 사람에게 초점을 맞추기 때문에 브랜드는 매년 지속적으로 변화할—점진적이기는 하지만 눈에 띄게—것이다.

이렇게 부단히 변화를 거듭해온 브랜드의 좋은 예로 디즈니와 캐딜락의 경우를 살펴보자. 약 15년에서 20년 전 캐딜락은 차체를 GM의 다른 자동차와 비슷하게 바꾸면서 커다란 문제에 봉착했다. 고객과의 계약을 깨뜨렸던 것이다.

브랜딩에 있어 가장 중요한 핵심은 물론 차별화이다. 오늘날 캐딜락은 노스 스타(North Star) 전력 공장과 온스타(OnStar) 테크놀로지를 기반으로 제품 라인에 차별화를 주기 시작하면서 상황이 좋아지고 있다. 테크놀로지에 관한 세부 사항과 스타일은 매년 바뀌었고, 캐딜락 브랜드의 기본적인 관련성—재정적·사회적으로 '성공한' 사람들을 위한 고급 승용차—은 점점 호전되었다. 브랜드와 고객 간의 계약은 다시 구축되기 시작했다. 오늘날 사람들은 캐딜락 픽업, 캐디 SUV, 전통적인 캐딜락 세단에 매료되고 있다. *캐딜락은 다시 한 번 '최고'의 자리를 차지하려 하는 중이다.* 캐딜락이 미국 내에서 최고가 될 것인지, 세계 최고가 될 것인지는 두고 봐야 할 것이다. 왜냐하면 최고 고객과 관련된 가치는 항상 변화하고 있기 때문이다.

마찬가지로 디즈니도 표적 수용자의 욕구 변화에 맞추어 *상상력 가득한 가족 엔터테인먼트로 스스로를 진화시키는* 데 성공했다. 만약 디즈니가 1960년대와 1970년대에 만들었던 다큐멘터리 영화나 저급한 코미디 영화 제작을 계속했다면 오늘날 그 이름은 없어졌을지도 모른다. 하지만 디즈니는 (지금은 부모 또는 조부모 세대가 된) 베이비 부머가 수십 년 전 즐기면서 성장했던 건전한 가족 놀이터의 분위기를 계속 유지하면서 젊은 층의 욕구를 충족시키기 위해 보다 세련된 스타일로 발전했다.

오늘날 디즈니 브랜드의 고객 기반과 만나는 모든 접촉점은 건전한 가족 놀이터를 강조하고 있다. 캐릭터 상품에서 영화, 디즈니 매장, 테마 공원 등에 이르기까지 한결같은 공통 가치가 존재하는 것이다. 이러한 가치와 양립할 수 없는 어떤 잠재적인 기회도 받아들이지 않으며, 고객과의 계약을 깨지 않는다. 이런 이유 때문에 디즈니는 두번째 영화 브랜드인 터치스톤 픽처스(Touchstone Pictures)를 만들어 디즈니와 맞지 않는 영화를 제작하고 있다. 디즈니용 영화나, 터치스톤용 영화나 하는 기준은 시간이 흐르면서 변화할 수 있

다. 그러나 이용 가능한 두 영역을 보유하는 전략은 넥스트 이코노
미에서 회사를 든든하게 받쳐주는 받침대 역할을 해줄 것이다.

B2B의 필요와 욕구

욕구를 다룬다는 것은 B2C와 관련된 개념이기 때문에 기본적으
로 B2B 기업과는 관련이 없다고 보는 시각도 있다. 그러나 이는 그
렇지 않다. 이미 언급한 바 있지만 기업에서 구매 결정을 내리는 것
은 사람—즉 소비자—이다. 그들도 보통 사람과 똑같이 비즈니스
거래를 하는 상대 회사에게 충족되기를 원하는, 감성적이고 심리적
인 홍미와 욕구를 가지고 있다.

게다가 B2C가 없는 B2B는 있을 수 없다는 사실을 기억해야 한
다. GDP의 3분의 2 이상이 소비자 지출로 이루어지고 있다. 사실
상 B2B 거래는 궁극적으로 소비자에게 다가가는 첫 발걸음인 셈이
다. 기업 고객에게 판매하는 기계 장비, 사무실 집기, 컴퓨터 소프
트웨어 등 상업적으로 거래되는 모든 제품들은 궁극적으로 B2C 소
비자들에게 서비스하기 위한 것들이다. 그렇기 때문에 공급업체와
판매업체 또한 소비자의 필요에 대해 알고 있어야 하고 자신의 고
객 기업이 그 소비자들의 필요에 맞출 수 있도록 제품과 서비스를
공급해야 하는 것이다.

구체적인 예를 들어보자. 마그나(Magna)는 제조업체에게 자동차
부품을 공급하는 회사다. GM과 계약을 맺고 있는 디자인 그룹이
욕구 비전에 맞는 새로운 차를 연구하고 있다면 B2B 거래를 하고

있는 마그나도 그들이 알고 있건 아니건 간에 욕구 세분화에 연관되어 있다. 소비자 행동의 욕구 모델에 대해 더 이해하면 할수록 그들은 GM의 엔지니어들이 고객들에게 팔려고 하고 또 팔고 있는 차를 계속 개발하기 위해 무엇이 필요한지를 이해할 수 있을 것이다. 그리고 그 성공에도 더 많이 기여할 수 있다. 이것이 바로 B2B 환경에서의 작업 공통 가치인 것이다!

또 다른 예로 BMW의 경우를 살펴보자. 1970년대 BMW에서 유일한 '최상의 자동차(ultimate driving machine)'는 2002tii뿐이었다. 이 회사가 만든 다른 자동차는 그저 그랬다. 그러나 이 회사는 브랜드를 필요 기반의 이동 수단에서 욕구에 기초한 운전 만족(driving satisfaction)으로 재규정한다면 마진 증대는 물론 전세계적으로 고급 스포츠카의 수요를 만족시킬 수 있을 것이라는 사실을 이해했다. 폴크스바겐(Volkswagen)의 이미지를 빌려 사각형의 작고 귀여웠던 2002 모델은 더 크고 스포티하고 세련된 3 시리즈로 바뀌었고, 계속해서 5 시리즈, 7 시리즈, 6 시리즈로 발전을 거듭했다. 오늘날 BMW의 성공은 초점(고급 스포츠카)과 파워('최상의 자동차')를 유지함으로써 구축된 것이라고 할 수 있다.

이번에는 필기도구나 시계처럼 욕구와 필요가 구분된 제품 카테고리를 생각해보자. 필요 영역에서 비즈니스를 운영하는 기업들은 낮은 생산비용, 높은 효율성, 그리고 넓은 유통망 등을 확보하고 있다. 전세계적으로 유명한 빅스(Bics)나 타이멕스(Timexes) 같은 브랜드가 이를 기반으로 성공한 예이다. 하지만 욕구 영역에는 더 많은 마진이 존재한다. 몽블랑(Mont Blanc)이나 롤렉스(Rolex)는 디자인과 기술을 확보한 기업이다. 사람들은 이 두 스펙트럼 사이에서

글씨를 쓰고 시간을 볼 수 있다. 하지만 하나의 브랜드가 모든 사람들에게 통하는 제품이 될 수는 없는 법이다.

글로벌 브랜딩과 욕구 세분화

이렇게 생각할지도 모르겠다. "잠깐, 하나의 브랜드가 모든 사람들에게 통하는 모든 물건이 될 수 없다면 글로벌 브랜딩은 어떻게 만들어지지?"

좋은 질문이다. 내 대답은 간단하다. *그것은 불가능하다.* 더 자세히 말하자면, 글로벌 브랜딩은 아주 제한적인 성공만을 거두어왔다는 말이다.

글로벌 브랜딩은 마케팅 전략이라기보다는 조직적 전략에 관한 문제다. 그것은 효율성을 높인다는 명목 하에 제조와 마케팅을 통합하고 중앙 집중화하기 위해 만들어졌다. 제조 측면에서 이는 효과적이었다. 생산 과정의 중앙 집중화로 규모의 경제가 가능해졌고, 상품을 전세계로 배급하는 데 따르는 추가비용을 상쇄할 수 있었다. 그러나 대개의 경우 생산비용은 마케팅 예산에서 아주 작은 부분에 불과하다. 겨우 수십만 달러를 아끼자는 의도가 마케팅 집중화를 유도하는 진정한 동기가 될 수는 없다. 사실상 글로벌 브랜딩은 순전히 통제에 관한 이슈이다.

오늘날의 글로벌 마케터들은 단일한 브랜드가 인구통계학적 기준에 의해 규정된 광범위한 국제적 표적 시장에 관련될 수 있다고 가정한다. 그러나 이는 브랜드 자산을 최대한 일반적인 수준으로 희석시킬 때만 가능한 일이다. 그 필연적인 결과는 브랜드가 최고 고객과의 관련성을 잃어버려야 한다는 것이다.

최대한 일반화된 브랜드 자산이 광범위하고 다양한 문화에서 똑같이 성공을 거두기란 불가능한 일이다. 최근 들어 유럽을 경제적으로 통합하려는 노력이 있었지만, 유럽의 각 나라들은 여전히 상이한 가치관에 의해 뚜렷이 나누어져 있다. 아시아와 아프리카를 다녀본 사람이라면 두 대륙에 사는 수십억 소비자들을 묶을 수 있는 공통의 가치를 말해보라고 하면 할 말을 잃고 말 것이다.

북미만 보아도 미국과 캐나다 소비자의 욕구 간에는 미묘하기는 하지만 뚜렷한 차이점이 있다. 사용하는 언어는 같지만—적어도 대부분이 같은 언어를 사용한다—미국인의 가치는 '생명, 자유, 행복의 추구'에 대한 권리를 주장하는 의회 제도와 독립선언서에 기초하고 있다. 하지만 캐나다인의 가치는 법, 질서, 정부의 보장을 강조하는 영국령 북미조례(British North American Act)에 의해 형성되었다. 미국의 상징은 홀로 공중을 선회하며 먹이를 노리는 대머리 독수리이지만 캐나다의 상징은 군집생활을 영위하는 비버다. 미국은 야생에서 생활하다가 개인 농장을 만들어 신대륙에 정착하면서 형성되었지만, 캐나다는 허드슨 베이 컴퍼니(Hudson's Bay Company)가 건축한 요새 가까이에 모여 살던 이 회사의 고용자들이 정착하면서 만들어졌다. 미국인은 눈에 띄고 두드러지는 것을 원하지만 캐나다인은 맞추어지기를 원한다. [그래서 캐나다인들은 상대방에게 무엇인가를 제안하거나 주장할 때 동조를 얻어내기 위해 말끝에 회유하는 느낌의 감탄사를 붙이는 경향이 있다. "아름다운 아침이지, 응(eh)?"]

같은 대륙에 있고, 같은 언어를 쓰며, 똑같이 민주주의를 주창하고 있는 두 나라의 가치 구조가 이렇게 다른데, 유럽, 아시아, 라틴 아메리카, 아프리카의 나라들이 어떻게 하나의 브랜드에 묶일 수 있겠는가?

그럼에도 불구하고 성공적인 글로벌 브랜드는 분명히 존재한다. 이들 중 대부분은 염원적이며, 전세계적으로 같은 라이프스타일과 가치를 공유하고 있는 소수 집단의 가치와 태도에 기반을 두고 있다. 메르세데스(Mercedes), 롤렉스, 폴로(Polo), 돈나 카란(Donna Karan) 같은 고급 브랜드가 바로 그런 예이다. 이들 브랜드들은 각 나라들의 고유한 문화적 관습을 뛰어넘는 가치 구조에 호소하는 데 성공한 욕구 기반 기업으로 분류된다.

코카콜라와 펩시의 경우는? 이들은 분명히 염원적 글로벌 브랜드가 아니지 않는가? 분명히 그렇다. 그러나 이 두 브랜드가 존재할 수 있는 것에는 가격의 공로가 매우 크다. 코카콜라와 펩시는 다른 경쟁업체가 감히 대항해볼 엄두도 내지 못할 정도로 엄청난 마케팅 자금을 쏟아 부었다. 전세계의 경쟁업체들은 물보다 더 싸게 콜라를 만들어내는 코카콜라와 펩시의 능력 앞에 무릎을 꿇을 수밖에 없었다.

글로벌 브랜딩의 미래는 그 브랜드가 특정 지역이나 경제의 특정한 욕구 영역에 얼마나 깊게 관련될 수 있는가에 달려 있다. 세계적인 브랜드를 만들어야 한다면 마케터들은 욕구에 따라 지역 문화를 정확하게 나눌 수 있는 사이코그래픽 연구에 투자를 아끼지 말아야 할 것이다. 그래야만 브랜드 포지셔닝을 세계적으로, 지역적으로, 또는 국가적으로 해야 하는지 그 방향을 결정할 수 있다.

넥스트 이코노미에서 권력의 향방은 점차 글로벌 마케팅에서 지역 마케팅 우선으로 이동하게 될 것이다.

로브로즈의 비결

식료품 비즈니스는 전체 카테고리 중에서 가장 봉건적인 시스템을 가진 비즈니스 중 하나다. 어디서나 비슷한 지역 구매 형태를 가지고 있는 슈퍼마켓 체인점들이 작은 왕국을 형성하고 있다. 기업들은 이런 분산화가 각기 다른 지역 소비자들의 취향에 맞추기 위해 필요한 것이라고 변명한다. 하지만 사실 이런 분산화는 정치적인 의미를 가지고 있는 영토일 뿐이며, 이 산업의 성공을 가로막는 커다란 장애 요인이다.

그럼에도 불구하고 진정으로 차별화된 욕구 비즈니스를 구축하는 데 관심만 있다면 식료품 비즈니스에도 엄청난 기회 요인이 존재한다. 보통의 가족들은 일주일에 한두 번은 식료품을 구입하고, 그것도 한꺼번에 많은 돈을 쓴다. 이런 성향을 가진 소비자들의 욕구를 자극할 수만 있다면 보통 마진이 적다고 알려져 있는 식료품 비즈니스도 그 수익성을 훨씬 강화할 수 있다.

그러나 현재로서는 이런 시도를 하고 있는 회사가 거의 없는 것이 사실이다. 대부분의 식료품 기업들은 소비자의 욕구보다는 필요에 초점을 맞추고 있다. 지금 이 업계는 시장에서 한창 불꽃 튀는 전쟁을 치르고 있는 중이다. 개별 상표나 스토어 브랜드 비즈니스가 바로 그 예이다. 많은 식료품 기업의 체인점들이 각 카테고리—

치즈나 청량음료 등—의 주도 브랜드 제품의 외양이나 느낌을 모방해왔던 것이다. 그 결과 마케팅 지출이 줄어들고 가격도 떨어져 비슷비슷한 제품들이 늘어났다.

어떤 식료품 기업의 체인점들은 이런 방식으로 시장 점유율을 넓혔다. 기본 필수품—휴지, 주스, 우유 등—의 경우 많은 지역에서 몇몇 개별 상표가 시장의 20에서 35퍼센트를 장악하며 기세를 올렸다. 그러나 소매업체는 여전히 별로 이윤을 남기지 못했다. 그들의 마진은 대부분의 경우 한 자릿수에 불과했다. 왜일까? 내셔널 브랜드의 시장 점유율 감소는 소매업체가 협동 마케팅, 보관료, 판매 장려금, 운반 수수료 등 제조업체로부터 받는 비용이 줄어든다는 것을 의미하기 때문이다.

지난 10년간 웨스턴 소유의 캐나다 식료품 기업의 체인인 로브로즈(Lovlaws)는 이런 딜레마를 부분적으로나마 해결할 수 있는 방안을 모색했다. 이 회사는 욕구 세분화를 이용하는 최초의 식료품 체인이 됨으로써 획기적인 전략을 입안하는 데 성공했다.

소매업체는 고객들이 항상 자신의 매장에 있기 때문에 고객이 원하는 것에 대해 물어보기도 수월하고, 욕구를 조사하는 데 있어 매우 유리하다. 로브로즈는 바로 이런 방법을 사용했다. 매장에서의 직접 질문이나 전화 조사를 통해 고객들에게 질문을 던진 것이다. 이런 방법은 A&P나 미러클 푸드 마트(Miracle Food Mart), 도미니온(Dominion) 같은 주요 경쟁업체들과 로브로즈를 구분시켜주는 훌륭한 전략으로 이어졌다.

식료품 매장은 보통 두 부분, 즉 '주변'과 '중심'으로 나누어진다. '주변' 영역은 신선함이 강조되는 육류와 생선, 유제품, 빵, 델리 코너를 포함한다. 매장의 '중심'은 포장 제품—크래프트, 켈로 그, 캠벨 같은 브랜드 제품을 주축으로 하며, 캔이나 박스 단위로 판매되는 아이템, 휴지, 세척제 등을 포함하는—에 초점을 맞춘다.

전통적으로 식료품 비즈니스는 항상 '주변'에 마케팅 기회를 집 중시켰고, 이 '주변' 영역을 중심으로 경쟁업체 간에 치열한 접전 이 펼쳐졌었다. 매장들은 설득적인 프레젠테이션, 탁월한 신선함, 완벽한 청결을 강조하며 스스로를 차별화하기 위해 온갖 노력을 기 울여왔다. 빅 브랜드의 마케팅 자금은 매장의 '중심'에서, 대부분 의 이윤 마진은 '주변'에서 창출되었다고 할 수 있다.

로브로즈는 매장의 '중심'에 욕구 파트를 만들어 그것을 새로운 전략 요충지로 만들면 '주변' 뿐만 아니라 '중심'도 차별화가 가능 하다는 사실을 깨달았다.

중요한 것은 스토어 브랜드가 질적인 면에서 내셔널 브랜드를 능 가할 수 있다는 것을 깨달았다는 사실이다. 이는 다른 브랜드들이 무시하고 있었던 욕구에 대한 자각이기도 했다. 그에 따라 로브로 즈는 고급 스토어 브랜드 제품 라인인 프레지던트 초이스(Presi- dent's Choice)를 출시했다. 그리고 이 제품이 기존의 유명 내셔널 브랜드 제품보다 뛰어나다는 사실을 소비자가 뚜렷이 인식할 수 있 도록 품질 기준을 마련했다. 예를 들어 로브로즈는 프레지던트 초 이스 데카당트 쿠키는 어떤 내셔널 브랜드 제품보다 초콜릿이 훨씬 많이 들어 있다고 주장했다.

이는 깜짝 놀랄 만한 엄청난 발상의 전환이었다. 오랫동안 제조 업체들은 비용을 줄여야 한다고 믿어왔지만, 그 고정관념이 뒤엎어 진 것이다. 떨어지는 마진율을 살리겠다는 명목으로 비용을 줄이면서 발생하는 악순환이 깨지기 시작했다. 이제 비용이 들더라도 제품을 통해 차별화를 도모하는 것이 마진을 회복하는 핵심이 될 수 있는 것이다!

로브로즈는 전세계에서 사람들이 원하는 독특하고 차별화된 제품을 찾아 매장 진열대에 갖다놓음으로써 높은 가격의 욕구 기반 제품을 통해 높은 마진을 창출했고, 식료품 마케팅에서 하나의 모험적 사례로 새롭게 자리매김할 수 있었다. 그 결과 로브로즈는 캐나다에서 가장 수익성 높은 식료품 체인이 되었고, 이러한 위치는 앞으로도 계속 유지될 것으로 보인다.

프레지던트 초이스 제품은 대단한 성공을 거두었고, 하나의 브랜드로 자리를 잡았다. 어떤 관련 경쟁업체도 프레지던트 초이스라는 이름을 사용할 수 없다. 이 회사는 브랜드를 금융 서비스까지 확대시켰고, 그 역시 성공을 거두고 있다.

로브로즈의 전략은 사람들이 식료품 매장에 대해 가지고 있던 생각을 바꾸어놓았다. 소매업체들은 이제 새로운 관점으로 사람들이 식료품 쇼핑 경험을 통해 얻고자 하는 것이 무엇인지를 알아내려 하고 있다. ‘주변’은 신선함과 편리함이라는 전통적인 강조점 외에도 완전 조리 식품을 제공하고, 은행 업무, 드라이클리닝, 여행, 상품 배달 서비스 등을 추가시킴으로써 끊임없이 확장·변화하고 있다. 슈퍼마켓은 욕구 기반 전략으로 운영되는 유통 개혁을 선도하고 있다.

할리 데이비슨의 비결

할리 데이비슨(Harley-Davidson) 오토바이를 필요 때문에 타는 사람은 아무도 없다. 이 브랜드는 수백만의 욕구를 강하게 자극하고 있으며 단순한 오토바이를 뛰어넘어 액세서리, 의복, 여행, 보험, 운송, 게다가 오토바이와는 아무런 상관도 없는 주변 용품—카페 의자, 시계, 지갑 같은—까지 그 카테고리가 다양하다. 수많은 곳에서 할리 데이비슨의 로고는 단순한 로고가 아니다. 로고를 몸에 문신으로 새기는 고객들을 가지고 있는가?

이 브랜드가 처음부터 이런 힘을 가지고 있었던 것은 아니었다. 아서 할리(Arthur Harley)와 월터 데이비슨(Walter Davidson)이 1기통 오토바이라는 컨셉트로 할리 데이비슨 회사를 설립하던 때 오토바이는 욕구가 아닌 필요에 의한 상품이었고, 신생 할리 데이비슨은 미국에서만 300여 개의 경쟁업체와 싸워야 했다. 1981년 6월 할리 데이비슨의 직원들과 운영진이 쓰러져가는 회사를 AMF로부터 사들이면서 단순한 상품에서 하나의 브랜드로 거듭나는 변화가 시작된다.

나는 밀워키에 있는 할리 데이비슨의 마케팅 사무실 어딘가에 '전형적인' 할리 애호가들을 인구통계학적으로 분석한 자료가 있을 것으로 확신한다. 그러나 누구라도 HOG(the Harley Owners Group) 모임에 나가보았거나 라코니아(Laconia), 데이토나(Daytona), 스터지스(Sturgis), 레이크 조지(Lake George)에서 열리는 바이크 위크(bike week)에 참가해본 적이 있다면 그곳에서 인구통계학적으로 일반화된 사람들을 만나기가 어렵다는 것을 알 수 있을 것이다.

할리 데이비슨의 소유자들은 인구통계학적으로 규정지을 수가 없다. 그들이 연령이나 수입 정도, 교육 정도에 따라 할리 데이비슨을 구입하는 것은 아니기 때문이다. 사람들은 자신을 표현하기 위해—보편성에 항거하기 위해—할리 데이비슨을 산다. 할리 데이비슨의 로고는 개별성을 상징하며, HOG의 멤버들은 맞추어지는 것을 원하지 않는—두드러지고 튀고 싶어 하는—사람들이다.

할리 데이비슨의 상품은 어느 것 하나 똑같은 것이 없다. 물론 일부 옵션 패키지만 빼면 쿠키 틀로 찍어내는 것처럼 기계화된 조립 공정을 가지고 있다. 그러나 고객이 오토바이를 구매하기 한참 전 단계에서부터 오토바이를 손에 넣고 기쁨에 겨운 소유자가 어떻게든 자기의 '할리'를 독특하게 보이도록 자신만의 개조를 단행하는 단계까지 할리 데이비슨의 '맞춤'은 줄기차게 이어진다. 그러고 보면 진정한 '할리 룩'이라는 것은 없다고 할 수 있다. 똑같은 '할리'란 하나도 없기 때문이다. 그러나 분명 개별주의를 주장하는 할리 고유의 문화는 존재한다. 또 같은 가치를 공유하는 사람들 사이에는 할리식 '우애'가 형성되며, 그래서 '친구'에게 문제가 생기면 가던 길을 멈추고 기꺼이 도와주려 할 것이다.

할리의 로고가 박히기만 하면 수익성이 날이 갈수록 떨어지고 있는 의류, 패션 액세서리, 신발, 주방용품 같은 카테고리에서조차 프리미엄 가격과 안정된 마진이 보장된다. 할리의 성공은 할리의 비법을 신중하게 가꾼 결과로 얻어질 수 있었다. 드레서(Dresser)를 타고 폼 나게 도로를 질주하는 월스트리트의 금융 중개사든 중고 883 모델을 타고 다니는 신문 배달 소년이든 이들은 모두 할리의 가족이다. 이는 결코 인구통계학적으로 설명될 수 없다. 공유된 욕구, 염원, 가치에 관련된 것이기 때문이다.

로브로즈와 할리 데이비슨이 필요가 아닌 욕구에 초점을 맞추어 회사를 재창조하기 전까지는 누구도 그들의 성공을 예측하지 못했다. 그러나 다른 경쟁자들이 무슨 일이 일어나고 있는지조차 알아채지 못하고 있을 때 이들 회사의 리더들은 제대로 기회를 인식하고 포착해냈다. 대부분의 경쟁자들이 욕구가 아닌 필요에 얽매여 허우적대고 있다면, 그 틀을 깨는 선구자가 되어보자. 그렇게 하는 기업에게는 엄청난 보상이 기다리고 있을 것이다.

CHAPTER 7

퀸타일 마케팅

2010년 무렵이면 퀸타일 마케팅을 통해 최고 고객에 초점을 맞추고
고객과 브랜드 간에 강력하고 깊은 관계를 구축해온 기업들만이
이윤 면에서 우위를 차지할 수 있다는 사실이 명백히 드러날 것이다.
그리고 매스 마케팅과 매스 커뮤니케이션만을 계속 고집해온 기업들은
자기도 모르는 사이에 별로 신경 쓰지 않던 가랑비에 온몸이
젖고 말았다는 사실을 절감하게 될 것이다.

the Next Economy

만약 모든 고객이 똑같은 가치를 창출한다고 믿는다면 대단한 오산이다. 결코 그렇지 않다. B2C 공간에서 매장 문을 열고 들어오는, 또는 웹 사이트에 접속하는 고객들이 얼마나 많은 매출과 수익을 가져다줄 것인지를 알 수만 있다면 기업은 분명히 그 고객들에 대해 각각 차별을 두고 대할 것이다. 피할 수만 있다면 피해야 하는 고객들도 있다. 그런 고객들의 구매 방식은 기업에게 많은 돈을 감당하게 할 뿐이다. 반면 기업에 막대한 이윤을 가져다주는 고객들도 있다. 많은 베이비 부머들이 지출을 줄이게 되는 넥스트 이코노미에서는 이 두 부류를 구분하는 것이 대단히 중요한 이슈로 부각될 것이다. 최고 고객을 찾아내고 비즈니스와 마케팅 전략을 그들을 대상으로 하는 서비스에 초점을 맞추는 것은 성공을 위한 전제

조건이 될 것이다.

전략의 기본적인 정의는 초점(*focus*)과 파워(*power*)다. 전략의 기술은 초점을 어디에 맞출 것인가—고객의 어떤 욕구가 가장 관련이 있는 것인지, 그리고 브랜드가 지속적으로 전달해야 하는 것이 무엇인지—를 결정하는 것에서 시작한다. 전략 기술의 두번째 단계는 고객이 브랜드를 인식하고 또 관련되고 싶어 할 수 있도록 충분한 자원을 관련된 차별화 지점에 배치하는 것이다.

물론 이 작업은 쉬운 일이 아니다. 어떤 고객이 진정으로 가치 있고 어떤 고객이 그렇지 않은지를 구분하는 일도 어려운 일이다. 그리고 일단 그들을 분류했다 하더라도 마케팅과 서비스 프로그램을 그들에게 적절히 맞추기란 만만치 않다. 사실 많은 기업들은 최고 고객을 최악의 고객처럼, 그리고 최악의 고객을 최고 고객처럼 대하는 지금의 상황을 멈추는 것도 쉽지 않다는 것을 알고 있다. 이 장은 이러한 문제를 해결하는 데 도움을 줄 것이다.

최악의 고객과 최고 고객

어떤 고객이 최악의 고객일까? 그런 고객은 쉽게 가려낼 수 있는 몇 가지 특징들이 있다.

- 우리 브랜드 상품은 할인 판매 중일 때만 구입할 뿐 결코 제값 다 주고 사지 않는다.
- 반품을 자주 해서 서비스 경비를 가중시킨다.

- 기껏해야 1년에 한두 번 정도만 우리 물건을 사러 온다.
- 우리의 조그만 결점에도 불평하고 모든 사람들에게 그 사실을 떠벌리고 다닌다.
- 우리 브랜드를 필요를 충족시키기 위한 필수품으로 생각한다.
- 고객과 관계를 맺고자 하는 노력에도 불구하고 우리 브랜드에 대한 충성도가 전혀 없다.
- 한 푼이라도 절약할 수 있을 것 같으면 언제든지 우리 브랜드를 다른 브랜드로 바꾼다.

이와 반대로 최고 고객을 가려낼 수 있는 특징은 다음과 같다.

- 구입하는 제품의 범주에 우리 브랜드의 고마진과 저마진 품목이 모두 포함되어 있다.
- 세일 기간에 관계없이 정기적으로 우리 브랜드를 구매한다.
- 우리 브랜드의 제품 카테고리를 정기적으로, 일상적으로 사용한다.
- 친구들에게 우리 브랜드에 대한 경험을 이야기한다.
- 우리가 실수를 해도 너그럽게 용서한다.
- 우리 브랜드, 우리 브랜드를 취급하는 매장, 우리 브랜드의 직원을 알고 있다.
- 우리가 먼저 관계를 파기하지 않는 이상 다른 브랜드로 바꾸지 않는다.

위의 특징으로도 짐작할 수 있듯이 최고 고객은 기업의 매출과 이윤에 있어 가장 큰 원천이다. 최고 고객은 우리 브랜드 제품을 꾸준히 구입하기 때문에 지속적인 판매와 높은 마진을 창출한다. 그리고 기업이 제공하는 서비스를 기꺼이 사용하기 때문에 최악의 고객에 비해 서비스 경비가 적게 든다.

분명 최고 고객을 찾아내고, 자극하고, 돌보고, 성장시킬 수만 있다면 비즈니스가 얻는 혜택은 실로 엄청날 것이다. 그렇다면, 최고 고객 마케팅은 고객들이 대거 시장에서 퇴각하게 될 넥스트 이코노미에서 비즈니스 성공의 핵심이라고 할 수 있다. 그러한 상황에서 최고 고객은 그 어느 때보다도 귀중한 존재가 될 것이다.

이러한 개념은 이해하고 받아들이기 쉽다. 이는 잘 알려진 80/20 법칙의 변형이라고 할 수 있다. 물론 문제는 이를 어떻게 구체적인 행동으로 옮겨야 하는가라는 것이다.

헛된 마케팅 노력

기업인이라면 지난 한 세기 동안 전설적인 소매업자인 존 워너메이커(John Wanamaker)가 한 말에 대해 씁쓸한 웃음으로 공감을 표시할 것이다. "나는 우리 회사의 광고 예산이 절반 정도는 헛되이 낭비되고 있다는 사실을 알고 있다. 문제는 그 절반이 어떤 것인지를 모른다는 것이다." 이 말은 100년 전이나 지금이나 매체 광고 사회에서 진실로 통하고 있다. 분명 기업들이 신문이나 텔레비전 방송 같은 매스미디어의 시간과 공간을 사는 데 투자하는 광고비용은 그만큼의 값어치를 못하고 있다. 그 미디어를 접하는 수용자 중 단

몇 명이라도 과연 우리 브랜드의 고객이 될 수 있는지—정말 중요한 최고 고객은 둘째 치고라도—조차 알 수 없는 것이다. 그리고 매스미디어를 통한 광고를 표적화하는 것도 무리다. 이렇기 때문에 오늘날 매스 커뮤니케이션이 고객의 행동을 변화시키는 문제에 별로 관련성을 가지고 있지 못하는 것이다.

마케팅과 광고에 있어 매스미디어 광고의 대안으로 우편, 웹 사이트, 전화 등을 이용한 1대1 마케팅 방식이 제시되기도 한다. 하지만 불행히도 지난 20년간 그 대안들 역시 별 효과가 없다는 사실이 경험으로 입증되었다. 구경제의 직접 마케팅 결과는 카테고리별로 다양하게 나타나긴 했지만, 대량 유통 방식 마케팅의 회수율은 1퍼센트에도 이르지 못했다. 구경제의 DM(direct mail)은 매우 비싼 방식이었던 것이다. 1대1 마케팅을 시도했던 기업들은 막대한 경비를 정당화하기 위해 새로운 재정적 개념을 개발해냈다. 그래서 그들은 '평생 가치(lifetime value)' 라는 개념을 도입했는데, 이는 새로운 고객을 확보하는 높은 비용은 그 고객이 평생 동안—앞으로 20년, 30년, 40년 동안—하는 구매의 가치를 생각하면 작은 부분이라는 것이다. 이러한 근거는 얼마나 우스꽝스러운 것인가? 우리들은 평생 동안 함께 하자고 하는 결혼이라는 약속도 지속적으로 유지하지 못하고 있지 않는데, 어떻게 텔레마케터가 고객의 여생 동안 우리 브랜드를 꾸준히 소비하도록 할 수 있는 힘을 가지고 있을 수 있겠는가?

무엇보다 직접 마케팅으로 고객을 확보하는 비용은 대부분의 제품 카테고리가 감당하기에는 너무 비싸다. 일단 끌어온 고객은 평생 그 충성도를 유지할 것이라는 직접 마케팅을 주장하는 마케터들의 가정은 오늘날 일어나고 있는 엄청난 수의 브랜드 전환 현상 앞에서 무색해지고 있다.

구경제에서 신경제로 넘어오는 동안 마케팅 관련자들은 이러한 '평생 가치' 척도를 계속 고수해왔다. 그 결과 당연히 비즈니스 관리 또한 비상식적인 수준이었다. 1년에 고작 600달러의 매출을 올리는 카테고리에서 고객 확보 비용이 350에서 500달러나 된다면 어떻게 기업을 운영할 수 있겠는가? 기록한 매출 중에서 전환 해지 비율이 1년에 40에서 60퍼센트나 되는데 어떻게 막대한 고객 확보 비용과 고유의 평생 가치라는 것을 정당화할 수 있겠는가? 연간 비율이 이 정도인데 평생 가치라는 것이 어떻게 가능하겠는가?

기업들은 주로 쿠폰을 활용한 매스미디어 직접 반응 광고의 일반적인 회수율이 0.2퍼센트에서 잘 해야 5퍼센트 사이에 불과하다는 사실을 잘 알고 있었다. 그런데 이런 낡은 컨셉트의 신경제 버전에 불과한 배너 광고가 매출을 증진시켜줄 것이라고 왜 그렇게 쉽게 믿었던 걸까?

인터넷이 등장하자 1대1 마케터들은 이것이 드디어 그렇게 찾아 헤맸던 획기적 방식이 될 것이라고 생각했다. 이메일을 이용해 수천 명의 잠재 고객들에게 아주 저렴한 비용으로 접근할 수 있게 된 것이다. 1인당 50센트 이상이나 들고 배달되는 속도도 느린 '굼벵이 편지'에 비하면 이는 엄청난 것이었다. 수학적으로 볼 때 비용 문제는 해결된 것처럼 보였다. 하지만 불행히도 매출 결과는 이전에 비해 별로 나아지지 않았다. (만약 고객의 욕구와 가치를 분석하고 거기에 초점을 맞추기만 한다면 직접 이메일 전략은 15에서 20퍼센트의 회수율을 거둘 수 있을 것이라고 인정은 한다.)

우리는 구경제의 직접 마케팅 사례를 통해 넥스트 이코노미의 초석이 될 수 있는 아이디어를 발견할 수 있다. 관련성이 바로 그것이다. 쓰레기통에 버려지는 산더미 같은 광고 우편물과 효과적인 마케팅을 구분시켜줄 수 있는 것은 관련성이다. 스팸 메일과 효과적인 마케팅을 구분시켜주는 것도 관련성이다. 회수율에 영향을 미치는 것도 이 관련성이다. 그리고 커뮤니케이션을 관련성 있도록 만들어주는 것 또한 바로 그들이 어떤 고객 셀을 표적으로 하고 있느냐 하는 것이다.

넥스트 이코노미에서 기업은 관련성과 표적화 전략 모두를 사용해야 할 것이다. 매스 마케팅이나 1대1 마케팅이 아닌 퀸타일 관리(quintile management)를 통해서 말이다.

퀸타일 관리

넥스트 이코노미에서는 경제적으로 지속적인 관계를 맺게 될 고객을 가려내는 일이 마케팅에 있어 최우선 과제가 될 것이다. 매스 마케팅 전략이나 1대1 전략은 그 해결책이 될 수 없다는 사실은 명백하다. 그 해답은 *퀸타일 관리(quintile management)*에 있다. 퀸타일 마케팅은 간단히 말해 최악의 고객이 회사의 자원을 갉아먹지 못하도록 막아주며, 최고 고객을 규명하고 그 최고 고객에게 최대한 초점을 맞추는 세분화 전략이다.

그 적용 과정은 다음과 같다. 먼저 모든 고객을 1년간 각 브랜드에 지출하는 비용에 따라 분류한다. 취급하는 제품이나 서비스의 종류에 따라 구매 빈도 또한 추가 요인으로 첨가할 필요가 있을 수도 있다. 왜냐하면 장기적인 관계는 창출하지 않으면서 1회성으로 많은 지출을 한 사람을 최고 고객으로 잘못 분류할 수도 있기 때문이다. 예를 들어 내가 북미의 주요 백화점을 대상으로 퀸타일 관리 프로그램을 개발했을 때 나는 구매 액수뿐 아니라 구매 횟수까지 고려해서 고객의 가치를 분류하도록 각별한 주의를 기울여야 했다. 주방용품 매장을 아예 쓸어가다시피 했더라도 그 이후 매장을 한 번도 다시 찾지 않은 사람을 최고 고객으로 규정할 수는 없기 때문이다.

아마 지금쯤은 이런 방식으로 고객을 분류하기 위해 필요한 데이터를 어떻게 얻는지가 궁금할 것이다. 모든 기업에게 있어 이는 별로 어려운 일이 아니다. 예를 들어 소매업체들은 신용카드 매출 전표를 통해 고객 개개인의 지출 현황을 파악할 수 있다. 전화, 우편, 인터넷을 통한 직접 마케팅을 하는 마케터라면 각자 사용하는 시스템 어딘가에 필요한 정보가 있다는 사실을 알 수 있을 것이다. 만약 B2B 영역이라면 다소 단편적인 형태이긴 해도 판매 부서에서 자료를 가지고 있을 것이다.

주로 제3의 소매업체나 판매자를 통해 제품을 판매하는 회사들은 고객을 규명하고 고객의 순위를 정하는 일이 다소 어려울 수도 있다. 이들 회사들은 필요한 데이터를 얻기 위해 프로그램을 따로 만들어야 한다. 소비재나 내구소비재, 준 내구소비재를 취급하는 회사들은 최근에 거래한 고객의 애프터서비스 카드를 기초로 자료를 확보할 수 있다. 구매 빈도가 높은 포장 상품 취급 회사들은 동호회나 충성도 프로그램을 통해 정보를 얻을 수 있다. 이때 반드시 알아두어야 할 네 가지 핵심이 있다.

- 거래 데이터를 수집해 이를 기업이 접촉할 수 있는 고객 가정에 관련시킨다.
- 목록을 계속해서 업데이트한다.
- 누적되는 가구 판매 데이터를 추적한다.
- 고객 서비스를 더욱 효과적으로 수행할 수 있도록 가정에 대한 더 많은 정보를 얻는 것이라는 허락을 구한다.

이러한 사항들에서 찾을 수 있는 공통점은 고객에 대한 정보를 유지하고 지속적인 구매 현황을 파악할 수 있도록 고객들로부터 일정한 양식의 기록을 확보해야 한다는 사실이다.

분명 이런 방법들을 사용해 모든 고객들의 정보를 완전히 확보한다는 것은 불가능하다. 그러나 적극적으로 프로그램을 개발·시행한다면 상당한 성과를 얻을 수 있을 것이다. 그리고 고객 클럽 데이터베이스에 기록된 매출이 실제 거래와 얼마나 많이 일치하고 있는지를 알게 되면 회사가 규명하고 분석할 수 있는 비즈니스의 구조에 대해 많은 것을 알 수 있을 것이다.

물론 인터넷은 이러한 노력에 있어 좋은 동반자가 될 수 있다. 애호 클럽 프로그램을 만드는 것도 소비자를 우리 브랜드로 끌어오는 데 유용한 방법이다. 핵심은 그들과 직접적인 관계를 창출하는 것이다. 만약 취급하는 제품과 서비스가 최고급 홈시어터 장비나 진기한 스포츠 기념품 같은 고가품이라면 그 작업이 훨씬 수월해진다. 상대적으로 값이 싼 생활용품이나 일상적 서비스를 판매하는 경우에는 더 어렵다. 핵심은 고객과 어떤 형태로든 관련을 맺는 것이다.

가능한 일이다. 고양이 사료를 예로 들어 설명해보자. 고양이 사료는 고가의 아이템과는 거리가 먼 품목이다. 고양이 사료를 사겠다고 온라인 취미 클럽에 가입하는 사람이 있다고는 상상하기 힘들다. 하지만 퓨리나(Purina)는 고양이를 기르는 데 필요한 각종 정보와 온라인 수의사 상담 등의 유용한 정보가 가득 차 있어 고양이 애호가들에게 유명한 취미 사이트를 가지고 있다. 퓨리나의 뛰어난 점은 고양이 애호가들도 서로 공통된 가치를 공유할 수 있다는 사실을 간파했다는 것이다. (모르는 사람들끼리도 동물병원 대기실에서 고양이를 안고 기다리는 동안 이야기를 나누다가 금방 친해지는 것은 바로 이 때문—중요한 공통된 가치를 가지고 있기 때문—이다.) 이런 공통 가치가 있었기 때문에 퓨리나는 최고 고객과 연결되는 데 인터넷을 사용한다는 아이디어를 낼 수 있었고, 퓨리나 웹 사이트를 각 가정의 수많은 고양이에 대한 정보, 구매 패턴, 고양이의 식습관 등의 데이터를 모아놓은 '정보의 장'으로 만들었다.

저가 상품이나 일상 생활용품 및 서비스—예를 들면 빵 같은 것—를 제공하는 기업이라면 고객들과 연관되기 위해—즉 그들의 가치를 제대로 자극하기 위해—리서치를 해야 할 필요가 있을 것이다. 크래프트와 퓨리나가 이를 해냈다면, 다른 회사도 할 수 있다. 그리고 나서 이 데이터를 고객의 공통 가치를 기초로 만들어진 단골고객 프로그램을 수립하는 데 적용하면 되는 것이다.

다섯 퀸타일

일단 고객 데이터를 모으고 가장 많은 매출을 창출하는 고객에서부터 그렇지 않은 고객까지 순위를 매겼다면, 그들을 다섯 개의 그룹—퀸타일(quintiles)—으로 나누어야 한다. 각각의 퀸타일은 같은 수의 고객을 포함하고 있어야 한다. 예를 들어 전체 고객이 16만 명이라고 한다면 각 퀸타일은 16만÷5=3만2,000명, 즉 각각 20퍼센트가 되도록 나누어야 한다는 말이다.

제1퀸타일—지금부터는 간단히 Q1이라고 부르도록 하자—은 최고 매출을 창출하는 고객들이다. 당연히 Q1은 가장 중요한 고객 그룹이다. 그 다음 두번째로 큰 매출을 창출하는 고객 그룹을 Q2로 하고, 이런 식으로 Q5까지 분류한다.

일반적으로 퀸타일과 매출 기여도 사이에는 아주 강력하고 친밀한 관계가 형성되어 있다. 앞에서 언급했듯이 이는 전통적인 80/20 법칙이 변형된 것으로 전혀 낯선 것이 아니다. 실제 경험을 통해 나는 Q1 고객이 기업의 매출에 기여하는 비율은 50에서 80퍼센트 사이로 평균 약 60퍼센트가 된다는 사실을 알 수 있었다. 이는 Q1 고객의 가치가 평균 고객 가치의 3배에 이른다는 것을 의미한다.

이런 패턴이 전자상거래에도 적용될 수 있을까? 아직 구체적인 증거는 부족하지만 지금까지 나온 증거들은 전자상거래에서 이런 패턴이 전통적인 소매 비즈니스의 경우보다 더 두드러진다는 사실을 알려주고 있다. 「사이버 다이알로그(Cyber Dialogue)」가 2000년 9월에 발표한 '쌍방향 소비자 연구(InterActive Consumers Study)'의 자료에 따르면 온라인 쇼핑객 중 상위 20퍼센트가 전체 매출의 거의 90퍼센트를 책임지고 있다.

내 퀸타일 관리 연구에서도 대부분 기업의 이윤은 Q1과 Q2의 매출로부터 창출되는 것으로 나타났다. 대체적으로 Q3에서는 손익이 없었으며, Q4, Q5로부터는 사실상 손해를 보고 있었다. 놀랍지 않은가?

물론 이런 종류의 분석은 단순히 모든 고객을 하나의 덩어리로 묶어서 취급하는 것보다 더 많은 작업이 요구된다. 그러나 그 작업은 너무나 중요한 것으로 시간과 노력, 비용을 아낌없이 들일 가치가 있다고 확신한다.

[표 7-1]에서 [표 7-5]는 퀸타일이 마케팅 지출에 어떻게 관련되어야 하는지—혹은 관련되어서는 안 되는지—를 확실하게 보여주고 있다.

[표 7-1]은 퀸타일에 의한 매출 기여도의 전형적인 패턴—다른 네 퀸타일보다 Q1에서 훨씬 많은 매출을 창출한다는 사실—을 보여준

[표 7-1] 퀸타일별 매출 기여도

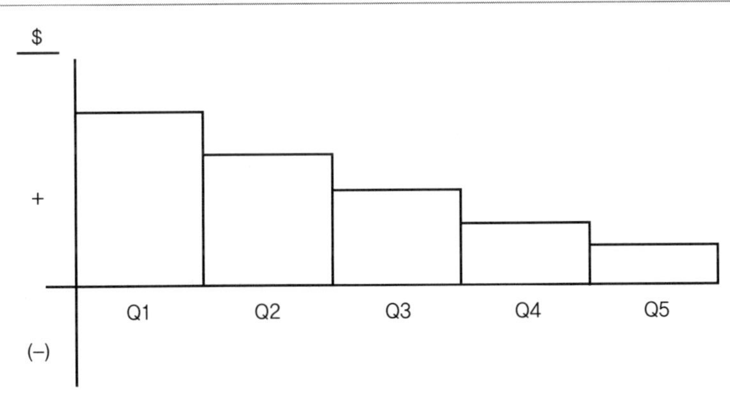

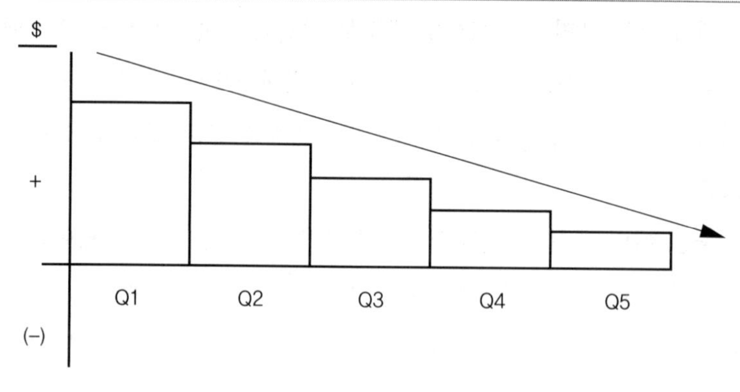

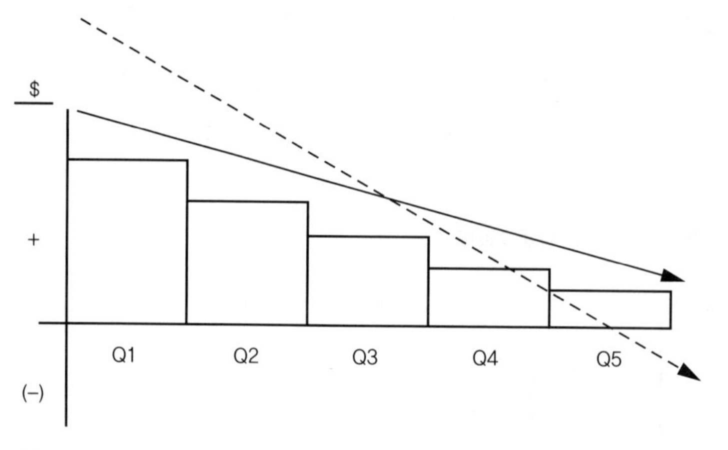

다. [표 7-2]에서는 퀀타일과 매출 사이의 관계를 강조하기 위해 추세선(trend line)을 삽입해보았다.

실제로는 표에서 나타나는 것보다 문제가 훨씬 심각하다. [표 7-

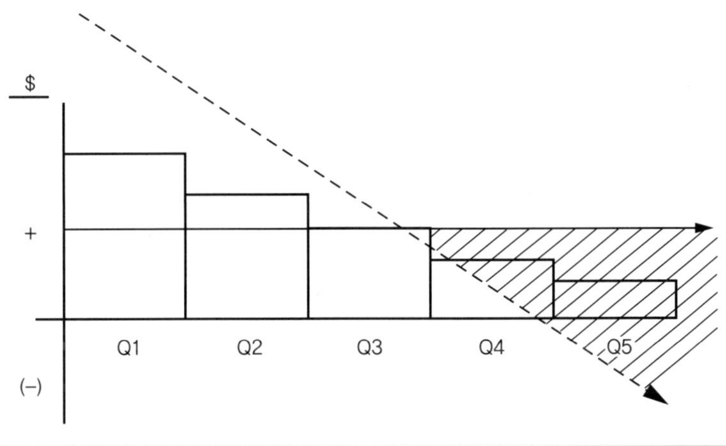

3]에서 점선은 퀸타일에 의한 이윤 기여도를 나타내고 있다. Q5가 실제로 회사의 자산을 *깎아먹는* 역할을 하고 있는 반면, Q1은 판매율로 나타난 것보다 기업 이윤에 기여하는 바가 훨씬 크다.

[표 7-4]는 요즈음 기업들이 비즈니스를 하는 방식을 알 수 있는 근거를 제공해주고 있다. 그래프를 가로로 지나가는 수평선은 각 퀸타일당 소요되는 전형적인 마케팅 지출액을 나타내고 있다. 그렇다. 그 비용은 모두 일정하다. 오늘날 대부분의 회사들이 고객을 퀸타일로 나누지 않기 때문에 마케팅 지출액이 전체 퀸타일에서 고르게 나타나고 있는 것이다. 그래프의 오른쪽 아래 빗금 친 부분을 주의해서 살펴보자. 이는 하위 퀸타일의 마케팅에 들어간 비용과 그 하위 그룹에 의해 창출된 마이너스 이윤 간의 차이를 나타낸다. 이 부분은 헛되이 낭비되고 있는 지출―이윤은 하나도 남기지 못하고 순수한 손해만을 주는 마케팅 비용―이다.

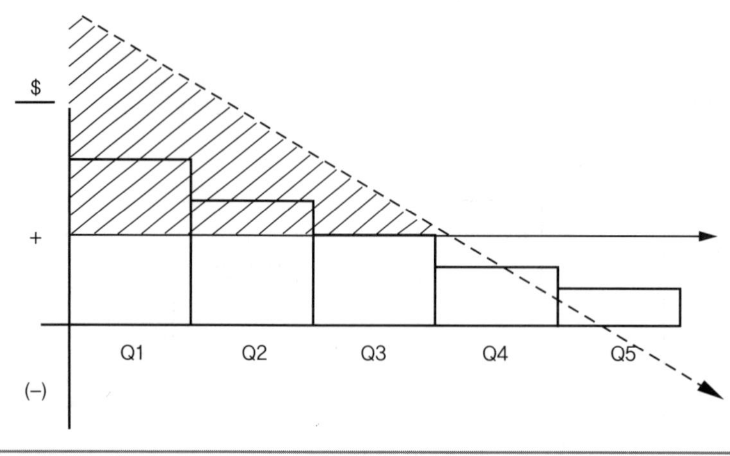

[표 7-5]는 차별화를 위해 기업이 무엇을 해야 할 것인지를 보여준다. 낭비된 마케팅 경비가 최고의 고객군인 Q1과 Q2로 이동되었음(빗금 친 부분이 왼쪽 위로 올라감)을 알 수 있다. 이제 마케팅 경비는 더 이상 최악의 고객에게 허비되지 않고 최고 고객의 매출을 유도하고 유지, 최대화시키는 데 이용될 것이다. 또 표에서 빗금 친 부분의 크기가 [표 7-4]의 빗금 친 영역과 거의 비슷하다는 사실을 눈여겨보자. 퀀타일 마케팅은 (반드시) 마케팅 예산을 증가시키는 것을 포함하지는 않는다. 같은 비용으로 최고의 효과를 낼 수 있도록 자원을 재분배하는 행위인 것이다.

자, 이제 고객의 퀀타일을 다 채웠으니 고객들과 커뮤니케이션할 수 있는 방법을 손에 넣은 것이다. 이제 어떻게 해야 할 것인가? 지금까지 가지고 있던 자료는 행동 관계에 대한 것들이었다. 기업들은 고객들이 무엇을 사는지는 알고 있었지만, 그것은 구경제와 신경제의 데이터였다. 넥스트 이코노미에서는 고객이 *왜* 사는지를 알아야 한다. 그렇다면 이제 그들에게 물어볼 차례다.

Q1과 Q2 고객이 가진 또 하나의 강점은 그들이 이미 해당 브랜드와 중요한 관계를 맺고 있다는 사실이다. 기업이 알아야 할 것은 지금 관계가 어떤 것이며 앞으로 그 관계를 어떻게 확대시켜가야 하는가이다. 그 고객들에게 이미 그 브랜드는 최고의 것으로 인식되어 있기 때문에 그들은 리서치에 기꺼이 반응해줄 것이다. 그들에게 무엇이 중요한 것인지를 알아내라. 그러면 그들을 욕구에 따라 세분화할 수 있을 것이고, 어떤 다른 브랜드가 그들의 삶에 중요한 것인지도 알 수 있다. 이러한 질문에 대한 답들이 비즈니스 전략상 관련성을 구축하는 데 초석이 되어줄 것이다.

나는 이 장의 처음을 기업의 최고 고객과 최악의 고객에 대해 정의 내리는 것으로 시작했다. 이제 최고 고객은 Q1이고, 최악의 고객은 Q5라는 사실을 알고 있을 것이다. 그렇다면 이제 각 퀀타일별로 고객이 어떻게 행동하는지, 그리고 기업은 브랜드 가치의 보호자로서 그에 어떻게 대응해야 하는지를 좀더 자세히 알아보자. 나는 모든 퀀타일이 특정 브랜드와 나름대로 어떤 관계를 맺고 있고, 각 퀀타일에 적용할 수 있는 자연스럽고 효과적인 방법이 존재한다는 사실을 발견할 수 있었다.

가장 하위 고객 집단부터 시작해보자. Q5의 고객은 주로 가격에 따라 움직인다. 그들은 할인 판매 때 선택적으로 구매하는 경향이 있으며, 보통 가계 규모도 작기 때문에 지출량도 적다. 그들은 브랜드와 최소의 관계만을 맺고 있으며 구매 결정에 있어서는 욕구보다는 필요를 기반으로 한다. 그렇기 때문에 Q5에 의해 창출되는 이윤 폭은 그 존재감을 느끼지 못할 정도로 작다. 이러한 고객들은 보통 신문이나 잡지 광고, 라디오나 텔레비전 광고 같은 구경제의 매스 마케팅에 의해 매장이나 웹 사이트를 방문한다.

이러한 구매 방식을 보았을 때 상식적으로 말도 안 되지만, 기업은 Q1, Q2, Q3 고객들로부터 벌어들인 돈을 Q5 고객을 지원하는 데 쏟아 붓고 있었던 것이다!

이러한 Q5 관계가 유지될 수 있었던 것에는 또 다른 이유가 있다. 과점 상황에서는 규모가 고정경비 흡수에 중요한 요소라는 사실을 상기해보자. 재정 담당자들은 이러한 그룹—Q5—이 없어지면 회사의 비용은 남은 네 그룹에 의존해야 하므로 수익성이 위태로워질 것이라고 주장한다. 그러나 내 경험에 의하면 그렇지 않다.

Q5 대신 Q3과 Q4 고객을 늘리면 기업의 퀸타일은 재편성되고 수익성은 크게 호전된다. 퀸타일의 본질도 바뀌게 될 것이며, 기업에 대한 공헌도가 상대적으로 낮은 Q5 고객은 여전히 존재하겠지만 최고 고객에 초점을 맞춤으로써 창출되는 이윤으로 Q5 고객의 절대적 가치는 올라갈 것이라는 말이다. 고객 중에는 반갑지 않은 고객들도 있다. 그러나 반갑지 않다고 해서 피할 수 있는 것이 아니라면, 그들에게 들어가는 비용을 최소한으로 줄여야 한다.

매년 퀸타일 프로그램을 정비해가는 동안 각 퀸타일의 고객 구성은 바뀔 것이다. 다섯번째 퀸타일은 항상 존재하기 마련이다. 회사에 대한 그들의 절대적 가치가 증가할 수는 있지만 그렇다고 해서 기업이 그들을 위해 직접적으로 노력을 들일 가치는 없다.

아마 지금쯤 Q5 소비자를 상대적으로 소득 수준이 낮은 계층으로 생각할 수도 있을 것이다. 하지만 수입 수준은 퀸타일과 직접적인 관련이 없다. 한 명의 고객은 각각 다른 제품에 대하여는 다른 퀸타일에 속한다. 왜냐하면 같은 카테고리가 어떤 사람에게는 욕구를 나타내지만, 어떤 사람에게는 필요에 불과할 수도 있기 때문이다. 예를 들어 어떤 사람에게는 자동차는 필요 품목이다. 그들은 자동차를 구매할 때 불필요한 장비는 거들떠보지도 않으며 경제적이고 평범한 자동차, 비용이 가장 적게 드는 자동차에 모든 관심을 집중시킨다. 하지만 어떤 사람에게 자동차는 욕구 품목이다. 그들은 자동차 매장을 꼼꼼히 훑으면서 마음에 드는 모델을 점찍어두고, 환상적인 스포츠카를 살 수 있을 때가 오기를 손꼽아 기다린다.

이는 인구통계학적 접근이 더 이상 실용적인 마케팅 도구가 될 수 없음을 보여주는 좋은 예이다. 돈을 벌어들이는 족족 그 돈을 자동차에 쏟아 붓는 사람은 수입 정도가 상대적으로 낮다고 하더라도 자동차 카테고리에 있어서는 Q1 고객이다. 인구통계학은 이런 현상을 설명하지 못한다. 오직 사이코그래픽과 퀸타일 관리만이 이를 설명할 수 있다.

고소득자이며 고등교육을 받은 사람들이라도 어떤 카테고리에서는 Q5 고객이 될 수 있다. 예를 들어 휴지는 부유층도 반드시 구입해야 하는 일상용품이다. 하지만 이들 중에는 골동품 도자기는 한 개에 2만5,000달러나 지불하면서도 화장실 두루마리 휴지 하나에는 25센트도 쓰지 않으려는―그리고 두 경우 모두에 만족하는―사람이 있을 수도 있다.

그래서 퀸타일은 카테고리별로 다르게 구성될 수 있다. 다섯 퀸타일에 속하는 각각의 고객 성격은 회사와 현재 맺고 있는 관계, 앞으로 맺고자 하는 관계, 그리고 그들이 그 카테고리와 브랜드에 원하는 것이 무엇이냐에 따라 달라진다. 이런 요인들은 카테고리마다 아주 다르게 나타날 것이다.

Q4 고객은 Q5 고객과 유사하지만, 해당 제품에 대한 경제적 기반이 더 크다는 차이가 있다. (퀀타일은 구매하는 양에 기초해서 구성된다는 점을 기억하자.) 이 고객들은 Q5 고객들처럼 가격과 대중성을 중시하지만, 그들보다 가계 규모도 크고 구매하는 양도 많다. 이런 특징 때문에 그들은 특히 가격이나 비교 구매에 민감한 것이다.

그 규모 때문에 Q4 고객은 기업의 고정경비 흡수에 중요한 역할을 할 수 있다. 그래서 나는 내 클라이언트들에게 Q4 고객을 없애지 말고 유지시킬 것을 조언한다. Q5를 없애고자 한다면 관계없지만, 다량 구매자는 브랜드와의 관계에는 아무런 관심이 없더라도 그 자체로 의미가 있다.

Q4 고객이 Q3 고객으로 올라가지 못하는 이유는 여러 가지가 있다. 때로는 단순히 가계 예산이 부족해서일 수도 있다. 때로는 그 카테고리가 그 고객과 아무런 관련이 없기 때문일 수도 있다. 때로는 구매를 자주 하기에는 지리적으로 거리가 너무 멀기 때문일 수도 있다. Q4 고객은 대규모 가격 행사가 여전히 계속될 넥스트 이코노미에서 대중 마케팅 전략에 큰 몫을 담당할 것이기 때문에 이런 이유들에 굳이 신경 쓸 필요는 없다. 사실 우리가 대중 프로그램을 사용하는 목적은 매출 규모를 늘리고 고정경비를 흡수할 수 있도록 Q4 고객을 끌어들이기 위해서다.

Q3 고객은 구매 폭이 좁다. 평생 동안 한 카테고리 안에서 구매하는 브랜드는 두세 개밖에 되지 않는다. 그리고 마침 그 자리에 있기 때문에, 혹은 그 한정된 구매 폭 중에서 특히 가격이 더 싸다는

이유로 물건을 구입한다. 만약 Q3 고객을 보다 많이 확보하고 싶다면 그 고객들의 한정된 쇼핑 리스트에 올라가야 한다. 인센티브 프로그램—더블 포인트 프로그램이나 선물 증정 프로그램 등—은 Q3 고객에게 효과적이다. 때로는 Q3 고객에게 특별 혜택 프로그램—예를 들면 비행기의 특별 라운지 무료 사용권 같은—을 제공해 Q1이나 Q2 고객으로 승격시킬 수 있다. 웹 사이트 안에 '특별' 공간을 만들어 이용에 특혜를 줄 수도 있다. Q3 고객이 어차피 구매하리라고 예상되는 것은 절대로 무료로 제공하지 말아야 한다. 그저 맛만 보여줘야 한다.

궁극적인 목적은 이런 고객들에게 주도 브랜드가 되는 것이다. 특별한 이벤트나 가격 할인을 통해 지속적으로 구매를 유도함으로써가 아니라 독특하고 다양한 서비스를 제공함으로써 그들을 기쁘게 해야 한다. 그런 인센티브는 Q3 고객의 쇼핑 리스트에서 다른 브랜드들을 물리치고 매출 수준과 브랜드에 대한 중요성을 증가시켜 그들을 Q1, Q2로 승격시켜줄 것이다.

Q2 고객과 브랜드의 관계는 일종의 선호(preference)로 맺어진다. 그들도 마찬가지로 구매 폭이 좁지만 이들은 브랜드에 대해 뚜렷한 선호를 가지고 있는 층이다. 물론 안심할 수는 없다. 때때로 다른 경쟁업체가 무언가 인센티브를 제공하면 그 브랜드를 시도해볼 수도 있기 때문이다. 현명한 기업이라면 Q2 고객에 대한 마케팅 전략은 그들을 유지시키는 것에 초점을 맞추어야 한다. 그 전략으로 맞춤 카탈로그나 개인을 위한 특별 프로그램, 스페셜 라운지 사용권, 비밀번호를 가진 사람에게만 접속이 허용되는 특별 인트라넷 이용권한 같은 프로그램을 사용할 수 있으며, 구매한 양에 따라 혜택을

부여하고 회사 사장이 직접 구매에 대해 감사 편지를 쓰거나 특별한 선물을 주는 1대1 메시지 방안도 유효할 수 있다.

넥스트 이코노미에서는 특히 Q2 고객이 갖는 중요성이 한층 부각될 것이다. 고객 수가 줄어들고, 그에 따라 제품 및 서비스의 구매 폭이 전반적으로 줄어들 것이기 때문이다. Q2 고객군의 손실은 심각한 문제이다. 그러나 기업들은 대부분 Q1 고객을 유지하고 Q3 고객에게 인센티브를 제공하는 데에만 초점을 맞추고 있다. 기업은 Q1과 Q2 프로그램에 대한 차별화에 힘쓰기보다는 Q2 고객을 최대한 Q1로 승격시키기 위해 노력해야 할 것이다.

Q1 고객은 브랜드 충성 고객이다. Q1 고객에게는 그 브랜드 외에 다른 쇼핑 리스트는 없다. 그들은 부득이한 경우를 제외하고는 언제 어디서나 그 브랜드 제품을 구입해준다. Q1 고객에 대한 관리 전략은 '보상'이 되어야 한다. 최고 수준의 혜택을 제공하라. 가능한 한 최대한 자주 축하와 감사 메시지를 전달하라. 굳이 요구하지 않더라도 자주 하는 쇼핑 상품의 카탈로그와 무료 증정품을 제공하고 서비스 수준도 계속해서 향상시켜주어야 한다. 특별히 신분을 확인할 수 있는 코드 번호를 제공해 쇼핑 시간을 단축시켜주는 것도 좋다. 그 코드 번호를 이용해 고객이 주로 어디에서 구매를 하는지, 그리고 어디로 배달받고자 하는지를 알 수도 있다. 회사 측에서 배달료, 포장비용을 부담하는 것은 물론 지역에 한계를 두지 말고 어디든 배달해줄 수 있어야 한다. 이런 과정들을 각 개인에 맞춘 '맞춤식'으로 이루어지도록 하라. 그리고 줄을 서서 기다리지 않도록 '특별 계산대'를 만들어주어라.

식품 매장의 경영자는 이 부분에 주목할 필요가 있다. 왜 '10개

품목 이하' 를 구입한 고객을 위한 계산대를 따로 마련해 Q5 고객에게 '보상' 을 하는가? 그 대신 '100개 품목 이상' 구입 고객을 담당하는 직원을 2명만 보충하라. 최고 고객의 쇼핑 시간을 단축시켜주는 특별 서비스가 될 것이다.

그리고 Q1 고객과 만나는 모든 접촉점에서 회사 직원 모두가 그 고객이 '최고 고객' 이라는 사실을 알 수 있도록 각별히 신경 쓸 필요가 있다. 신용카드에 별도의 색상을 부여한다거나 따로 코드 번호를 제공해 이들이 구매한 상품이나 서비스를 처리하는 모든 직원이 현재 회사의 '최고 고객' 을 상대하고 있다는 사실을 알 수 있도록 하라. 전화를 걸어오는 상대방을 확인해 자동으로 특별 고객 상담원과 연결되는 시스템을 지원하라. Q1 고객에게 전화가 걸려오면 자동으로 맞춤식 서비스를 해주는 특별 그룹과 연결될 수 있도록 하는 것이다.

가장 중요한 핵심은 Q1 고객을 기쁘게 하는 것—그들을 위해 무엇을 할 수 있는가에 지속적으로 초점을 맞추고, 한 순간이라도 그 반대의 경우가 생기지 않도록 하는 것—이다. 허츠 골드 클럽(Hertz Gold Club)은 이러한 작업을 성공적으로 수행하고 있는 좋은 예이다. 클럽의 멤버들은 면허증만 보여주면 곧바로 차를 가져갈 수 있다. 일일이 카운터에서 확인 절차를 밟을 필요가 없다. 고객의 이름과 고유 번호가 전광판에 안내되면 트렁크도 열려 있고 바로 떠날 수 있도록 시동까지 걸려 있다.

블루밍데일의 우선 고객 프로그램(Preferred Customer Program)도 좋은 예이다. 블루밍데일에서 일정 수준의 물품을 구입한 고객은 자주 구매하는 브랜드의 신상품이 매장에 도착하는 대로 연락을 받게 된다. 경쟁업체보다 훨씬 많은 텔레마케터들을 활용하고 있는 이 회사는 Q1, Q2 고객으로의 전환율이 40에서 50퍼센트는 될 것이다.

항공사들은 마일리지 누적 프로그램을 통해 최고 고객을 분류하고 각별하게 대우해왔다. 나는 다른 고객을 잃을지도 모른다는 우려 때문에 퀸타일 전략의 도입을 받아들이지 않고 있는 클라이언트들을 대할 때마다 항공사의 예를 들어주곤 한다. 항공사들은 최악 고객들의 바로 면전에서 보란 듯이 최고 고객들에게 특별 서비스를 제공해왔다. 그렇게 함으로써 그들은 우리에게 최악의 고객이란 참을성이 많다는 사실을 가르쳐주고 있는 것이다. 나는 플래티늄 서비스를 받을 수 없다는 이유로 항공사를 바꾸지 않는 사람들을 수없이 보아왔다. 이를 통해 우리는 고객에 대한 대우에는 차별이 있어야 하며 비즈니스와 고객은 서로 혜택을 주고받는 호혜적인 계약 관계에 있다는 사실을 배울 수 있다.

당연한 말이지만 모든 비즈니스 카테고리에서 기업들은 Q1, Q2 고객을 확보하기를 원한다. 그 전쟁에서 승리함으로써 얻게 되는 전리품의 가치는 엄청나다. 사실 Q1 고객으로부터 얻어지는 이윤은 Q5 고객으로부터 얻는 이윤보다 자그마치 30에서 50배에 이르기 때문이다. 그래서 다른 경쟁사의 Q1 고객을 빼앗아 오는 것은 기업 입장에서는 커다란 승리가 아닐 수 없다. 현명한 기업들은 이미 다른 브랜드의 Q1 고객을 이끌어오는 방향으로 회사의 고객 확보 전략을 조정하고 있는 중이다. 예를 들면, 기존 브랜드에서 얻었던 모든 혜택을 그대로 제공해주겠다는 약속을 제시한다. 그리고 "브랜드를 바꿔만 보십시오. 다른 사람들은 오래 기다려야 하지만 당신에게는 곧바로 최고 고객의 특권을 제공할 것입니다."라고 말하면서 VIP 카드를 부여해주는 것이다. 마치 스포츠 구단에서 스타급 선수를 영입할 때 쓰는 보너스 전략처럼 말이다.

하지만 그와 반대로 원하지 않는 고객—Q5 고객들—도 있다. 이들을 차별대우하라는 제안을 하려는 것은 아니다. 단지 그들을 무시하는 것이 효과적인 방법일 것이라는 말이다. Q5 고객들은 어쩌다 매장에 들러 구매한다든가 더 싼 가격에 제공하는 경쟁업체로 이리저리 옮겨 다니는 습성을 여전히 고수할 것이다. 이는 가격 할인 정책을 특별히 현명하게 사용해야 하는 또 하나의 이유라고 할 수 있다. 우리가 이미 살펴보았던 것처럼 가격 정책으로는 고객을 유지할 수 없다. 이제 그 이유를 알 수 있을 것이다.

Q1과 Q2에 해당하는 잠재 고객에게 초점을 맞춘 경쟁적인 고객 확보 프로그램은 넥스트 이코노미에서 성공하기 위해 필요한 가장 중요한 무기가 될 것이다. 요약하자면, 그 전략이란 다음과 같다.

- Q5 고객을 낙담시켜라.
- Q4 고객을 무시하라.
- Q3 고객을 끌어와라.
- Q1, Q2 고객을 유지하는 데 총력을 기울여라.

매스 마케팅의 끈질긴 생명력

일단 고객 기반을 퀸타일 관점으로 생각하기 시작했다면 마케팅과 광고는 Q1과 Q2 고객에 초점을 맞추어 집행되어야 할 것이다. 하지만 대부분의 회사들은 이를 제대로 인식하지 못하고 있다. 우리의 마케팅과 광고 프로그램은 아직도 매스 마케팅 위주로 운영되고 있으며, 이 때문에 대부분의 마케팅 비용이 모든 퀸타일에 걸쳐 골고루 배분되고 있는 것이다. 기업들은 가장 저렴한 비용으로 1,000명의 수용자들에게 브랜드를 눈에 번쩍 띄게 만들어주는 광고 대행사와 미디어 회사를 선호하고 있고, 이로 인해 기업들은 상위 퀸타일보다는 하위 퀸타일을 대상으로 비용을 쏟아 붓고 있다. 그리고 마케팅 프로그램도 중간 고객—즉 Q3 고객—들에게 호소하기 위한 방향으로 수립되고 있다.

그 결과, 우리의 마케팅 노력 대부분은 가장 중요한 고객들과 어떤 특별한 관련성도 맺지 못하고 있다. 최악의 고객을 최고 고객과 동등하게 대우하고 있을 뿐만 아니라 브랜드에 아낌없는 지원과 충성심을 보여주고 있는 최고 고객에게 감사의 표시도 제대로 하지 못하고 있는 것이다.

넥스트 이코노미에서는 이런 문제들이 본격적으로 그 심각성을 드러내게 될 것이다. 넥스트 이코노미에서 마케팅 자금은 과거 그 어느 때보다 줄어들 수밖에 없다. 어째서일까? 마케팅 예산은 매출에 대한 비율로 산정된다는 점을 기억하자. 이는 수요가 둔화되는 암흑기에는 마케팅 예산 또한 줄어들 수밖에 없다는 것을 뜻한다. 이제 그 마케팅 예산을 어떻게든 가능한 한 효과적으로 집행하고자 하는 문제가 그 어느 때보다 중요하게 될 것이다.

Q1, Q2 고객에 효과적으로 접근하는 데 있어 매스미디어로는 수용자에 차별을 두어 접근할 수가 없다. 방송이나 신문 같은 매스미

디어의 지면이나 공간을 사면 엄청나게 폭넓은 수용자층에 닿을 수 있을 것이다. (즉, 대중 시장에 닿을 수 있다는 말이다.) 그리고 지금까지 살펴본 것처럼 광고의 효율성을 측정하는 기존의 방법은 저렴한 비용에 초점을 맞추려는 경향이 있다. 케이블은 이러한 관점에서 보았을 때 특정 상품 카테고리에서는 어느 정도 유용한 매체라고 할 수 있다.

넥스트 이코노미에서 매스 타기팅(mass targeting)이라는 총체적 컨셉트는 의미가 없다. 이는 최고 고객을 규명하고 초점을 맞추는 것과는 아무런 상관이 없고 투자에 대해 아무런 반응도 보이지 않는 수백만 명의 사람들에게 자원을 낭비하는 최소공통분모 컨셉트일 뿐이다.

텔레비전 광고나 다른 매스 커뮤니케이션 방식이 전혀 가치가 없다는 이야기는 아니다. 구경제의 몇몇 기업들은 거대한 시장을 유지하기 위해 매스 커뮤니케이션이 꼭 필요했고, 이러한 거대한 규모를 근간으로 성공을 이루기도 했다.

예를 들어 코카콜라는 구경제 모델을 기초로 가장 성공적인 브랜드를 구축한 기업이다. 이런 기업들도 넥스트 이코노미에서는 기존 형태를 고수할 수는 없을 것이다. 그러나 넥스트 이코노미를 맞아 코카콜라 같은 초우량 기업의 전략을 뜯어고쳐야 한다고 주장할 정도로 용감한 사람이 있을까 싶다.

이와는 대조적으로 게이터레이드(Gatorade) 같은 브랜드는 특수한 욕구를 위해 특별한 제품을 만들 수 있으며 Q1, Q2 고객을 대상으로 마케팅 전략을 구사할 수 있다. 칼슘이나 철분이 강화된 특별한 오렌지주스도 좋은 예이다. 그러나 콜라는 이런 식으로 마케팅

할 수 없다. 물론 코카콜라 회사도 넥스트 이코노미에 맞추어 새로운 브랜드를 만들 수 있고, 실제로도 만들고 있다. 그러나 기존의 콜라 브랜드는 소비에 있어 북미보다 한 세대 정도 뒤처진 나라들을 집중 공략함으로써만 매출 증진이라는 결과를 얻을 수 있을 것이다.

걱정할 필요는 없다. 코카콜라는 쉽게 무너지지 않을 것이다. 코카콜라는 가장 위대한 브랜드요, 가장 위대한 기업이다. 이와 비슷한 대중 시장 제품 중 거대 맥주 브랜드들을 살펴보자. 그들은 애주가들을 대상으로 미디어—특히 스포츠 중계 시간대를 중심으로—를 통해 매스 광고를 집행함으로써 거대한 수용자층을 공략해왔다. 한두 개의 거대 맥주 회사들(안호이저 부시나 밀러 같은)만이 이 전쟁에서 승리할 가능성이 크다. 매스 커뮤니케이션 전쟁은 많이 뿌린 만큼 승리하게 되어 있는 힘의 전쟁이기 때문이다. 하지만 그럼에도 불구하고 맥주 카테고리의 Q1 고객들도 세분화될 수는 있다. 지방의 양조장과 특제 브랜드의 매출이 급증하고 있는 것이 그 증거이다. 제대로 된 퀸타일 전략을 효과적으로 구사하기만 한다면 이 '작은 거인' 들이 전쟁에서 반드시 실패한다고 할 수는 없다.

매스 커뮤니케이션 도구라 할지라도 넥스트 이코노미 모델로 향하는 중에 있는 브랜드에는 특별히 먹히는 때가 있다. 인위적으로 판매를 자극하고 일시적으로 소비를 증강시켜야 할 필요가 있을 때 Q4, Q5라는 거대한 기반을 이용할 수 있기 때문이다. 예를 들어 특정 상품의 수요를 잘못 판단해서 생긴 수많은 재고를 처분하고자 할 때 Q4, Q5 고객에게 접근하지 않는다면 그 목적을 달성할 수 없다. 또 분기 내에 할당된 판매량을 달성하지 못해 일시적인 판매량

수정이 필요할 때도 있다. 이럴 때 매스 마케팅은 제 몫을 할 수 있을 것이다.

중요한 것은 대부분의 기업에 있어 매스 마케팅은 정규적인 전략이 아니라 필요할 때마다 수시로 투입되는 전술로 활용될 것이라는 점이다. 명심해라. 이러한 전술은 일시적인 소비를 부추길 수는 있지만 브랜드 자산을 구축하는 데는 아무런 도움이 되지 않는다.

서서히 죽음을 향해

구경제가 완전히 숨을 거둔 것은 아니다. 신경제도 마찬가지다. 그러나 넥스트 이코노미는 점점 더 그 세력을 키우고 있으며, 머지 않아 비즈니스 전쟁터에서 승리하게 될 차세대 승자를 가려낼 것이다. 넥스트 이코노미의 회사들은 이미 구경제의 거대 기업들의 점유율을 조금씩 빼앗아가고 있으며, 그들의 힘과 기존의 과점에 의한 지배를 무너뜨리고 있다. 특수 음료가 조금씩 코카콜라와 펩시의 왕좌로 다가가고 있다. 소규모 양조장, 수입 맥주, 그리고 다른 독특한 음료들이 점점 버드와이저와 밀러의 시장 점유율을 갉아먹을 것이다.

구경제에서 규모의 경제와 구매 효율성을 이용해 성공한 브랜드들은 개인화로 특징지어지는 넥스트 이코노미 전략에는 불리한 상황에 놓여 있다. 대부분의 B2C, B2B 브랜드들은 이런 식으로 각자의 시장을 지배해왔기 때문에 이제 본격적으로 그 세력을 드러내려는 새로운 시장의 역동성에 당황스러워하고 있다.

2010년 무렵이면 퀸타일 마케팅을 통해 최고 고객에 초점을 맞추고 고객과 브랜드 간에 강력하고 깊은 관계를 구축해온 기업들만이 이윤 면에서 우위를 차지할 수 있다는 사실이 명백히 드러날 것이다. 그리고 매스 마케팅과 매스 커뮤니케이션만을 계속 고집해온 기업들은 자기도 모르는 사이에 별로 신경 쓰지 않던 가랑비에 온 몸이 젖고 말았다는 사실을 절감하게 될 것이다.

네 가지 R

결국 대부분의 제품과 서비스에 있어서 전체 시장이 수축되는
다가오는 디플레이션 환경에서는 성공이란
당일 매출액이나 전년도 대비 매출액,
또는 다른 전통적인 방식으로 측정되지는 않을 것이다.
성공의 기준은 이윤, 그 이상도 이하도 아니다.

the Next Economy

이제까지 했던 이야기들을 다시 한 번 돌아보도록 하자. 우리가 목격하고 있는 것처럼 전통적인 마케팅에 의존하고 있는 비즈니스들은 커다란 난관에 봉착해 있다. 기업이 경험하고 있는 어려움— 최소 마진 판매 증가, 고객 충성도 쇠퇴, 이윤 폭 감소 등—은 특정인의 잘못이나 실수 때문이 아니다. (물론 각각의 비즈니스가 져야 할 책임은 있다.) 이는 우리 코앞으로 다가온 대대적인 비즈니스 변동의 징후이다. 조만간 우리에게 다가올 사회적·인구통계학적·경제적 트렌드의 상호 작용을 통해 일어나는 피할 수 없는 결과인 것이다. 이제 곧 우리는 심각한 경기 하락과 디플레이션의 시대, 즉 넥스트 이코노미를 맞게 된다.

현재 이런 대격변에 완벽하게 대응할 수 있는 준비 체제를 갖춘 기업은 거의 없다. 대부분의 기업들은 여전히 그들의 제품과 서비스를 시대에 뒤처졌을 뿐만 아니라 비효율적인 기존의 마케팅 도구, 즉 4P에 맞추어 비즈니스를 운영하고 있다. 이러한 기법은 장기적인 브랜드 자산을 구축하기보다는 단기적인 판매량 증진에만 초점을 맞추고 있기 때문에 구조적 차원에서, 또 피라미드형 브랜드 관리 시스템 내에서 많은 문제점을 야기하게 될 것이다. 기업들은 아직도 최고 고객과 가장 많은 이윤을 창출해줄 수 있는 고객에게 초점을 맞추는 방법을 잘 모르고 있으며, 소비자를 이해하기 위해 여전히 전통적인 인구통계학적 척도의 사용만을 고집하고 있다. 이런 자세는 지금까지 우리가 살펴보았던 것처럼 넥스트 이코노미에 비즈니스를 준비시키는 데 아무런 도움이 되지 못한다.

신경제가 우리에게 남긴 것이라고는 스피드나 정보에 전적으로 의존하여 구축된 비즈니스는 운영비용을 조달하는 데 기반이 되어주는 그룹에게 충분히 혜택을 제공하지 못하기 때문에 경제적으로 더 이상 유지할 수 없다는 사실뿐이다. 그들이 의지한 재정의 자산화, 범위성, 저렴한 가격이라는 전략은 사람들이 빠른 스피드와 많은 정보를 원하고 있으며 이러한 욕구가 프리미엄을 창출해줄 수 있으리라는 잘못된 가정에 기초한 것이었다. 이 둘은 모두 틀렸다. 스피드와 정보는 둘 다 필요이지 욕구가 아니다. 신경제에는 이 두 가지가 필요했다. 하지만 우리가 지금까지 살펴보았듯, 필요에는 마진이 없다.

그러나 새로운 환경에 도전받고 있는 마케터들에게 희망이 될 수 있는 새로운 방향—새로운 사고방식—은 분명히 있다. 그 중 하나가 바로 고객을 인구통계학적인 관점—전통적으로 그래왔던 것처럼 고객의 나이, 수입, 교육 정도에 초점을 맞추는—이 아니라 사이코그래픽—가치, 관심사, 바람 등—에 의해 구분해 그들을 필요가 아니라 욕구에 의해 분류하는 것이다. '모든 고객은 똑같다.' 라는 고정관념은 반드시 버려야 한다. 그 대신 나는 퀸타일 관리의 힘을 체험해보라고 권하고 싶다. 마케팅에 있어 이러한 접근 방식은 어떤 비즈니스든 브랜드에 대한 충성도와 기업에 기여하는 수익성의 정도를 기준으로 전체 고객을 다섯 개의 영역으로 분류하는 것이다. 우리가 보았듯 충성도와 기여도, 영향력이 가장 높은 고객들은 퀸타일 1과 2—전체 고객 기반의 상위 40퍼센트—로 분류되는데, 이들은 수익성 차원에서 기업에게 가장 중요한 의미를 갖는다. 만일 그들이 구매하는 이유(why)를 간파하고 마케팅 초점을 그에 맞춘다면 비즈니스가 성공할 가능성은 커진다. 그렇게 하지 않는다면 오늘의 고객이 내일도 찾아와준다는 어떤 보장도 없이 그 날의 할당 판매량을 채우는 데만 급급하게 될 것이다.

그러나 그것으로 된 것은 아니다. 목표 시장—가장 확보하고자 하는 Q1, Q2 고객—을 알고 있다면, 이제 그들에게 의미 있는 마케팅 전략을 창출해야 할 것이다. 이때 전통적인 4P—가격, 제품, 장소, 프로모션—는 더 이상 제 기능을 하지 못한다. 따라서 새로운 마케팅 도구 체계가 필요하다. 이는 새로운 시장 환경의 현실을 제대로 이해하고 적절히 반응할 수 있는 것이 되어야 할 것이다. 나는 이를 '네 가지 R' 이라 부른다.

구경제의 네 가지 P는 제조업체에서 소비자로 제품과 서비스가 이동하는 흐름을 관리하는 데 초점을 맞추었다. 신경제는 테크놀로지와 스피드에 가장 중점을 두었다. 넥스트 이코노미는 고객과 만나는 모든 접촉점을 관리하고 브랜드와 최고 고객 간에 수익성 있는 관계를 구축하는 것에 주력해야 한다. 네 가지 R은 넥스트 이코노미에서 브랜드를 구축하는 데 내가 제시하는 세번째 전략이라고 할 수 있다.

새로운 마케팅 공식

기존의 마케팅 공식을 다시 한 번 짚는 것으로 시작해보자.

$$\text{브랜드 가치(Brand value)} = \frac{\text{자산(Equity)}}{\text{가격(Price)}}$$

앞에서 설명한 것처럼 *브랜드 가치(brand value)*는 기업이 제공하는 제품과 서비스의 값어치를 말한다. 가격(price)은 비용을 가리킨다. 이 둘의 격차가 자산(equity)이다. 그리고 마케팅의 궁극적인 목적은 자산을 구축하는—원래 브랜드가 가지고 있는 것보다 더 막강한 프랜차이즈, 더 강력한 고객 관계를 부여하는—것이다.

제품과 서비스의 자산 값이 클수록 브랜드 가치는 커지게 된다. 그리고 가격의 안정성 또한 높아진다. 그런데 오늘날 대부분의 산업 영역에서 더 이상 자산이 그 무게를 더하지 못하고 있다. 사실 계속해서 무게가 줄고 있는 실정이다. 그 이유는 지금까지 앞에서 살펴본 바와 같다. 바로 4P의 죽음이 문제의 핵심이다. 제품, 장소, 프로모션을 기반으로 브랜드를 차별화하는 것이 불가능하다면—

사실, 현실적으로 차별화하지 못하고 있다―브랜드 자산을 구축하는 데 있어 네 가지 P는 그 토대가 되어줄 수 없다는 말이다. 기존의 공식에 따르면 가격이라는 요소는 남아 있긴 하다. 그리고 마케팅 전략이 오로지 가격 할인 정책을 중심으로 세워진다면 그 기업의 미래는 죽음뿐일 것이다.

오늘과 내일의 마케팅 현실을 그대로 반영해줄 수 있는 마케팅 공식의 새로운 버전이 필요한 때다. 기업들은 수는 더 적지만 더 높은 수준의 고객에 의존해야 할 필요가 있으며, 사람들은 제품과 서비스를 필요가 아니라 욕구에 의해서 구매한다는 사실, 그리고 피라미드형 모델에서 공동체적 모델로, 즉 미래 지향적인 마케팅 관리 구조가 필요하다는 사실을 반영할 수 있는 공식 말이다. 새로운 공식이란 다음과 같다.

$$\text{브랜드 가치} \atop \text{(Brand value)} \ = \ \frac{\substack{\text{관계,} \qquad \text{단축,} \qquad \text{관련성,} \qquad \text{보상} \\ \text{(Relationships) (Retrenchment) (Relevancy) (Rewards)}}}{\text{가격(Price)}}$$

위에서 보는 바와 같이 기존의 마케팅 공식에서 자산 부분이 '관계(relationship)', '감축(retrenchment)', '관련성(relevancy)', '보상(reward)' 이라는 네 부분으로 확대되었다. 이 새로운 네 가지 요소가 바로 오늘날 브랜드 자산을 수익성 있게 구축할 수 있는 전략을 만들어주는 초석이 되어줄 네 가지 R이다. 나는 이 네 가지 R과 가격 간의 관계를 명확하게 보여주기 위해 공식에서 네 가지 R을 가격 *위에* 놓았다. 네 가지 R의 값이 증가함에 따라 가격에 대한 브랜드 가치 값도 증가한다. 브랜드 자산 값이 커지면 고객에게 인식되는 브랜드의 가치도 올라가며, 제품이나 서비스의 가격이 올라갈수록 비즈니스의 이윤 폭은 높아진다.

네 가지 R에는 각각 두 가지의 *핵심 역량(Core Competencies)*—각 비즈니스를 차별화시켜줄 성공적인 접근법을 개발하는 데 반드시 필요한 핵심적인 기술—이 관련되어 있다. 네 가지 R과 관련된 8가지 핵심 역량은 넥스트 이코노미에서 브랜드 가치를 구축할 수 있는 8가지 방법을 제시해준다.

이제 네 가지 R, 그리고 그와 관련된 핵심 역량들에 대해 자세히 살펴보도록 하자.

첫번째 R: 관계(Relationship)

기존의 마케팅 도구 체계인 네 가지 P는 마케팅의 중심에 개별적인 거래량만을 놓았다. 이는 당시로서는 잘못된 접근은 아니었다. 필요에 기초한 세계였던 1950년대에 마케터들이 해결해야 할 중심 과제는 소비자에게 기업이 제공하는 상품들의 용도를 알리는 것이었다. 일단 그 단계에 성공하자마자 베이비 부머라는 막강한 소비자 권력에 의해 대대적인 수요가 형성되었다. 하나의 판매가 끝나면 항상 또 다른 고객이 줄을 서 있었다.

오늘날의 마케팅은 개별적인 거래에만 초점이 맞추어져서는 안 된다. 대신 기업과 최고 고객 간에 강력하고 지속적인 관계를 수립하는 데 주력해야 한다. 가장 중요한 척도는 고객의 지출 점유율 (share of customer spending, SOCS)이다. 취급하는 상품이 무엇이건 간에—옷, 컴퓨터, CD, 식품, 금융 서비스 등—기업의 목표는 고객이 사고자 하는 제품과 서비스의 공급자가 되어야 한다는 것이다. 이때 중요한 것은 시간당 판매량보다는 표적 고객에 초점을 맞추는 것이다.

구경제와 신경제에서는 판매만이 관계의 최종 목표였고, 앞서 지출된 막대한 마케팅 경비가 책임져야 하는 자기 몫이었다. 그러나 넥스트 이코노미에서 매출은 관계의 시작일 뿐이다. 고객의 수가 현저하게 줄어들면서 최고 고객이란 최대한 자주 방문하는 고객들이 된다.

넥스트 이코노미에서 브랜드 가치를 구축하는 핵심적인 전략이란 목표 시장의 구성원들과 독특한 *관계*를 형성하는 것이다. 나는 이런 관계를 만드는 데 효과적으로 이용할 수 있는 두 가지 핵심 역량을 발견했다. 바로 *서비스*와 *경험*이다. 이 둘에 대해 알아보자.

서비스

서비스의 질은 물론 모든 비즈니스가 오랜 세월 동안 심사숙고해 온 주제이다. 『당신에게 타격을 가하는 서비스(knock-your-socks-off service)』의 비밀을 설명하는 수많은 책들이 넘쳐나고, 직원들에게 질 높은 서비스 마인드를 주입시킬 수 있다고 장담하는 수많은 서비스 전문 컨설턴트 업체와 트레이너들이 있다.

소비자의 입장에서 우리는 타이어의 반품을 요구한 고객에게 그 자리에서 전액 환불을 해주었다는—그 제품을 취급하지도 않았는데도 불구하고—노드스트롬(Nordstrom)의 전설적인 매니저의 이야기—사실인지 아닌지는 의심스럽지만—를 들어보았을 것이다. 그런 한편 그런 황당한 서비스 이야기는 우리를 괴롭혔다. (안타깝게 도 오늘날 이런 종류의 이야기들이 점점 더 많아지는 것 같다.)

그러나 서비스에 대한 이야기는 무성한데, 정작 기업들은 그것이 진정으로 의미하는 바가 무엇인지를 이해하지 못하고 있다. 전통적으로 서비스는 쇼핑 지원을 의미한다. 소매업체의 관점에서 보자면, 이는 고객이 원하는 상품이나 서비스를 찾아줄 수 있는 유능하고 지식 있는 판매원을 배치해 구매가 정확하고 신속하게 이루어지도록 돕는 것을 말한다. 온라인에서는 고객이 쉽고 정확하게 구매 단계를 밟아 쇼핑 카트에 원하는 상품을 담고 신용카드나 다른 지불 수단을 이용해 거래를 마치도록 돕는 것을 의미한다. 이때 고객에게 불편이나 불쾌감을 주지 말아야 하며, 고객이 도움을 필요로 할 때 언제든 도움을 줄 수 있어야 한다.

물론 이런 것들은 분명 필요하고 중요하며, 종종 결여돼 있는 것이기도 하다. 그러나 마케팅 전략으로서 서비스는 그 이상의 무엇이 있어야 한다. 사실 서비스는 북미 비즈니스가 직면하고 있는 가장 커다란 과제 중의 하나다. 온라인이건 오프라인이건 간에 고객들은 현재의 서비스 수준에 전반적으로 실망하고 있다. 그리고 고객들이 서비스에 대해 불평할 때는 단지 유통 환경에서 구매를 도와주는 서비스의 질에 대해서만 실망하는 것은 아니다. 제품이나 서비스를 사용해본 경험을 통해서뿐만 아니라 구매를 처음으로 고려하는 순간부터 고객은 *브랜드와 그 회사를 총체적으로 만나는 것*으로 간주한다. 서비스를 효과적인 마케팅 도구로 이용하고자 한다면 이런 프로세스의 모든 단계를 점검 및 재고하고 재디자인할 필요가 있다. 고객과의 모든 접촉점이 서비스를 제공할 수 있는 기회인 동시에 그들을 *기쁘게 해줄 수 있는 매개점*이 되기 때문이다.

물론 판매 프로세스의 질을 개선하는 것도 중요한 해결책 중의 하나다. 소매업체들은 무엇을 팔아야 하는지는 물론, 고객의 욕구에 맞추어 제품 및 서비스를 제대로 사용하고 결합할 줄 아는 인력—고객을 매장으로 끌어올 수 있는 명백한 서비스 인력뿐만 아니라 스스로 인식하지는 않고 있지만 회사 내부에 숨어 있는 인력들을 포함해—을 고용하고 계발하는 것이 절대적으로 필요하다. 그리고 온라인 유통업체들은 고객들이 관련된 카테고리나 제품, 서비스뿐 아니라 액세서리나 부가 상품으로까지 구매를 확대할 수 있도록 지원해주는 웹 사이트를 만들어야 한다.

위대한 서비스란 예의 바르다거나 고객의 질문에 대해 구매가 이루어지는 시점에서 명쾌하게 대답을 해주는 것뿐만 아니라 고객의 욕구를 규명하고 그 욕구를 충족시켜주는 일에 적극적으로 임해야 함을 의미한다. 판매를 하는 데 있어 좋은 서비스를 위해서는 고전적인 마법의 단어, '~해주시겠습니까(Please)'와 '고맙습니다(Thank you)'뿐 아니라 다음과 같은 말도 필요하다.

"2월에 가실 만한 최고의 해변을 찾고 계시다면, 멕시코와 플로리다 모두 좋습니다. 우리는 고객님을 위해 특별 가격으로 세 곳의 최상급 리조트에 특실을 확보해두고 있습니다. 사진을 몇 장 보여드리지요."

"귀사가 이 새 컴퓨터로 그래픽 작업을 많이 하셔야 한다면 더 큰 모니터를 고려하셔야 합니다. 여기 우리 회사가 새롭게 출시한 대형 스크린 모니터들이 있습니다. 지난달에 최고 권위의 컴퓨터 잡지에서 훌륭한 제품 평을 얻은 바 있지요."

"식탁에 정말 잘 어울릴 기가 막히게 아름다운 동램프가 다음 주에 도착합니다. 도착하는 대로 전화로 알려드릴까요?"

소매업체 입장에서 서비스란 특정 고객을 신속하게 파악하는 법을 터득해 그 고객과 적절한 관계를 이어가는 데 활용할 수 있도록 직원을 교육시키는 것을 뜻한다. 취급하는 제품 및 서비스의 특성과 고객의 욕구를 제대로 알지 못한다면 질 높은 서비스를 제공하기란 불가능하다. 전자를 이해하기란 쉽다. 후자의 경우는 경험과 감정 이입이라는 능력을 요구한다. 그리고 이들은 훈련을 통해 얻을 수 있다. 이러한 종류의 적극적인 서비스를 가능하도록 하려면 보다 지식 있고, 전문적이며, 교육을 많이 받은 판매원이 필요하다. (맞다. 그러려면 지금 수준보다 더 많은 임금을 주어야 할 것이다. 하지만 그 증가분만큼의 가치는 충분히 얻을 수 있다.)

판매원들은 *판매 컨설턴트(sales consultant)*로서의 기능을 담당해야 한다. 이는 단어의 차이만은 아니다. 전통적인 판매원(sales associate)은 회사를 위해 일했지만, 판매 컨설턴트는 고객을 위해 일한다. 고객이 그 차이를 인지하고 즐기게 되면, 전문 판매 컨설턴트는 한 번 경험한 고객이 반복적으로 그 브랜드를 찾는 중요한 이유로 기능하게 된다.

그러나 판매 인력의 수준을 향상시키는 것 외에도 고객을 즐겁고 기쁘게 하는 (기업 입장에서는 보다 수익성 있는) 방법으로는 수많은 것들이 있다. 어떤 방식이 잘 맞는지를 결정하기 위해서는 고객들이 경험하는 방식 그대로 자신의 비즈니스를 스스로 경험해보는 데 시간을 투자하라. 그리고 거기에서 얻은 결과를 고객들의 욕구—
특히 Q1, Q2 고객의 욕구—에 맞추어 그 사업을 변화시키는 데 활
용하는 것이다.

노드스트롬의 훌륭한 명성은 매장 서비스를 잘 해냈던 데 기인한
다. 다른 방식의 서비스 성공 예로는 엄청나게 큰 쇼핑 카트를 끌고
마음대로 복도를 돌아다닐 수 있을 만큼 넉넉한 공간과, 참견하는
수준이 아니라 고객이 질문을 해오거나 찾는 물건이 있을 때 막힘
없이 대답하고 조언해줄 수 있는 노련한 판매원들을 배치한 홈 데
포 같은 대규모 매장을 가지고 있는 업체들을 들 수 있다.

대형 박스 판매를 주로 하는 가전제품 매장은 질 높은 서비스를
제공해야 할 필요가 있다. 이런 상품들에는 거의 모든 종류의 적극
적인 고객 서비스 기회가 내재되어 있기 때문이다. 어떤 매장의 판
매원이 내가 좋아하는 음악과 내 집의 각 방에 적당한 크기와 배치
를 조언해주기 위해 시간을 할애한다, 그리고 그에 따라 스테레오
스피커의 선택을 도와준다고 상상해보아라. 누구라도 기꺼이 그
매장의 평생 고객이 될 것이다.

안타깝게도 (내가 아는 한) 대형 가전제품 체인 중 이런 서비스를
실시하고 있는 예는 없다. 오히려 뉴욕의 J&R 뮤직 월드(J&R Music
World) 같은 작은 체인점이나 소규모 단독 매장들이 훨씬 수준 높
은 서비스를 실시하고 있다. 가족 모두가 운영에 참여하고 있는 포
춘오프(Fortunoff) 체인의 예를 들어보자. 이들은 가족들이 살고 있
는 뉴욕 집에서 몇 시간씩 떨어진 위치에는 매장을 내려 하지 않을
만큼 질 높은 서비스와 전문성을 소중히 여긴다. 회사의 매니저들
이 적극적으로 감독하고 지휘할 수 있는 상황이 아니라면 차라리

매장을 안 내는 편이 낫다고 생각하는 것이다.

가전제품 소매업과 마찬가지로 컴퓨터 소매업도 서비스가 마케팅 전략의 하나로서 충분히 이용되지 못하고 있는 영역이다. 이는 소비자들이 컴퓨터를 직접 만들어 판매할 만큼 컴퓨터에 대해 식견 높은 사람들에게 제품을 구매하고자 온라인상의 직접 제조업체로 몰리고 있는 주된 원인이다. 역사적으로 보았을 때 컴퓨터 소매업은 서비스를 통한 가치 창출보다는 중개자로서의 역할만을 담당해왔다. 그들이 서비스에 투자를 해왔다면 컴퓨터 판매도 오늘날 이윤을 얻으면서 유통될 수 있었을 것이다. 그러나 그들은 그러지 못했고, 오히려 손해를 보는 경우가 더 많은 실정이다.

한편 델과 게이트웨이는 온라인에서 훌륭한 고객 서비스를 시행해왔다. 그들은 고객들이 구입하고자 하는 퍼스널 컴퓨터를 직접 디자인할 수 있도록 배려했다. 고객들은 먼저 여러 종류의 데스크톱이나 랩톱 모델들 중 마음에 드는 것을 고르고, 각자의 필요에 맞는 모니터의 크기와 형태, 메모리 용량, 소프트웨어 패키지 등 관련 용품을 선택하면 된다. 구매 과정의 모든 단계마다 눈에 잘 띄는 곳에 헬프(help) 버튼을 장착해두었고, 쇼핑 어드바이스뿐만 아니라 기술적 용어들을 표준 영어로 이해하기 쉽게 풀어서 설명해준다. 그리고 컴퓨터 부품의 조합이 모두 끝나면 델은 고객의 주문 사항을 취합하고 며칠만 지나면 원하는 제품을 집까지 배달해준다. 이 모든 과정을 전화로 진행할 수도 있다.

오프라인에서 노드스트롬처럼 온라인 서비스에 관한 한 아마존은 가장 잘 알려진 예이다. 일단 아마존 웹 사이트를 방문하게 되면 누구든 환영 인사를 받는다. 주문을 마치고 나면 감사 메시지가 이메일로 전송된다. 제품이 배송될 때에도 안내문이 배달된다. 주문한 것과 비슷한 주제의 상품에 대한 추천 메일도 꾸준히 받을 수 있다. 그리고 이 모든 과정에 강요나 간섭이 느껴지지는 않는다. 이는 단순히 정보가 아니라 지식에 근거한 서비스이기 때문에 가능한 것이며, 아마존 브랜드와 고객 간의 관계에 가치를 더해주는 것이다.

포장 제품을 취급하는 회사나 소비자들과 간접적으로 접촉하는 다른 비즈니스에서 서비스 역량은 훨씬 중요한 의미를 가진다. 이런 회사들은 거래가 이루어지는 동안 고객이 체험하게 되는 서비스의 질적인 면에 직접적인 영향력을 행사할 수 없다. 이를 보완하기 위해서는 (거래가 아닌) 소비가 이루어지는 동안 고객이 경험하게 될 강력한 서비스 역량을 구축할 필요가 있다.

오늘날 테크놀로지는 좋은 협력자가 될 수 있다. 인터넷과 수신자 부담 전화 서비스는 고객 서비스를 증강하고 강화하는 데 훌륭한 매개제로 이용할 수 있는 것들이다. 필요하다면 외부의 도움도 가능하다. 콜 센터는 B2C 영역의 제조업체들이 판매 후 서비스의 역할이 중요하다는 사실을 깨닫기 시작하면서 하루가 다르게 늘어나고 있다. 이런 현상들은 곧이어 B2B 마케터들도 자극하기 시작했다.

앞서도 언급한 바 있지만, 대부분의 사람들은 나름대로 경험한 기분 좋은 서비스 체험을 가지고 있을 것이다. 여기에서 내가 좋아하는 한 체험담을 소개하고자 한다. 내 친구인 마크(Mark)는 은도금 파커(Parker) 볼펜을 선물로 받고 몇 년 동안 그 볼펜을 애용했다. 어느 날 그는 바닥에 그 볼펜을 떨어뜨려, 볼펜심을 집어넣고 빼는 기능을 하는 플라스틱 부분이 깨지고 말았다.

마크는 파커의 수신자 부담 전화로 서비스 요청을 했고, 전화를 받은 직원은 볼펜을 수리해줄 테니 볼펜을 회사로 보내달라며 특별 제작된 용기를 보내왔다. 그 용기에 볼펜을 담아 보내면서 마크는 수리하는 데 어느 정도 비용이 청구될 것으로 예상했다. 그런데 일주일도 채 안 되어 볼펜이 돌아왔고, 수리비는 무료라는 짤막한 메모가 동봉되어 있었다. 볼펜은 원상복구되었을 뿐 아니라 볼펜의 은도금 장식 부위에 패인 홈 사이의 먼지도 깨끗하게 제거되어 있었고, 잉크 카트리지도 새 것으로 교체되어 있었다.

그 전만 해도 마크는 파커 제품을 자기 돈으로 산 적이 한 번도 없었다. 그 볼펜도 남에게서 선물로 받은 것이었다. 그러나 마크는 이 회사의 서비스를 경험해보고는 자신이 겪은 경험담을 만나는 사람마다 붙잡고 이야기를 해주었고, 모든 사람에게 파커 펜을 추천했다.

서비스는 전통적으로 거래가 일어나기 전에, 혹은 일어나는 도중에 행해지는 것으로 규정돼왔지만 이제는 거래가 일어난 후, 즉 사후 서비스의 중요성이 점점 강조되고 있다. 지속적인 고객 관계란 판매가 끝났다고 해서 종결되는 것이 아니다. 아니, 바로 그때부터 시작되는 것이다. 바로 이런 이유 때문에 판매 후 서비스가 중요한 의미를 갖는 것이다. 이는 여러 가지 형태로 이루어질 수 있다.

- 제품에 대한 기본적인 질문에 대답할 수 있는 지식을 갖춘 배달 인력을 배치해 신속하고 전문적이며 예의 바른 배달과 설치가 이루어지도록 하라.
- 배달이 완료된 시점에서 1주일 정도 지난 후 혹시 불만은 없는

지 전화를 걸어 확인하라.

- 구매가 이루어지고 몇 주, 혹은 몇 달이 지난 뒤에도 현명하고 신속하며 정중한 전문가의 기술적 지원이 이루어지도록 하라.
- 보증 기간과 관계없이 전문적이고 정중하며, 신속하고 친절한 수리, 교체, 업그레이드 서비스를 제공하라.
- 제품이나 서비스의 새로운 활용법이나 고객의 시선을 끌 수 있는 새로운 개발 사항을 뉴스레터와 웹 사이트를 통해 지속적으로 전달하라.

현재 이런 서비스를 실시하고 있는 중이라 하더라도 체계적인 계획 하에 이루어지는 것은 아닐 것이다. 하지만 이제부터라도 그런 자세는 지양해야 한다.

인터넷은 사후 서비스를 실시하는 데 아주 강력하고 유용한 도구가 되어줄 수 있다. 최근 델에서 랩톱 신모델 컴퓨터를 구입한 어떤 고객—편의상 그를 팀(Tim)이라고 부르기로 하자—은 사소하지만 난해한 문제에 맞닥뜨렸다. 팀은 그 문제를 해결하기 위해 델의 기술팀에 세 번의 전화를 걸어야 했다. 그러나 팀은 델의 신속하고 체계적인 서비스 시스템에 깊은 감명을 받았다. 그가 델에 전화를 할 때마다 5분 이내에 원하는 부서와 연결될 수 있었다. 그리고 통화를 했던 상대는 모두 달랐지만 이전에 상담했던 사람으로부터 관련 내용을 모두 전달해 들은 상태였기에 했던 말을 또 다시 반복할 필요가 없었다. 끙끙대며 컴퓨터를 수리점에 들고 갈 필요도 없었고, 서비스 센터에 2주 동안이나 컴퓨터를 맡겨둘 필요도 없었다. 팀은 델의 기술자들이 가르쳐주는 대로 자기 손으로 수리를 마쳤고, 단한 푼의 수리 비용도 물지 않았다.

이렇게 새로운 마케팅 환경에서 서비스의 정의는 변화하고 있다. 서비스는 이제 구매 경험뿐만 아니라 소비 경험까지 아우르고 있는 것이다.

결론적으로 말해서 네 가지 P가 거래("어떻게 판매를 창출할 것인가?")에 관련된 것이었던 데 반해, 네 가지 R은 거래 이상의 의미("Q1 고객의 평생 가치를 어떻게 이끌 것인가?")를 가지고 있다고 할 수 있다. 고객이 특정 브랜드의 제품이나 서비스를 이용하는 순간—구매 후 일주일, 한 달, 일 년이 지나더라도 마찬가지다—그 고객은 브랜드와 어쨌든 관계를 맺게 되고, 이 관계는 고객을 기쁘게 혹은 화나게 할 수 있는 기회를 의미한다. 결제가 끝나자마자 고객을 무시함으로써 마지막 순간에 모든 것을 망가뜨리는 잘못을 범해서는 안 된다. 고객과의 관계는 하룻밤의 불장난이 아니라 결혼과도 같은 장기적인 것이다.

이는 포장 상품 제조업체에게도 중요한 의미를 갖는다. 너무나 많은 경우 그들은 고객 서비스에 대한 책임을 소매업체에 떠넘긴 채 별로 주의를 기울이지 않았다. 그리고 마케팅 예산 절감에만 모든 신경을 쏟았기 때문에 고객을 위한 비용은 갈수록 그 액수가 줄어들고 있다. 그나마 소비된 비용도 미래의 구매 결정에 별다른 관련성을 갖지 못했기 때문에 결국 브랜드를 구축하는 데 실패하고 말았다. 수신자 부담 전화, 온라인 전문가, 그리고 다양한 형태의 사후 서비스를 시행하는 데 투입되는 마케팅 자금은 브랜드 자산을 위한 진정한 초석이 되어줄 뿐 아니라 기업에 장기적으로 엄청난 수익을 가져다준다는 사실을 알아야 한다. 그리고 이런 투자비용

은 대중 광고에 쏟아 붓는 막대한 광고비에 비할 수 없는 가치를 창
출하게 될 것이다.

경험

관계 전략의 두번째 핵심 역량은 *경험(Experience)*이다. 이러한
역량을 중심으로 비즈니스를 구축한 회사들은 고객들에게 제품이
나 서비스를 제공할 때 독특하고 즐거운 보상으로서 거래하고 사용
할 수 있는 경험을 제공하기 위해 노력해왔다.

물론 서비스와 마찬가지로 경험 역시 새로운 개념은 아니다. 단
지 새로운 관점이 필요할 뿐이다. 다른 핵심 역량과 마찬가지로, 경
험 역시 역사적으로 훌륭한 비즈니스에는 항상 존재해왔다. 그러
나 내일의 마케팅 환경에서는 이전과는 또 다른 새로운 중요성을
가지게 될 것이다.

소매업에 대한 이야기부터 시작해보자. 사람들은 항상 독특한
쇼핑 경험을 좋아해왔다. 최고의 쇼핑은 경제적 경험이었을 뿐만
아니라 사회적·감각적·미적 경험이었다. 중세 시대에 상인들과
고객들은 시각적으로, 후각적으로, 청각적으로, 촉각적으로 보다
좋은 물건을 찾아 볼로냐와 프랑크푸르트까지 먼 여행길을 마다하
지 않았다. 르네상스 시대에는 온 도시마다 근사한 쇼핑 거리며 상
점가가 구축되어 귀족에서 평민들까지 모든 사람들이 아시아, 아프
리카, 신대륙으로부터 흘러 들어온 의류, 식료품, 공예품 등을 흥정
하곤 했다. 그리고 오늘날에도 5번가(Fifth Avenue)나 로데오 드라
이브(Rodeo Drive) 같은 유명한 매장들이 모여 있는 거리는 사람들
로 하여금 흥분과 경이감에 넋을 잃게 만든다. 그리고 보면 오래 전

부터 사람들은 (최소한 직관적으로나마) 구매 행위에는 심리적인 면과 육체적인 면 모두가 중요하다는 사실을 이해하고 있었던 듯하다.

오늘날 소매업체들은 독특하고 인상적이며 즐거운 구매 경험을 제공해 고객들을 기쁘게 하는 기술을 다시 배워야 한다. 매장이라는 극장은 그런 경험을 제공할 수 있는 중요한 접촉점이며, 경쟁업체들이 저마다 내놓는 엇비슷한 제품들 속에서 확실한 차별성과 강력한 충성도를 구축할 수 있는 장이다. 경험이란 판매자와만 관련된 이슈는 아니며, 상품화 전반에 걸쳐 있는 이슈다. 또 경험은 서비스와만 관련된 개념도 아니다. 경험은 쇼핑이나 소비 행동에 대한 섬세한 반작용이다.

고객을 끌어들이기 위해 소매 경험이 반드시 이국적이거나 사치스러워야 할 필요는 없다. 수수한 외관에 밋밋한 쇼핑 카트를 구비해놓은 클럽 매장으로도 많은 사람들에게 즐거움을 주는 색다른 경험을 제공해줄 수 있다. 벼룩시장의 경우를 생각해보자. 그 잡동사니 더미에서 어쩌다 진귀한 골동품을 발견한 순간, 그리고 단돈 5센트 깎으려고 끈질기게 흥정하는 것도 일종의 재미이다. 고객을 기쁘게 해주는 것은 아주 작은 친절에서부터 시작될 수 있는 것이다. 신선한 커피를 무료로 제공해준다든가, 쇼핑하는 부인을 따라다니느라 피곤한 남편들을 위해 편안한 앉을 자리를 제공해주고, 서점에서 책을 찾는 사람들이 책을 훑어볼 수 있도록 큰 책상을 마련해준다든가, 매장 안에 간편하게 요기를 할 수 있는 스낵 코너를 만들어준다든가 하는 작은 친절 말이다.

멋진 구매 경험을 위한 단일한 공식이란 없다. (만약 있다손 치더라도 금방 식상해질 것이고, 흥분시키거나 넋을 잃게 하는 것과는 동떨어진 것으로 전락해버릴 것이다.) 우리의 과제는 경쟁업체에서 구매할 때는 얻을 수 없는 차별화된 구매 경험으로 소비자를 기쁘게 해줄 방법을 찾는 일이다. 오늘날의 비즈니스 환경에서는 모든 업체가 같은 상품, 같은 서비스를 제공할 수 있고, 현재 그렇게 하고 있다. 그렇기 때문에 구매 경험을 독특하게 만드는 것은 고객들에게 그 브랜드를 먼저 떠올리게 만드는 가장 강력한 도구인 것이다.

이미 경험을 마케팅 전략의 중심에 포진시켜 성공하고 있는 소매 업체들이 있다. 디즈니와 워너 브라더스(Warner Brothers)의 스튜디오 매장, 스포츠의 모든 것을 만날 수 있는 나이키의 나이키타운 (Niketown), 시계, 보석류를 취급하는 대형 시계 유통업체인 투르노 코너(Tourneau Corner)가 그 예이다. 또 확 트인 넓은 매장, 다양한 화장품과 향수 브랜드, 고객들이 직접 보고, 만지고, 테스트해볼 수 있는 개방형 진열대로 유명한 프랑스의 화장품 체인점인 세포라 (Sephora)도 빼놓을 수 없다.

그 외에 또 다른 특별한 예가 될 수 있는 것이 급속하게 성장하고 있는 세계적인 레저 장비 업체 중 하나인 배스 프로 숍(Bass Pro Shops)이다. 낚시와 사냥은 엄청나게 큰 비즈니스 카테고리에 속한다. 3,500만 명 이상의 미국인이 매년 여행, 의류, 장비 등 관련 상품에 약 600억 달러를 소비하고 있다. 그리고 얼음낚시나 깊은 숲 속에서의 캠프를 즐길 수 없을 때에는 남는 시간을 낚시, 사냥, 등산 애호가들과 다음 여행을 구상하거나 지난 경험담을 주고받으며 보낸다. 이들에게 특히 최신의 품질 좋은 장비를 쇼핑하는 일은 빠질 수 없다.

중서부를 주 근거지로 하는 카벨라(Cabela's), 버몬트의 오비스(Orvis), 메인(Maine)의 엘엘빈 등 낚시와 사냥 시장에서 성공을 거둔 기업은 여러 개 있다. 이들은 주로 카탈로그나 직판 매장을 통해 제품을 판매한다. 그 중에서도 미주리의 스프링필드를 주된 근거지로 하는 배스 프로 숍이 가장 괄목할 만한 성장을 보이고 있다. 그 비결은 무엇이었을까? 레저광은 물론, 이제 막 관심을 갖기 시작한 초보자 모두를 대상으로 레저의 신비한 매력을 만끽할 수 있는 특별한 구매 경험을 창출하는 데 성공했기 때문이다.

스프링필드에 있는 배스 매장은 그 규모가 자그마치 8,400여 평에 달한다. 그 드넓은 공간에는 보트와 모터에서 텐트, 캠핑 도구, 등산복, 총, 낚싯대, 릴, 미끼, 골프 장비에 이르기까지 레저에 관한 모든 장비가 즐비하게 갖추어져 있다. 그러나 배스 프로 숍에서 이런 용품들만 살 수 있는 것은 아니다. 이곳에는 4층 건물 높이의 폭포, 골프 연습장, 퍼팅 그린, 두 개의 레스토랑, 대형 수족관, 세계 곳곳에서 포획한 다양한 야생동물 박제가 전시된 박물관까지 갖추어져 있다. 보트 레저 코너는 그야말로 보트 쇼를 방불케 한다. 보트에 관한 한 수백 가지가 넘는 다양한 크기와 가격대의 제품이 구비되어 있다. 또 방금 구입한 물건을 사용해볼 수 있는 사격 연습장과 궁술 시범장도 있다. 심지어 방금 자른 머리카락을 미끼로 쓸 수 있도록 머리를 잘라주는 이발소까지 있다.

물론 이처럼 특별한 경험을 창출하고 유지하고 지속적으로 향상시키려면 시간과 돈이 많이 드는 것은 사실이다. 이곳은 그만큼의 가치를 하고 있는가? 배스 프로 숍은 전세계적으로 가장 빠르게 성장하고 있는 사냥, 낚시 장비 공급업체이다. 1998년 한 해에만 무려

4백만 명 이상의 사람들이 스프링필드의 매장을 방문했고, 이틀 이상 머문 사람들도 많았으며, 한 번 방문해서 수천 달러나 쓰고 간 사람들도 많았다. 최근 배스 프로 숍은 플로리다에 두 개, 애틀랜타, 시카고 등에 각각 하나씩 새 매장을 개설했고, 여섯 개의 매장을 준비 중이다.

쇼핑 경험은 온라인 비즈니스에도 막강한 도구가 될 수 있다. 오늘날 대부분의 성공적인 온라인 유통업체들은 온라인 쇼핑 경험을 독특하고 인상적으로 만드는 데 주력하고 있다. 대표적인 온라인 경매 사이트인 이베이의 경우를 살펴보자. 수백, 수천 개에 달하는 이베이의 거래 장은 단순히 물건 판매만을 위한 것이 아니라 같은 기호를 가진 동지들의 거대한 만남의 장이기도 하다. 인상파 그림에서 오래된 영화의 포스터, 골동품에 이르기까지 경매자들은 함께 모여 서로의 의견을 교환하고 거래도 한다. 이런 독특한 경험을 제공함으로써 이베이는 전세계적으로 충성도 높은 고객을 확보하고 있다. (그리고 수익성을 갖춘 몇 안 되는 닷컴 회사로 성장할 수 있었다.)

온라인이든 오프라인이든 소매업체들만 비즈니스 전략의 핵심 요소로 경험을 사용할 수 있는 것은 아니다. 상상력만 발휘한다면, 거의 모든 비즈니스가 강력하고 창의적인 방법으로 경험이라는 핵심 역량을 개발할 수 있다.

그 과정은 구매 경험을 전략적인 자산으로 변형시키는 것에서 시작된다. 은행은 최고 고객이 줄을 서서 기다리지 않도록 배려하고, 소매업체라면 매장의 단골 고객을 위해 매장 안에 개인 라운지를 만들어줄 수 있으며, 웹 사이트라면 신용카드 정보를 거래 때마다 재입력할 필요가 없도록 하고 이메일로 주문 접수, 배송 날짜, 배달

날짜 확인과 피드백이 가능하도록 배려할 수 있을 것이다. 이들 예는 모두 브랜드 자산을 증강시키는 데 쇼핑의 경험을 이용하는 방법 중 아주 간단하고도 효율적인 방법들이다.

또 구매가 이루어진 이후에 제품과 서비스를 이용하고 즐기는 경험에 변화를 주는 방법도 가능하다. 포장 상품을 취급하는 비즈니스라면 더 이상 20센트 깎아주는 할인 쿠폰을 끼워주는 등 가격으로 경쟁하려고 해서는 안 된다. 그 대신 제품과 연관된 경험을 더욱 폭넓고 창조적으로 만들 방법을 생각해야 한다. 이는 꼭 이국적이거나 극적인, 또는 감정적인 호소에 연관될 수 있는 제품에만 국한되는 것이 아니라 거의 모든 상품에 적용이 가능하다.

대부분의 포장 제품은 더 큰 경험의 일부분으로 소비된다. 예를 들어 아침식사 식탁에서 베이컨 같은 제품은 달걀, 우유, 빵, 커피와 함께 소비된다. 또 베이컨을 고급 향수나 최고급 초콜릿처럼 아주 '경험적인' 상품이라고 생각하지는 않을 것이다. (물론 어느 가을 아침 베이컨 굽는 냄새를 인생의 즐거움으로 여기는 고객들은 동의하지 않을 테지만.) 그러나 아이들과 함께 즐기는 일요일의 아침식사는 기업이 제공할 수 있는 의미 있고 즐거운 경험이다. 아빠와 함께 하는 아침식사나 호젓한 근교에서 연인과 함께 하는 아침식사의 경우도 마찬가지다. 이런 경험들은 베이컨처럼 보잘것없어 보이는 상품 카테고리도 고객과 보다 관련된 이벤트로 연결될 수 있는 기회를 제공한다. 스페셜 K(Special K)는 누구나 아침에 먹는 콘플레이크라는 일상적인 상품 카테고리를 먹으면 살이 빠지고 아름다운 몸매가 만들어지며 섹시하게 보일 수도 있다는 특별한 경험과 연결하는 데 성공했다. 위티즈(Wheaties)는 제품을 유명 스포츠 선수와 연계시켰고, 닥터 페퍼(Dr. Pepper)는 개인주의와 연관시켜 특별한 경험을 제공했다.

만약 스스로 이런 연결을 구축하기 힘들다면 전략적으로 제휴 관계를 맺을 수 있는 다른 브랜드를 찾아보는 것도 하나의 방법이다. 베이컨의 경우 커피나 달걀, 주스 회사, 혹은 좀더 과감하게 여행사나 항공사("파리에서 아침을"), 아니면 더욱 과감하게 전화 회사("어버이날에는 부모님께 장거리 전화를 걸어 함께 아침식사를")와 연계를 맺을 수 있다. 유일한 제한은 브랜드 고유의 독특한 소구점과 나름대로의 창의성을 잊지 말라는 것이다.

그렇다면 전술은 간단하다. 브랜드가 구매나 소비에 독특한 경험을 전달할 수 있다고 판단된다면, 그것을 실행에 옮기면 된다. 만약 그렇지 못하다면 인상적이고도 쉽게 연관될 수 있는 다른 중요한 경험들을 연결시키는 방법을 강구하면 된다.

소매업체, 온라인 유통업체, 제조업체, 서비스 공급업체 등 모든 비즈니스는 고객에게 접근하고 고객을 유지하는 데 관계 전략을 구사할 수 있다. 핵심은 고객에게 '서비스'와 브랜드 고유의 독특하고 가치 있으며 인상적인 '경험'을 어떻게 창출해줄 수 있는지에 대해 창의적으로 고심하는 일이다.

두번째 R: 감축(Retrenchment)

앞에서 이제 베이비 부머들이 전통적인 소비 환경에서 철수하기 시작할 것이라고 말한 바 있다. 이런 현상에는 많은 원인들이 있다.

먼저 이는 고령화에 따른 자연스러운 결과이다. 나이가 들면 몸을 움직이고 이동하는 횟수가 적어지면서 쇼핑을 하러 매장을 방문한다거나 시내 중심가로 나가는 일도 줄어든다. 필요는 줄고 욕구는 늘어난다. 1990년대에 나타난 여러 경제적 트렌드들도 그 이유가 될 수 있다. 직장인들은 시간에 대한 압박을 그 어느 때보다 크게 받고 있으며, 구매 활동은 즐거움이라기보다는 최대한 빨리, 효율적으로 끝내야 하는 즐겁지 않은 필수 활동이 되고 있다. 그리고 이는 기업들의 잘못이 크다. 솔직히 기업들은 고객들이 집을 나서서 기업이 제공하는 제품과 서비스를 사러 나가야 하는 충분한 근거를 제공해주지 못하지 않았던가?

감축은 바로 이런 문제를 해결하기 위해 신경제 때 등장한 전략이다. 감축은 고객을 기업으로 끌어들이기보다는 기업이 *고객에게 먼저 다가가고자* 하는 것을 의미한다. 감축 전략을 지원하는 데 사용되는 두 가지 핵심 역량은 테크놀로지와 편리함이다.

테크놀로지

감축 테크닉의 하나는 매장, 브랜드, 서비스를 고객의 집이나 사무실로 옮겨놓는 데 테크놀로지를 이용하는 것이다. 랜즈엔드나 엘엘빈, 릴리언 버넌(Lilian Vernon) 등 대형 DM 소매업체들이 이런 전략을 구사해왔다. 오늘날의 최신 테크놀로지는 이런 접근에 새로운 가능성을 추가해주었다. 온라인 유통업체들이 고객에게 접근하는 과정에 인터넷과 다른 전기적 시스템을 사용함으로써 신속함이라는 경쟁 우위를 차지한 것이다.

아직 모든 비즈니스 카테고리에 온라인 유통업체들의 손길이 닿은 것은 아니지만, 거의 모든 방향으로의 시도가 이루어졌다. 특히 도서, 음악, 여행, 테크놀로지 상품(소프트웨어, 컴퓨터, 전자제품 등) 카테고리는 전자상거래를 주도하고 있으며, 그 배경에는 흥미롭고도 의미심장한 원인이 있다.

첫째, 이런 비즈니스 카테고리는 젊고, 교육 수준이 높으며, 부유한 소비자들의 특별한 관심을 얻고 있는 영역이다. 이들은 인터넷 서핑을 가장 많이 하고 있는 사람들일 뿐만 아니라 넥스트 이코노미에서 가장 주도적인 역할을 하게 될 주체이기도 하다. 시간이 지나면서 이 젊은 소비자들은 관심 영역을 더 한층 확대할 것이며, 이에 따라 거의 모든 유형의 제품과 서비스가 인터넷과 관련되리라는 사실은 짐작하기 어렵지 않다. 넥스트 이코노미의 전략을 구사해 현재 부상하고 있는 새로운 비즈니스 기회를 포착하는 기업에게는 수십억 달러라는 어마어마한 매출 기회가 기다리고 있는 셈이다.

두번째, 온라인 유통 비즈니스가 가장 활성화되고 있는 분야는 구매를 함에 있어 고객, 특히 베이비 부머들이 제품들을 둘러볼 필요가 없는 카테고리다. (책이나 음악 애호가들도 좋아하는 매장에 직접 가서 둘러보는 것을 좋아하는 것은 사실이다. 그러나 정작 구입할 때는 자기가 원하는 책 제목이나 음악가들의 정보에 근거해 구매 결정을 한다.) 그래서 인터넷에서 제공하고 있는 현재 수준의 쌍방향성만으로도 고객들은 그들에게 익숙한 브랜드와 제품을 구매하는 데 충분히 편안함을 느낄 수 있다.

패션 상품 카테고리에 테크놀로지를 적절하게 연관시키려면 몇 년이라는 시간이 필요할지도 모른다. 하지만 조만간 그렇게 될 것이다. 예를 들어 보얀트(Voyant Corporation)는 소비자들이 온라인상에서 시력 검사를 할 수 있고 그를 바탕으로 고객에게 가장 잘 맞는 안경을 고를 수 있으며, 소비자의 사진을 보내면 1만5,000개의 기본 스타일을 시험 착용해볼 수 있는 테크놀로지를 개발하는 데 성공했다. 줌(Zoom)이라고 알려진 영상 조작 프로그램은 인터넷 사용자들이 제품의 모습을 구석구석―예를 들면 청바지나 진 제품의 올을 세밀히 볼 수 있다―살펴볼 수 있도록 해준다. 랜즈엔드의 웹사이트는 고객이 자신의 사진을 입력하면 다양한 스포츠웨어를 마음대로 입어볼 수 있는 컴퓨터 프로그램을 개발하기도 했다. 또한 카펫이나 창문 스타일 등을 다양하게 바꿔볼 수 있는 사이트들도 있다. 인터넷상에서 보고, 듣고, 느낄 수도 있는 더욱 획기적인 테크놀로지가 선을 보일 날도 멀지 않은 것 같다.

또, 오늘날 인터넷상에서 전성기를 누리고 있는 비즈니스 카테고리―도서, 음반, 여행, 테크놀로지―는 현재 디플레이션의 정점에 있다는 사실에 주목할 필요가 있다. 위의 네 가지 카테고리들은 모두 가격 하락 압박을 강하게 받고 있는데, 이는 특히 급격한 무(無) 재고화 트렌드의 영향이 크다. 그 결과 이들 상품 카테고리를 취급하는 제조업체, 소매업체, 유통업자들은 재고로 가득 찬 창고를 유지함으로써 자기 가치를 매일 깎아먹기보다는 주문을 받는 즉시 신속하게 내보내는 데 주력하고 있다. 앞에서도 언급했지만 그 중에서도 델과 게이트웨이는 이런 전략으로 성공적인 컴퓨터 비즈니스를 구축한―감축 전략을 지원하는 데 테크놀로지를 사용해 제품 제조업체에서 위대한 소비자 브랜드로 도약한―기업의 예이다. 다른 업체들 또한 갈색 가전―예를 들어 홈시어터나 맞춤 오디오 시스템 같은―에서 이러한 전략을 좇을 것이다.

치밀하게 계획한 감축 전략으로 얻을 수 있는 혜택은 그 밖에도 많다. 아마존 같은 도서 및 음반을 취급하는 온라인 유통업체들은 베스트셀러가 될지도 모르는 수많은 오늘의—그리고 어제 것까지—책들을 보관하기 위해 대형 창고를 유지해야 하는 기존 회사들에 비해 재고량도 적고 주문받은 제품만 도매업자와 출판업자에게 얻으면 되는 고유의 이점을 가지고 있다. 물론 아마존은 이런 비용에 대한 경쟁 우위에도 불구하고 아직 수익 구도로 접어들지는 못했다. 창고 네트워크를 구축하면서 스스로를 독특하게 만들어주었던 차별점 중 하나를 희생시킨 아마존의 성공 여부는 더 두고 보아야 할 것이다. 아마존의 변화는 개인 맞춤식 서비스를 위해 테크놀로지를 사용하는 데 초점을 맞추기 위함이었다. 이러한 변화는 아마도 아마존의 이제까지의 비즈니스 수행 과정 중 가장 중요한 것이며, 또 잠재적으로 수익 구도에 가장 큰 세력을 행사하는 요인으로 작용하게 될 것이다.

감축을 주도하고 있는 것은 규모의 경제도 아니고, 비용 절감 정책도 아니다. 고객이 그것을 요구하고 있기 때문이다. 감축은 엄마들이 구매 활동에 있어 과거보다 더 많은 지식, 더 많은 지혜를 갖게 되면서 필요해진 개념이다. 엄마들은 이제 상품을 선택하는 데 더 이상 상인을 필요로 하지 않는다. 원하는 바를 스스로 잘 알고 있기 때문이다. 그리고 테크놀로지가 엄마들이 새로이 발견한 소비 권력을 연습할 수 있는 기회를 제공해주고 있다. 그 결과 마케팅은 제품과 서비스를 제조업체로부터 고객 쪽으로 밀어내는 프로세스였던 것에서 고객이 원하면 나머지 사람들은 그 욕구에 따라 반응하는 '끌어당기기 프로세스'로 변화하고 있다. 그 과정에서 감축의 필요성이 대두된 것은 자연스러운 결과라고 할 수 있다. 새로운 마케팅 해법은 테크놀로지를 수익성의 찌꺼기가 아닌 든든한 조력자로 만들기 위해 필수적인 것이다.

편리함

지난 세기가 저물어가던 시점에서 시어스 로벅(Sears, Roebuck)에서 제공하는 제품 카탈로그는 미국 전역의 소비자들이 누구나 갖고 싶어 하던 것이었다. 카탈로그 판매는 전국 어디에나 안 닿는 곳이 없는 신속한 우편 서비스, 그리고 기차와 트럭을 주축으로 한 놀라운 배송 능력 등 당시 첨단 테크놀로지의 덕을 본 대표적인 비즈니스였다. 캐나다에서는 이턴스 북(Eatons Book)이 가장 성공적인 카탈로그 판매 업체였다. 똑같은 모델이 지금 시대에도 성공적으로 적용될 수 있다. 감축 전략의 두번째 형태는 '편리함'을 제공함으로써 브랜드를 차별화시키는 것이다. 편리함은 제품이나 서비스를 배송하는 데 있어 새로운 테크놀로지를 사용한다기보다는 기존의 유통, 커뮤니케이션 시스템을 사용한다는 점에서 테크놀로지 역량과는 다르다. 그러나 역시 엄마들을 기업에 맞추는 것이 아니라 엄마의 환경에 맞추어 판매를 한다는 기본 관점은 다를 바 없다.

베이비 붐 세대가 중년을 넘어서면서 현명한 기업들은 마케팅 전략의 핵심 부분으로 편리함을 강조했다. 텔레비전을 이용한 쇼핑 네트워크 방송—QVC, 홈 쇼핑 네트워크, 쇼핑 채널(캐나다)—은 가장 대표적인 예가 될 수 있다. 그 외에도 침대 매트리스부터 극장표에 이르기까지 온갖 상품을 전화 한 통으로 주문할 수 있는 1-800 수신자 부담 전화의 증가도 그 예이다. 또 의약품이나 콘택트렌즈 등을 집에 편안히 앉아서 배달받을 수 있는 재택 건강 서비스도 있다. 앞으로 미국에 노령 인구가 점점 더 증가할 전망이고 보면 이 핵심 역량이 넥스트 이코노미에서 차지하게 될 중요성은 더욱 커질 수밖에 없을 것이다.

지금까지 편리함은 소비재 제조업체가 적용시키기에는 그리 쉬운 개념은 아니었다. 왜냐하면 기존의 유통 구조를 무시해야 하기 때문이다. 우리가 알고 있듯이 대부분의 소매업체들은 현재 리베이트, 진열 허가 비용, 그 외 여러 형태의 수수료를 통해 이윤을 얻고 있다. 즉 그들은 소비자의 구매를 통해서가 아니라 오히려 제조업체에 판매를 함으로써 돈을 벌어왔던 것이다. 그러다 보니 그들은 당연히 제조업체가 고객과 직접적으로 접촉하는 것을 꺼릴 수밖에 없었다. 하지만 이런 행태도 이제는 변화하고 있다. 작가들은 기존의 도서 유통업체와 접촉하지 않고 온라인에서 직접 책을 만들어 팔고 있다. 작곡가와 음악 밴드들은 온라인에서 음악을 판매한다. 온라인 고객들을 겨냥한 여행, 금융 등 개인 서비스 상품이 개발 중에 있다.

자동차나 고가의 스테레오, 고급 가구처럼 장기간 심사숙고해서 구매를 결정하는 제품들이 앞으로 이 편리함이라는 역량을 가장 먼저 적용하게 될 카테고리가 될 것이다. 그 뒤를 이어 기존 회사들보다 브랜드 구축에 제한을 가하는 장기적 구속 요인의 제재를 덜 받는 신생 포장 상품 기업들이 이 대열에 합류할 것이다. 결국 모든 비즈니스 영역에서 편리함을 독특한 경쟁 우위 요소로 도입하는 회사들이 확산될 것이다. 물론 소매업체로서는 이런 현상이 달갑지 않겠지만, 이는 필연적인 결과다. B2C 기업이 아닌 회사들의 입장에서 편리함은 고객의 고객(소비자)을 대상으로 직접 커뮤니케이션과 마케팅을 시도하는 것을 포함해 고객과의 모든 접촉점을 관리하는 데 하나의 빌미가 되어줄 것이다.

그러나 전략가로서 나는 감축 전략에 간과해서는 안 될 맹점이 있다는 사실을 짚고 넘어가지 않을 수가 없다. 테크놀로지나 편리함에는 사람이라면 누구나 본능적으로 가지고 있는 욕구라고도 할 수 있는 개인에 대한 접촉이 결여될 우려가 크다. 나는 사람들이 사람들과 함께 엉켜 소비하고, 배우고, 소통하지 않고 집 안에만 틀어박혀 살아가는 세상은 상상조차 하고 싶지 않다. 그리고 나는 사람과 제품─좋아하는 시리얼이라든가 청바지 같은─간에 어떤 관계를 맺는 것에 대해 말할 수는 있지만 그것이 그 브랜드와 관련된 사람과 직접 연결되는 것과 같을 수는 없다. 바로 이것이 신경제에서 인터넷만 믿고 기고만장했던 기업들이 줄줄이 도산한 이유이다. 넥스트 이코노미에서 성공하기 위해서는 '인간에 대한 접촉'이 필요하다.

이런 이유들로 인해 앞으로는 체계적인 고객 서비스 센터야말로 성공적인 감축 전략에 가장 필요한 조건이 될 것이다. 구경제와 신경제 시대의 콜 센터는 고객에 대해 수동적으로 대응하는 성격이 강했다. 넥스트 이코노미에서 콜 센터는 적극적인 개념의 서비스로 변모할 것이다. 콜 센터의 직원들은 고객에 대해 기업을 대표하는 임무를 가지게 된다. 그들은 브랜드와 고객들 사이의 관계를 조율해야 하는 막중한 책임을 져야 할 것이다. 특히 그 기업이 테크놀로지나 편리함을 핵심 역량으로 이용하는 경우라면 더욱 그렇다.

세번째 R: 관련성(Relevancy)

이 책 전반을 통틀어 나는 최고 고객과 관련성을 가진다는 것의
중요성에 대해 이야기해왔다. 어떤 사람들은 이 '관련성' 이야말로
감축, 보상, 관계를 모두 합한 것보다 더 중요하다고 주장하기도 한
다. 나는 넥스트 이코노미에서 성공하는 기업들은 관련성과 연관
된 요소 중 적어도 한 가지 정도는 전략의 기둥으로 삼을 필요가 있
을 것이라고 믿는다. 고객에게 접촉점이 차지하는 비중은 대단히
크기 때문이다.

관련성은 넥스트 이코노미에서 아주 중요한 전략이다. 왜냐하면
기업들이 주로 경쟁하게 될 고객군은 어느 정도의 충성도는 가지고
있지만 기업들의 경쟁적 상품 공급에 곧잘 동요를 일으킬 수 있는
Q2, Q3 고객이기 때문이다. 관련성 전략의 목표는 브랜드 자산을
해당 카테고리에서 구매 동기를 부여하는 요인과 직접적으로 결부
시키는 것이다. 이 과정에서 가장 필요한 것이 *전문성(Expertise)*과
*상품기획(Merchandising)*이다.

전문성

이 전략과 관련한 첫번째 핵심 역량은 전문성이다. 여기서 전문
성이란 회사를 해당 카테고리에서 아이디어와 정보의 제1원천으로
만드는 것을 말한다. 거의 모든 소매업체들이 이러한 방법을 사용
하고 있으며, 서비스 비즈니스에 속하는 기업들도 마찬가지다. 또,
앞으로 언급하겠지만 현명한 포장 상품이나 소비재 제조업체들도
전문성 전략으로 성공을 거두고 있다.

브랜드 자산을 구축하는 데 전문성 역량을 사용한 기업의 좋은 예가 바로 라디오 세크다. 이 회사는 가전제품 소비자를 위해 가장 지식이 많고 가장 많은 정보를 보유하고 있는 기업으로 이미지를 개발하고 가꾸는 데 총력을 기울였다. 홈 데포도 한 예가 될 수 있다. 이 회사는 고객들에게 전문적인 조언을 해주기 위해 다양한 건축 현장에서 일한 경험이 있는 노련한 전문가(배관공, 전기공 등)를 대거 영입해 상품 코너별로 배치시켰다. 그래서 뒤뜰의 덱을 넓히기 위해 쓸 만한 목재를 구하러 홈 데포에 간다면 은퇴한 목공으로부터 아연 도금 못의 정확한 사이즈와 1년 중 방수는 언제 하는 것이 좋은지에 대한 조언까지 얻어올 수 있는 것이다.

또 다른 예는 펫츠마트(PetsMart) 대형 슈퍼 체인인데, 이곳은 동물 애호가들과 모든 종류의 애완동물 소유자들의 천국이다. 펫츠마트의 모든 판매원들은 어떤 종류이건 애완동물을 선택하고 돌보는 데 체계적인 훈련을 받은 전문가들이다. 예를 들어 앵무새에게 어떤 먹이를 주어야 할지 궁금하다면 조류에 관련된 질문에 대답할 수 있도록 전문적으로 훈련받은 사람이라는 뜻인 새 그림이 있는 이름표를 달고 있는 판매원에게 물어보면 된다.

전문성이란 꼭 판매원에 의해 제공될 필요는 없다. (바로 이 점이 서비스 핵심 역량과 다른 점이다. 서비스는 대부분의 경우 사람을 기반으로 한다. 그러나 전문성은 지식을 기반으로 하기 때문에 사람을 통해서건 그렇지 않건 간에 편리하고 유용한 방법이면 된다.) 고객 지원 센터도 전문성을 제공해줄 수 있다. 온라인상에 200개의 FAQ(frequently asked questions: 자주 물어오는 질문사항—역주)를 뽑아서 그에 대한 답변을 올려놓을 수도 있고, 회사의 전문 영역이 무엇이건 간에 주택 수리, 엔터테인먼트, 개인 금융 등 독특하고 유용한 아이디어를 제공하는 회사와 연계, 그 회사의 승인을 얻어 관련된 책이나 브로슈어, CD를 제공할 수도 있다.

내세울 만한 독창성이 없는 비즈니스의 경우도 전문성을 차별 요인으로 이용할 수 있다. 뉴욕의 아몽크(Armonk)에서 가장 인기 있는 한 수의사는 동물 건강 문제와 관련해 애완동물 소유자들이 알고 싶어 하는 각종 정보와 설명을 함께 실은 한 장짜리 소식지를 매일 발간함으로써 전문성을 인정받고 있다. 만약 개가 라임 병(Lyme disease)에 걸렸다는 사실을 알았다면, 파딜라 박사(Dr. Padilla)는 그에 관한 답변뿐만 아니라 비상시 참고할 수 있는 책자, 아몽크 지역의 기후와 지역 조건에 맞는 치료법과 간호법 등에 대해서도 자세한 정보를 제공할 것이다. 이는 아주 작은 행동으로 표현되는 전문성이지만 대단히 효과적인 것임에 틀림없다.

전문성은 전자상거래에서 커다란 이슈가 되고 있는 중이다. 웹 상에서 가장 인기 있고 효과적인 판매 사이트는—아마 역설적으로 들리겠지만—판매와는 전혀 동떨어진 성격의 전문성을 제공하는 웹 사이트이다. 도서와 음반을 취급하는 온라인 유통업체인 아마존은 그 대표적인 예이다. 아마존이 1990년대 후반에 급속도로 성장할 수 있었던 데에는 광고 등을 통해 판매하고자 하는 책이며 CD를 사라고 방문자들을 성가시게 하지 않았던 것도 큰 몫을 했다. 그 대신 이 회사는 한 번이라도 아마존에서 물건을 구입한 적이 있는 고객들에게 과거의 구매 패턴을 추적해 관심을 가질 만한 신간 도서와 최신 CD의 목록을 제공했다. 그래서 『시민전쟁(Civil War)』을 구입한 적이 있는 고객들은 시민전쟁을 배경으로 한 소설 『콜드 마운틴(Cold Mountain)』을 추천받고, 도로시 세이어스(Dorothy Sayers)의 미스터리 소설을 좋아하는 독자들은 마저리 알링햄(Margery Allingham)의 스릴러를 소개받는다.

어떤 전자상거래든 가능한 한 최대한 빠르고 쉽고 재미있는 사이트를 통해 고객을 정신 못 차리게 빠져들게 하고, 불쾌하지 않고 즐거운 열정 속에서 독특한 전문성을 경험할 수 있도록 함으로써 고객의 욕구를 충족시켜주는 웹 사이트가 성공의 핵심이다. 이것이 바로 고객들이 같은 사이트에 자주 찾아오게 만들고 판매를 창출하는 '경험' 이다.

전문성은 포장 상품과 다른 소비재 상품을 제공하는 기업들도 성공적으로 사용할 수 있는 역량이다. 크래프트는 크래프트 제품을 이용해 간단하고 독창적이며 맛있는 요리를 만드는 방법을 알려주는 '손맛과 요리법' 전략을 중심으로 광고를 집행함으로써 포장된 치즈와 관련 식품 카테고리에서 지배적인 위치를 차지할 수 있었다. 또 크래프트는 우편과 수신자 부담 전화로 요리법과 상차림까지 제공함으로써 광고 예산을 직접 반응 메커니즘과 연계시킨 최초의 기업이기도 하다.

또 다른 예로 셸 오일(Shell Oil)을 들 수 있다. 셸은 자동차 연료 마일리지 개량부터 타이어 보호법에 이르기까지 자동차 관리에 관한 모든 정보를 담은 유명한 팜플렛을 배포해 자동차 관리와 고속도로 안전운전 분야에서 막강한 '전문성' 의 이미지를 구축했다. 셸은 뚜렷한 차이점이 없는 시장에서 전문성 전략을 사용함으로써 소비자들에게 셸 하면 자동차 관리와 관련된 모든 정보와 도움을 얻을 수 있는 곳으로 연상하게 했고, 결국 경쟁업체에 대해 차별화된 브랜드로 발전할 수 있었다. 흥미롭게도 모빌(Mobil)은 지불 과정을 대폭 간소화하는 등 신속한 거래 속도에 초점을 맞춤으로써 신경제에 전문성이 아닌 테크놀로지와 보상 역량을 선택해 성공을 거두었다. 셸과 모빌은 분명히 구분되는 차별화된 전략―둘 다 네 가지 R 전략을 구사하고 신경제 때 엄청난 성공을 구가했지만, 이 둘은 서로 다른 고객 접촉점 위에 구축된 브랜드이다―을 사용해 동종업계 주도 브랜드가 되었던 것이다.

상품기획

관련성을 확보하는 또 다른 방법은 상품기획의 독특한 조합을 통한 것이다. 특히 Q1, Q2 고객의 욕구에 맞추기 위해 세심하고 재치 있게 선택된 제품과 서비스를 공급하는 방향으로 기업의 상품기획이 이루어진다면 그 기업은 고객에게 최고의 조달자―무엇을 사든 고객이 무조건 믿고 살 수 있는―로 인식될 수 있다.

상품기획은 또 다른 중요한 고객 접촉점이다. 무엇을 팔고 어떻게 진열하는가의 문제는 그 기업을 최종 구매 대상으로 만들어주는 열쇠다. 무엇을 만들고 어떻게 포장하는가의 문제는 그 기업을 최고의 브랜드로 만들어준다. 무엇을 만들고 어떻게 서비스하느냐의 문제는 그 기업을 최고의 판매업체로 만들어준다.

핵심 역량으로서 상품기획을 차별화 전략의 주요 도구로 사용하려면 이를 마케팅의 하부구조 아래에 배치시켜야 한다. 구경제에서는 오프라인이나 온라인 유통 공간 모두에서 상품기획과 구매는 기업 내부에서 마케팅의 영역이 아닌 별도의 활동으로 간주되었다. 포장 제품과 서비스 카테고리처럼 제품 개발 전문가, 품질 검사

인력, 엔지니어, 과학자들이 실질적인 제품 라인을 개발하고 관리했던 것이다. 마케팅은 보통 경영진의 승인을 얻어 제품과 서비스를 지원하는 하부 활동이었다.

넥스트 이코노미에서 상품기획과 제품 개발은 마케팅 부서의 직접적인 관리 하에 놓여야 한다. 마케팅 컨셉트가 성공하기 위해서는 회사가 제공하는 제품군 안에서 Q1과 Q2 고객의 욕구를 대표할 수 있어야 한다. 이는 고객 기반과 매일 접촉하지 않는 사람들에 의해서는 절대로 이루어질 수 없다.

판매자와 구매 담당자가 만나서 어떤 상품기획이 유용할 것인지를 머리 맞대고 묘안을 짜내보았자 고객의 욕구는 전혀 반영되지 못한다. 고객 욕구에 대한 확실한 지식이 수익성 있는 브랜드 자산을 구축하는 데 핵심이 되는—모든 고객 접촉점에 대한 관리가 고객의 제품과 서비스에 대한 접촉을 고려해야 하는—넥스트 이코노미에서는 결코 그래서는 안 된다.

예를 들어 패션 마케터들은 그 회사가 *아이템을 팔 것*(item house)인지 *룩을 팔 것*(look house)인지를 결정해야 한다. 이것이 상품기획 전략이다. 아이템 하우스는 하나의 아이템을 진열하고 판매하는—하나의 재고 유지 단위(stock keeping unit: SKU)—개념이다. 이때 그 아이템은 블라우스나 지갑, 구두 등이 될 수 있다. 이 아이템들은 아이템별로, 코너별로, 카테고리별로 구성된다. 반대로 룩 하우스는 한 벌, 소위 룩이라고 하는—라이프스타일과 느낌을 표현하는—것을 진열하고 판매한다. 블라우스뿐만 아니라 그에 어울리는 스커트, 구두, 백, 모자, 스카프까지 함께 진열된다면, 더 많은 구매를 유도할 수 있을 것은 분명하다. 이것이 바로 갭이 성공할 수 있었던 비결 중의 하나이기도 하다. 고객들은 갭이나 올드 네이비(Old Navy), 바나나 리퍼블릭(Banana Republic)에 가면 패션에 관한 한 잘못된 선택을 하지 않을 것이라고 믿는다. 왜냐하면 이들 매장에는 계절마다 색상, 재질, 스타일 등이 하나의 세트로 완전히 조화를 이룬 상품들이 제대로 구색을 갖추어 진열되어 있기 때문이다. 이들 브랜드의 관련성은 매장에 진열된 상품과 진열 방식까지 포함되어 있다.

점점 더 많은 현명한 소매업체들이 단순한 의류보다는 마케팅 영역에 접근하는 룩 하우스 개념을 도입하려고 하고 있다. 포터리 반(Pottery Barn)에 가서 테이블이라는 소품을 어떻게 배치하고 꾸며 놓았는지 보아라. 왜 다른 곳은 이렇게 하지 못하는가? 왜 자재 매장에서는 정원 울타리를 만들거나 관련된 다른 취미 생활을 하는 데 필요한 도구며 장비들을 그 사용법을 담은 안내 책자나 비디오 테이프와 함께 진열하지 못하고 있는가?

포장 제품 브랜드는 브랜드의 제품 라인을 확대할 것인가, 아니면 관계없는, 혹은 주변 영역으로 그 라인을 확장할 것인가 사이의 갈등에 직면하곤 한다. 제조업체의 현명한 상품기획 선택에는 기존의 브랜드 네임을 꾸준히 지켜나가려는, 고유의 가치를 뛰어넘고 싶은 유혹을 과감히 물리치는 자세가 필요하다. 수십 년간 캠벨 브랜드는 인스턴트 수프 비즈니스 시장을 주도해왔다. 제품 라인의 품질, 한결같은 포장, 물을 섞지 않은 진한 농도로 '캠벨'은 그 카테고리에서 굳건한 신용을 확보했다. 사실 캠벨과 마찬가지로 트로피카나, 하인즈, 코카콜라, 버드와이저 등 해당 시장에서 주도 브랜드의 위치를 차지하고 있는 위대한 소비재 회사들은 모두 '넓고

얕은(wide and shallow)’ 브랜딩이 아닌 ‘좁고 깊은(narrow and deep)’ 브랜딩 전략을 구사함으로써 브랜드 자산을 구축했다.

문제는 브랜드를 되는 대로 관련 없는, 혹은 제품 카테고리의 주변 영역으로 확장하려 할 때 발생한다. 새로운 맛의 다농(Dannon) 요구르트는 물론 좋다. 다농 프로즌 요구르트 바도 문제없다. 그러나 다농 생수는? 그 연결 고리는 아주 미약한 것처럼 보이지 않는가? 이런 식으로 신제품 확장을 하나 둘 시도하다 보면 다농의 브랜드 네임은 그 의미를 잃어버릴지도 모른다. 그리고 한 번 상실하게 되면 다시 찾기까지는 아주 오랜 시간이 필요하다. 현명한 마케터들은 브랜드 확장에 대해 아주 신중하다. 그리고 개별 브랜드를 출시할 자본이 부족하다고 해서 신상품 카테고리를 확장하는 데 제품 매니저들이 다른 브랜드의 자산을 ‘빌려오는’ 행위를 용인하지 않는다.

짐작하겠지만, 모든 성공적인 상품기획 접근의 핵심은 초점(focus)—목표 고객에 대한 명확한 이해와 고객의 필요에 정확히 일치하는 제품과 서비스의 선택—이다. 오늘날의 마케팅이 저지르고 있는 치명적인 실수도 바로 이 초점의 부재—기존 브랜드의 고유한 이미지를 훼손시킬 뿐 고객과는 아무런 연관도 없는 상품기획이나 카테고리로 확장하고자 하는 것들—라고 할 수 있다.

비논리적인 상품기획 선택을 통한 브랜드 네임의 확장이 얼마나 브랜드 자산에 해악을 끼치는지를 보여주는 고전적인 예가 있다. 내가 컨설팅을 한 적이 있었던 노바디 비츠 더 위즈(Nobody Beats The Wiz)라는 가전제품 소매업체의 사례인데, 이 회사는 최고 브랜드의 가전제품을 합리적인 가격에 제공하는 상품기획력을 갖춘 소매업체라는 이미지를 신중하게 관리해 스테레오, 텔레비전 등 가전제품에 대해 북동 지역에서 독보적인 위치를 차지한 가전제품 공급업체였다. 그런데 이 회사의 경영진은 이런 상품기획을 바꾸고자 의뢰해왔고, 이에 대해 나는 그런 상품기획은 지금까지 텔레비전과 라디오 광고 캠페인에 거금을 들여가며 잘 구축해온 회사의 이미지를 망가뜨릴 것이라며 설득했지만 결국 실패하고 말았다. 경영진은 일반 소비자들에게 상대적으로 값이 비싼 대형 가전제품이나 음향 기기와는 자연스러운 연결 고리가 전혀 없는 시계나 선글라스를 팔고자 하는 뜻을 기어이 꺾지 않았다. 더욱 나쁜 것은 이런 상품들을 각 매장마다 방문객의 발길이 가장 잦은 입구 15미터 이내에 진열을 했다는 것이다. 쇼핑객들은 매장의 진정한 초점 역할을 하는 대형 스크린 텔레비전과 CD 플레이어가 즐비한 매력적인 곳으로 들어가기도 전에 문 앞에서 그들을 맞는 이런 제품들에 혼란과 실망감을 함께 느껴야 했다.

당시 경영진들은 이런 사실을 전혀 이해하지 못했고, 결국 몇 년 전쯤 실패를 받아들일 수밖에 없었다. 이 실패를 계기로 새롭게 구성된 경영진은 브랜드 네임을 위즈(The Wiz)로 간단하게 바꾸었고, 샤퍼 이미지(Sharper Image) 매장이나 카탈로그에서 보았을 법한 첨단 테크놀로지 기기 및 장비들로 매장 입구 공간의 진열 아이템을 완전히 바꾸었다. 이는 회사가 설정한 '엔터테인먼트' 포지셔닝과 아주 잘 어울렸고, 그 전문성에 초점을 맞춘 훌륭한 설정이었다.

넥스트 이코노미에서 상품기획은 구경제의 P, 즉 제품을 대체하게 된다. Q1, Q2 고객들과 감정이입할 수 있는 제품 개발 부서와 구매 담당자의 능력은 성공적인 상품기획 전략의 핵심이 될 것이다. 상품기획은 최고 고객의 욕구를 반영할 때만 비로소 연관성을 가질 수 있다. 그리고 직원들이 연구실에만 틀어박혀 고객들과 전혀 접촉하지 않는다면 수요가 주도하는 넥스트 이코노미에서 성공하리라는 희망은 없다.

네번째 R: 보상(Rewards)

네번째 R—보상(*Reward*)—은 말 그대로 소비자에게 거래를 해준 데 대한 보답을 해주는 것을 말한다. 마찬가지로 이 보상 전략을 실행하기 위해 적용할 수 있는 두 가지 핵심 역량이 있다. 바로 *위상(Stature)*과 *시간(Time)*이다.

위상

어떤 브랜드와 매장은 그 고객이 될 수 있다는 것만으로 심리적인 보상을 받을 수 있을 만큼 전폭적인 지지를 받는 경우도 있다. 옅은 푸른빛이 감도는 상자 안에 들어 있는 보석(미국의 초대형 보석 유통업체인 티파니의 포장 상자가 옅은 푸른빛을 띠고 있다—역주)을 선물로 받는다면 얼마나 기쁠지 상상해보아라. (금방 눈에 그릴 수 있을 것이다.) 이것이 바로 위상(stature)이다. 그 브랜드와 관련된다는 것 자체만으로도 고객에게는 기쁨—그 브랜드의 자산이 고객에게 전이되어 고객의 삶에 열정과 즐거움을 더해주는 것—이 된다.

티파니나 노드스트롬에서 블루밍데일, 해러즈(Harrod's)에 이르기까지 이른바 명품 소매업체들은 쇼핑하는 고객에게 쇼핑 혜택 중

하나로서 위상을 제공해준다. 위상은 많은 포장 상품이나 다른 소비재 상품의 브랜드 가치에 있어서도 아주 중요한 요소이다. 크래프트 치즈와 다른 슈퍼마켓의 개별 상표를, 도나 카란과 백화점 브랜드의 여성 스포츠웨어를, 메르세데스와 현대를, 롤렉스와 타이멕스를 비교해보라. 이는 서비스 비즈니스에서도 마찬가지로 적용된다. 나는 커나드(Cunard)가 제공하는 크루즈 여행, 르 시르크(Le Cirque)에서의 저녁식사, 비달 사순(Vidal Sassoon)이 제안하는 헤어스타일은 카니발 크루즈(Carnival Cruise), 올리브 가든(Olive Garden), 또는 동네 미용실보다 더 나은 위상을 제공한다고 확신한다. (물론 상대적으로 낮은 위상을 제공하는 브랜드들도 나름대로의 장점을 가지고 있다.)

'나가떨어질 때까지 쇼핑' 하던 1980년대에 위상은 일반적으로 규모를 의미했다. 아마 그 당시 인기 있었던 유명한 브랜드 네임과 로고, 상징을 기억할 것이다. 그 중에는 오늘날까지도 식지 않은 인기를 누리고 있는 브랜드들도 있다. 진갈색 핸드백에 새겨진 LV라는 이니셜, 니트 셔츠 가슴에 그려진 작은 악어, 독일제 자동차에 붙어 있는 BMW라는 약자 등이 그 예이다.

오늘날의 훨씬 복잡한 마케팅 환경에서는 위상 자체도 함께 복잡해져가고 있다. 규모가 크다는 것은 여전히 강력한 것이고, 사람들이 부를 동경하는 한 오랫동안 그럴 것이다. 하지만 1990년대 이후 새 천년이 시작되면서 사람들은 제품이나 서비스에 대해 돈을 얼마나 *적게* 들였는지를 자랑하고 있다. 이는 벼룩시장이나 도시 근교의 아트 갤러리, 먼지 날리는 시골길을 따라 한참 가야 나오는 골동품점 등에 대한 관심이 높아지는 이유가 될 수 있다. 이런 곳에서 사는 물건들에는 근사한 로고가 새겨져 있지는 않지만 사람들은 그 원래 가치에 비해 훨씬 적은 돈을 주고 샀다는 사실에 그 보물을 집에 진열해놓고 얼마나 헐값에 그것을 건졌는지 자랑스레 떠들어댄다. 이것 역시 '위상' 이다.

우리 사회의 모든 구성원들은 '위상' 에 대해 나름대로의 취향을 가지고 있다. 10대들 사이에서 위상은 인기 그룹, 영화, 텔레비전 쇼, 스포츠 팀과 관련돼 있다. 청년 문화에서 다음에는 어떤 것이 그 위상이 될지는 예측이 불가능하다. (그 예측이 맞느냐 틀리느냐에 따라 비즈니스의 행운과 불운이 가늠된다.)

또 테크놀로지에 푹 빠져 있는 사람들에게 위상은 첨단 오디오나 비디오 시스템처럼 무엇이든 가장 새롭고 강력하고 복잡한 것이 될 것이다.

여기에서 교훈은 무엇인가? 최고 고객을 알아야 한다는 것이다. Q1과 Q2 고객에 관한 모든 것을 연구·분석해 그들에게 있어 최고의 가치를 가지는 것이 무엇인지를 알아내야 한다. 그것은 품위 있는 것인가? 아니면 현대적인 것, 값싸고 개성 있는 것, 남자다운 것, 이국적인 것, 세련된 것, 간편한 것 등인가? 이 중에서 답을 찾아내는 데 성공했다면 브랜드의 로고가 고객이 추구하는 라이프스타일이나 개성을 즉각 연상시키는 하나의 상징물로 고착될 때까지 브랜드를 가치와 관련시킬 수 있는 모든 기회를 탐색하라.

시간

보상 전략의 한 측면으로서 시간(Time)은 반드시 편리함과 연관될 필요는 없다. (물론 오늘날처럼 바쁜 세상에서 대부분의 사람들은 시간을 쓰는 것보다는 절약하는 방법을 찾고 있기는 하다.) 그보다 시간은 기업이 제공하는 제품이나 서비스를 구입하고 사용하는 시간의 투자에 관련된 개념이다. 어떤 브랜드가 시간을 특별히 보상적이고 가치 있으며 즐겁고 효과적으로 이용하는 방법으로 연관된다면, 시간 전략을 추구하고 있다고 할 수 있다.

시간 전략을 실행하는 가장 단순하고도 확실한 형태는 바로 고객의 시간을 절약하는 것이다. 넥스트 이코노미에서 시간이 특히 전략적으로 중요한 요소가 되는 이유는 많은 사람들에게 시간은 돈보다 더 귀한 가치를 지니게 될 것이기 때문이다. 시간은 유한한 것이다. 빌릴 수도 없고 빌려줄 수도 없다. 미래의 고객들에게 시간의 가치는 점점 더 증가할 것이다.

시간 전략에는 여러 가지가 있다.

- *신속하게 처리하기*—맥도날드를 비롯한 패스트푸드 매장, 드라이브 스루 은행 창구, 슈퍼마켓의 빠른 계산대, 자동 지불 방식의 주유소 등에서 사용된다.
- *제품이나 서비스를 고객에게로*—고객의 집으로 배달을 해주는 모든 서비스(신선 식품, 즉석 식품, 세탁, 신문 등)나 모든 가정 서비스 공급업체(가정교사에서 마사지, 트레이너, 치료사 등에 이르기까지)에서 사용된다.
- *매장을 고객 가까운 곳으로*—지역마다 ATM기를 설치한 은행, 음료수나 과자에서부터 신문, 샌드위치까지 모든 것을 판매하는 자동판매기, 사진 현상 및 인화 서비스를 해주는 키오스크 (kiosk: 터치스크린과 첨단 멀티미디어 기기를 활용하여 이용자에게

효율적인 정보나 판매를 제공하는 무인 종합 정보 안내 및 판매 시스
템—역주) 등에서 사용된다.

- *모든 종류의 상품을 한자리에*—사진 · 복사 전문점인 킨코스
(Kinko's)가 사무용품, 컴퓨터 대여, 하루 배달 서비스 등 다양
한 소규모 비즈니스 서비스를 제공하면서 이 전략을 사용하고
있다.

많은 포장 상품과 소비재 상품 카테고리에서 시간은 아주 중요한
차별화 요인인 동시에 자산 구축의 주무기로 이용된다. 특히 냉동
식품 카테고리는 시간을 고객에게 제공하는 혜택으로 간주한 대표
적인 카테고리라고 할 수 있다. 이와 비슷한 맥락의 다른 식품 카테
고리의 경우를 살펴보자.

- 냉동실에서 오븐을 거쳐 식탁까지 30분이 안 걸리는 즉석 요리
- 주식과 야채, 디저트가 함께 포장되어 있는 즉석 식품
- 집에서 피자를 손쉽게 만들어 먹을 수 있도록 갈아놓은 치즈나
미리 씻어놓은 샐러드, 미리 잘라놓은 육류

식품 카테고리가 아닌 다른 카테고리 중에도 시간 전략을 구사하
고 있는 예가 많다. 줄임 방지 청바지, 내용 압축 책, 물에 녹는 페
인트 등이 그것이다. 모두 시간 절약 전략과 관련된 상품들이다.

또 다른 주요한 시간 전략으로는 제품이나 서비스를 구입하는 데
드는 시간을 줄여주는 것뿐 아니라 그 시간을 즐겁고 가치 있는 활
동으로 승격시키는 활동—구매 과정이 힘들거나 불쾌한 것이 아니

라 즐거울 수 있는, 소비라기보다는 투자 행위로 간주되는—도 포함된다. 사실 우리 삶의 모든 영역은 시간 전략에 있어서 이 둘 모두—시간 절약과 시간 투자—와 관련되어 있다.

직장에서 업무로 정신이 없을 때는 타코 벨(Taco Bell)에 들러 드라이브 스루로 점심을 해결한다. 하지만 결혼기념일을 축하하기 위해서는 분위기 있는 식당에서 4시간 동안 이어지는 풀코스로 느긋한 저녁식사를 즐긴다. (그리고 투자한 시간에 대해 기꺼이 돈을 지불한다.) 당장 오늘 저녁거리만 살 생각이라면 A&P에서 익스프레스 라인을 이용한다. 하지만 생각지도 않았던 연말 보너스가 생겨 사랑하는 사람을 위한 선물을 사고자 한다면 블루밍데일에서 오후 내내 쇼핑을 즐긴다. 오늘밤 당장 출장을 떠나야 한다면 미용사를 사무실로 불러 재빨리 머리를 다듬는다. 하지만 약속 없이 혼자서 주말을 보낼 때는 하루 종일 미장원에서 시간을 보내기도 한다.

브랜드를 즐거운 순간으로 연관시킬 수 있어야 브랜드의 새로운 지평이 열릴 수 있다. 이런 의미에서 시간은 꼭 절약되어야 하는 것은 아니며 향유될 수도 있는 것이다. 특히 일상용품이나 관련 서비스를 취급하는 많은 회사들에 있어서 이런 연관은 브랜드 가치를 구축하는 데 대단히 강력한 효과를 발휘할 수 있다.

최근 커다란 성공을 거둔 드비어스(De Beers)의 다이아몬드 마케팅 캠페인을 살펴보자. 다이아몬드를 선물하는 순간의 그 낭만적인 경험—달빛 그으윽한 발코니에서의 춤, 강렬한 햇빛이 이글거리는 해변에서의 포옹—이 잘 드러나 있다. 사실 다이아몬드는 전형적인 일상용품이고 중량이나 다른 기술적 요소들이 구매의 기준이 되기 때문에 딱히 연상되는 회사의 마크나 브랜드 로고가 없다. 그러

나 우리가 살아가는 시간 속의 소중한 순간과 다이아몬드를 연관시
킴으로써 드비어스는 일상용품이라는 제품 카테고리를 초월해 한
결 증폭된 브랜드 자산을 고객의 마음속에 심는 데 성공한 것이다.

마케터는 선택을 해야 한다

　지금까지 네 가지 R—현대 마케팅을 위한 새로운 도구—에 대해
설명하는 동안 이들이 아주 다양하게 활용될 수 있다는 사실을 알
아차렸을 것이다. 이 네 가지 R을 성공적으로 사용한 사례로 언급
한 회사들도 노드스트롬이나 티파니 같은 거대 브랜드에서부터 타
코 벨이나 페니 같은 대중상품 브랜드까지 다양했다. 또 블루밍데
일에서 페츠마트, 벼룩시장에 이르기까지, 그리고 아마존이나 델에
서 이베이나 랜드센드닷컴까지 다양한 소매업체들을 언급했다. 롤
렉스와 캠벨에서 메르세데스와 크라프트까지 유명한 소비재 브랜
드에 대해 이야기했으며, 킨코스 같은 복사 전문점과 커나드 크루
즈에서부터 비달 사순과 지역 수의사까지 거론했다. 이들 사이의
공통점은 무엇일까?
　이들 모두 네 가지 R과 8가지 핵심 역량을 바탕으로 명확하고 예
리하며 현명한 마케팅 전략을 구사했다는 사실이다. 그 결과 기업
이 끌어당기고 유지해갈 가치가 있는 충성도를 지닌, 구체적인 표
적 고객에 맞춘 뚜렷한 마케팅 스타일을 지니고 있었던 것이다.
　그들이 깨닫고 있건 아니건 간에 오늘과 내일에 성공 가도를 달
리게 될 기업들은 이미 네 가지 R과 8가지 핵심 역량의 결합에 기초

한 브랜드 자산 전략을 실행하고 있는 중이다.

모든 비즈니스의 독특한 '발자국'은 이런 전략 요소들 중 어떤 것을 선택하느냐에 따라 결정된다. 만약 시각적인 이미지가 필요하다면 네 가지 R과 8가지 핵심 역량을 매트릭스상에 구성한 [표 8-1]을 보자. 경영진과 고객에 대한 리서치를 통해 기업들은 이러한 역량들 중 각각의 비즈니스에 대한 상대적 중요성을 결정하고 이를 [표 8-2]에서 [표 8-4]처럼 배치할 수 있다.

B2C 비즈니스의 유형에 따라 얼마나 다양한 발자국들이 존재할 수 있는지를 알 수 있을 것이다. 편의점에서 가장 중요한 핵심 역량은 편리함과 거래 시간이다. 이는 상품기획과 전문성이 비즈니스를 주도하고 있는 페츠마트 같은 카테고리와는 아주 다른 형태를 보이고 있으며, 실제로도 다르다. 그리고 페츠마트의 핵심 역량은 상품기획과 서비스가 카테고리를 주도하고 있는 브랜드 제품을 판매하는 메이시 같은 풀 서비스 백화점과는 매우 다른 형태를 취하고 있다.

일단 전략이 결정되면 미래상을 구축하고 핵심 역량을 체계화하는 프로세스를 정립할 수 있다. 하지만 그 과정에 공을 들이지 않았거나 최고 고객의 독특한 요구 사항을 고려하지 않은 상태에서 8가지 핵심 역량을 선택한다면 실패할 것이다.

네 가지 R과 8가지 핵심 역량을 운영하는 것은 새 천년에 맞는 현명한 마케팅 계획을 수립하려는 기업에게는 필수 전제 조건이다. 이제는 고객과 만나는 모든 접촉점을 관리해야 하기 때문이다. 그러나 그것들은 오늘날 따라야 하는 *유일하게 현명한* 전략은 아니다. 그리고 그런 전략은 없다. 대신 선택해야 하는 모든 대안들을

[표 8-1] 네 가지 R의 자산 매트릭스

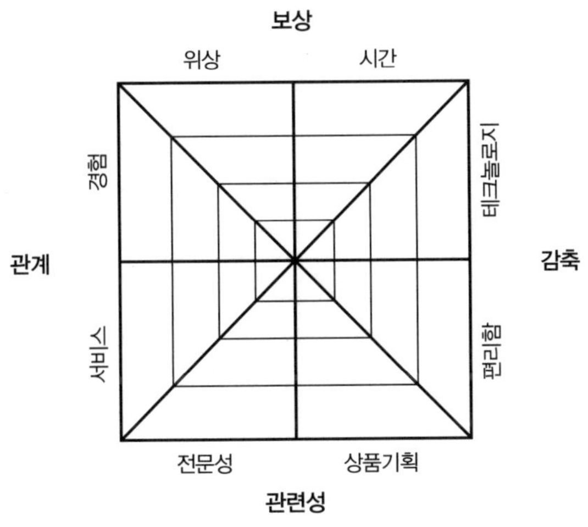

[표 8-2] 네 가지 R의 자산 매트릭스: 편의점(7-11)

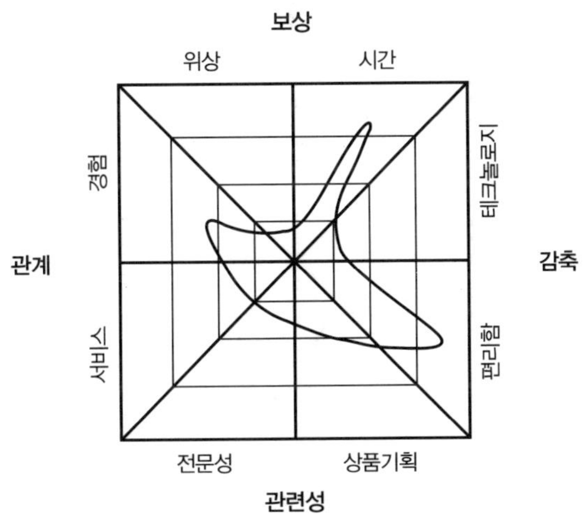

【표 8-3】 네 가지 R의 자산 매트릭스: 특정 카테고리(페츠마트)

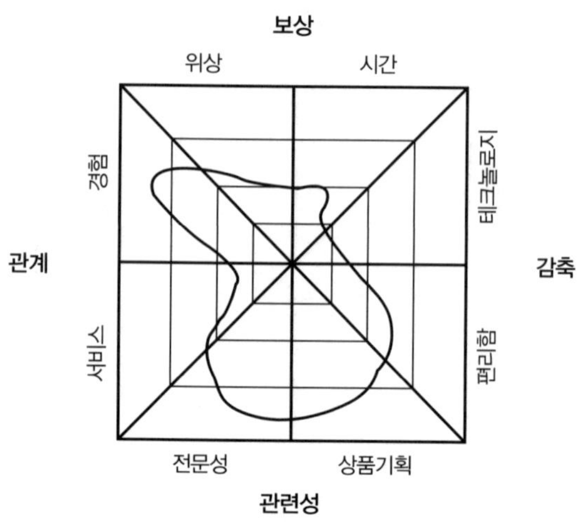

【표 8-4】 네 가지 R의 자산 매트릭스: 백화점(메이시)

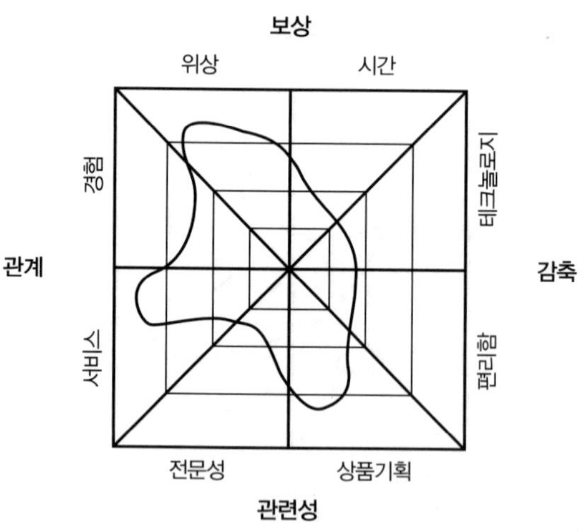

혼용해야 한다는 것이 답이 될 수는 있다. 스파게티 소스를 만들 때 들어가는 재료를 생각해보면 쉬울 것이다. 모든 스파게티 소스는 같은 기본 재료—토마토, 마늘, 치즈, 허브, 향신료—를 사용하지만 스파게티마다 독특한 맛을 낸다. 이는 그 재료들의 특별한 혼합 과정 때문이다.

결국 대부분의 제품과 서비스에 있어서 전체 시장이 수축되는 다가오는 디플레이션 환경에서는 성공이란 당일 매출액이나 전년도 대비 매출액, 또는 다른 전통적인 방식으로 측정되지는 않을 것이다. 성공의 기준은 이윤, 그 이상도 이하도 아니다. 넥스트 이코노미에서는 최고 고객이 원하는 바를 정확히 파악해 최고 고객과 보다 의미 있는 관계를 구축함으로써 최고 고객에 대한 브랜드 가치를 증강시켜가는 능력—고객과 만나는 모든 접촉점에서 끊임없이 고객을 기쁘게 해줄 수 있는 능력—이 관건이 될 것이다. 내가 아는 한 네 가지 R과 8가지 핵심 역량은 그 능력을 획득할 수 있는 가장 좋은 방법이다.

CHAPTER 9

코마케팅의 도구, 테크닉, 구조

어떤 코마케팅이든 가장 먼저 상위 2개 퀀타일 고객을
분류하는 것으로부터 시작하라.
그런 다음 최고 고객의 익숙한 구매 패턴과 일치하는
다른 브랜드와 관계를 맺는다.
코마케팅 프로그램이 최고 고객의 구매 패턴에 일치하면 일치할수록
그 효과는 커진다.

the Next Economy

넥스트 이코노미의 기업들이 벌이게 될 전쟁은 인지도나 시장 점유율에 관계된 것이 아니라는 사실을 이제는 명확하게 이해할 수 있을 것이다. 그 기준은 최고 고객과의 관련성, 최고 고객의 소비에 대한 점유율이다. 욕구 세분화와 가장 관련 있는 가치를 기반으로 그 자산을 구축한 브랜드는 Q1, Q2 표적 고객과 높은 수준의 관련성을 확보할 수 있을 것이다.

모든 브랜드가 모든 사람들과 관련될 수는 없다. 지금까지 살펴보았던 것처럼 사람들에게 중요한 브랜드는 바로 그들과 가치 구조를 공유하고 있는 브랜드이다. 그러나 대부분의 경우 브랜드 관계가 고객의 삶에 차지하는 비중은 아주 미약하다. 이런 경우 넥스트 이코노미 방식을 직접 적용하는 것은 힘들 수도 있다. 고객과 브랜드 사이의 관계는 너무나 접촉 빈도가 드물고, 연간 소득도 안정적이지 않기 때문에 기업으로서는 고객과 의미 있는 관계를 구축하는 데 전폭적으로 돈을 투자할 수는 없는 실정이다.

마케터들은 자기에게 주어진 모든 시간을 온전히 고객만을 생각하는 데 보내고 있다(혹은 보내야 한다)는 점을 기억하라. 그러나 고객들이 브랜드를 생각하는 데 할애하는 시간은 갈수록 줄어들고 있는 것이 현실이다.

'코마케팅(comarketing)'은 이런 딜레마를 해결할 수 있는 방법을 제공할 것이다.

고객 관련 관점에서

코마케팅은 고객 관련 스펙트럼의 관점에서 생각해볼 수 있다. 모든 상품은 일련의 요소들에 기초한 나름대로의 고객 관여도를 가지고 있다. 부분적으로 이 고객 관여도는 구매 빈도에 기초한 것이다. 어떤 상품을 자주 사면 살수록 고객 측면에서의 리스크는 적다. 왜냐하면 브랜드 교체 시기도 그만큼 빨라질 것이기 때문이다. 관여도는 또한 전체 카테고리에서 지출이 기대되는 총 경비에 대한 특정 상품의 비용과 함수 관계에 있다. 비용이 높을수록 고객이 그 회사와 브랜드에 관심을 갖는 정도도 커지고 그만큼 관여도도 증가하는 것이다.

상품이 사회적으로 사용되느냐 개인적으로 사용되느냐 하는 문제 또한 관여도 수준에 영향을 끼친다. 사회적으로 사용되는 제품은 그 사용이 공공연하게 보이는 것이므로 위상과 가치를 나타내는 하나의 상징이다. 자동차, 가전제품, 의류 등 사람들의 가치나 취향, 태도를 나타낼 수 있는 모든 제품군이 이런 상징 제품이다. 상징 제품은 다른 사람들로 하여금 그 제품을 사용하는 사람의 가치관까지 짐작할 수 있게 해주기 때문에 일반적으로 높은 가치 관여도를 가지며, 따라서 이런 카테고리에서는 고객 관여도 또한 높을 수밖에 없다.

마찬가지로 개인 케어 제품도 높은 가치 관여도를 가진다. 여기에는 화장품, 건강 및 미용 보조 상품, 시력 보호 상품 등이 포함된다. 이들 카테고리들은 그 구매 결정이 아주 개인적으로 이루어지며, 특별히 보상을 준다거나 해를 끼치는 경우도 거의 없기 때문에 높은 수준의 관여도를 보인다. 카테고리의 본질적인 특징도 고객 관여도를 주도하는 것이다.

하루가 다르게 발전하는 테크놀로지의 변화 또한 카테고리의 관여도를 높이고 있다. 이러한 변화들이 제품들을 너무나 빨리 시대에 뒤떨어진 것으로 만들어버리기 때문이다. 그래서 관여도는 제품이나 서비스가 퇴보하는 속도에 대한 지식에 의해서도 좌우되고 있는 실정이다.

예를 들어 오늘날의 고화질 텔레비전(HDTV)은 아주 높은 관여도를 가지고 있는데, 바로 이것이 시장에서 거래가 성사되는 데 오랜 시간이 걸리게 하는 주요 원인이 되고 있다. 이 새로운 테크놀로지를 구매하고자 하는 욕구와 수단을 가지고 있는 Q1, Q2 고객이 구매를 망설이고 있는 것이다. 왜냐하면 그 테크놀로지가 여전히 개발 진행 단계에 있으며 프로그래밍이 완전히 자리를 잡지 못했다고 생각하기 때문이다. 거래가 본격화되고 있지는 않지만 이 제품 카테고리는 여전히 높은 관여도를 가지고 있다.

소비 모델 또한 관여도를 높이는 요소다. 모든 소비 활동에는 구매자, 사용자, 기여자, 그리고 구매 결정자가 존재하기 마련이다. 어떤 경우에는 네다섯 명이, 또 어떤 경우는 단 한 명이 이 구매 활동에 연관될(모든 역할을 단 한 사람이 다 하는 것이다) 수 있다. 엄마가 사는 시리얼은 아이들에 의해 영향을 받고, 아이들과 아빠에 의해 소비되며, 엄마에 의해 구매되고, 엄마에 의해 선택된다. 시리얼은 높은 관여도를 가지고 있는 저렴한 제품의 예이다. 스펙트럼의 반대쪽 끝에는 볼펜이나 캔디 바가 있을 수 있다. 이런 제품들은 단한 사람만이 거래와 소비 모델에 연관되어 있기 때문에 관여도가 낮은 제품들이다. 이는 낮은 관여도의 상품이 종종 충동구매로 이루어지며 오프라인 매장이나 온라인 어디에서나 구매가 이루어지는 이유가 된다.

브랜딩은 관여도가 높은 제품 및 서비스 카테고리와 관련된 개념이다. 브랜딩의 효과는 언제나 관련성에 기초하고 있으며 높은 관여도를 가지고 있는 카테고리에서 구매 결정은 고객 관련성 정도와 밀접하게 관련되어 있다는 사실을 기억하라. 화장실 휴지 같은 관여도가 낮은 아이템을 살 때에는 결정하는 데 5초도 걸리지 않으며, 어떤 때는 브랜드를 제대로 보지도 않고 사는 경우도 많을 것이다. 하지만 자동차 같은 관여도 높은 아이템을 살 때에는 결정을 내리는 데 몇 달이 걸릴 수도 있고, 브랜드 가치 또한 중요한 역할을 담당한다. 낮은 관여도를 가진 제품은 필요에 기초한 것이며 높은 관여도를 가진 제품은 욕구에 기초한 것이라는 사실이 다시 한 번

입증된 셈이다.

취급하는 제품과 서비스가 관여도가 높은 카테고리에 속해 있는 기업은 아주 운이 좋다고 할 수 있다. 왜냐하면 넥스트 이코노미 전략의 대부분을 실행해볼 수 있기 때문이다. 반면 관여도가 낮은 카테고리의 브랜드들은 아주 다양한 도전에 직면하고 있다. 그런 브랜드를 가지고 있는 기업에게 이 장은 이 책 전체에서 가장 중요한 의미를 가질 것이다.

가끔 현명한 포지셔닝을 통해 낮은 관여도 카테고리에서 높은 관여도 카테고리로 옮기는 것이 가능할 때도 있다. 몇 년 전 나는 페이퍼메이트 펜(Papermate Pens) 브랜드의 관련성 전략 개발을 맡았던 적이 있다. 펜은 보통 낮은 관여도를 가진 제품이다. (좋은 펜을 선물로 구입하는 경우라면 예외가 될 수 있다. 그것은 높은 관여도에 높은 관련성을 지닌다.) 많은 사람들은 펜을 구매조차 하지 않는다―옆 사람에게 '빌려 쓰면' 되는 것이라 생각하는 것이다. 그래서 대부분의 사람들은 페이퍼메이트, 빅, 펜텔(Pentel), 파커 등 펜 브랜드 간의 뚜렷한 차이점을 인식하지 못한다. 우리가 직면한 문제도 바로 그것이었다. "페이퍼메이트 브랜드를 어떻게 더 많은 사람에게 더 많이 관련시킬 것인가?"

우리가 찾아낸 해결책은 바로 카테고리(그리고 브랜드)의 관련성과 관여도를 높이기 위해 사람들이 안 좋은 펜을 샀을 때 발생할 수 있는 리스크를 부각시켜 광고에 활용하자는 것이었다. 우리는 중요한 계약서에 들어간 서명을 더럽힌 사람들, 말쑥한 턱시도 정장 위로 잉크가 온통 새어나온 값싼 펜, 고급 레스토랑에서 계산서에 서명을 하는데 잉크가 줄줄 흘러나오는 펜을 들고 있는 사람들을 보여주었다. 우리는 카테고리의 관여도에 대해 새로운 의미를 창출해야 했으며, 고객의 마음속에 구매에 대한 관련성을 높여야 했던 것이다.

이런 전략은 낮은 관여도를 가진 다른 제품에도 사용될 수 있다. 낮은 관련성을 가진 카테고리에 있는 많은 기업들이 넥스트 이코노미에 사용하면 효과적일 수 있는 두 가지 방법을 소개한다.

- 스폰서십을 적극적으로 이용해 고객들에게 중요한 다른 것과 연계를 맺는다.
- 다른 다수의 브랜드와 코마케팅을 실시해 집합적 수준에서 새로운 관련성을 창출한다.

두 전략 모두 낮은 관련성을 지닌 브랜드를 높은 관여도를 가진 것으로 승격시킬 수 있다. 이 장에서 우리는 이런 전략의 장점과 단점, 그리고 넥스트 이코노미와의 관계에 대해 살펴볼 것이다.

스폰서십 마케팅

스폰서십 마케팅을 통해 기업은 브랜드를 고객에게 중요한 어떤 것―활동, 신념, 동기, 열망 등―과 전략적으로 연관시킬 수 있다. 이때 그 목적은 관여도를 높이기 위해 고객의 삶에 더욱 관련된 이슈로 브랜드를 연계시키는 것이다.

예를 들어 타이드(Tide) 세제는 나스카(Nascar) 자동차 경주의 스폰서 기업이다. 어떤 사람들은 세탁 세제를 구입할 때 높은 브랜드 충성도를 가지고 구입하지만 어떤 사람들에게 세탁 세제는 손이 가는 습관에 따라 구입하는, 낮은 관여도를 가진 일상용품에 불과하다. 타이드가 나스카와 연계한 다음에는 수백만 명에 달하는 자동차 경주 팬들이 열정적으로 공유하는 긍정적인 경험이 이 브랜드와 관련을 맺게 되었다. P&G는 계속해서 이와 같은 일련의 스폰서십 전략을 활용했다. 타이드의 고객은 제품을 구매할 때마다 스타급 레이서들의 사인이 들어 있는 사진 같은 나스카 기념품을 함께 얻을 수 있다. 또 타이드는 멋진 경주용 자동차(물론 타이드의 로고를 부착한)를 매장에 진열할 수도 있다. 이 모든 활동들이 타이드를 평범한 세척제에서 관여도 높은 제품으로 승격시키는 데 기여했다.

이런 결과를 얻어낼 수 있는 스폰서십은 다양하다. 회사의 규모와 마케팅 예산에 따라 브랜드는 수영 대회, 우표 수집 전시회, 올림픽 경기, 로데오 축제, 암 퇴치를 위한 자선 바자회 등 수많은 이벤트에 스폰서십을 활용할 수 있다.

브랜드와 스폰서 활동 사이에 자연스러운 연결 고리가 있을 필요는 없다. "우리는 우리 최고 고객(Q1, Q2 고객)들이 이 활동에 많은 관심을 가지고 있기 때문에 스폰서를 하고자 하는 것입니다."라는 메시지를 전달하면 된다. 관련성은 "우리는 당신의 가치를, 당신은 우리 브랜드를 공유합니다."라는 것이다.

타이드의 나스카 스폰서는 일반적으로 세탁 세제는 '여성' 상품이며 자동차 경주는 '남성'의 관심사로 인식되고 있다는 점에서 더욱 흥미롭다. 그러나 나스카는 미국 전역에서 엄청난 인기를 끌고 있기 때문에 수백만 명의 여성 팬들도 가지고 있다. 게다가 P&G는 나스카 스폰서를 통해 고객과의 '거래' 관계—즉 식료품 매장의 유통 담당자들과—라는 관점에서 부가적인 혜택을 얻을 수도 있었다. 거래를 담당하는 대부분의 유통 담당자들은 남성이었고, 이들은 가족들과 함께 나스카 경주에 가 스폰서사인 타이드 부스에서 모자나 가방, 재킷 같은 기념품들을 잔뜩 들고 돌아왔던 것이다.

이 스폰서십 관계는 타이드에 확실한 성과를 가져다주었다. 이는 치리오스(Cheerios), 켈로그, K마트 등 나스카 스폰서에 참여한 다른 '여성' 상품 카테고리에도 마찬가지의 성과를 거두었다.

만약 브랜드와 스폰서를 하는 이벤트 사이에 자연스러운 연결 고리가 있다면 그 효과는 훨씬 증폭될 수 있다. 레블론(Revlon)이 유방암 리서치를 지원한 것처럼 화장품 회사가 여성 건강과 관련된 행사에 스폰서를 한다면 연계 효과는 훨씬 강력해진다. 이런 경우 Q1, Q2 고객에게 중요한 동기와 브랜드를 연계시킴으로써 관여도가 상승하는 것이다.

수평적 코마케팅

전통적으로 코마케팅은 소매업체, 판매업체, 유통업체, 웹 페이지 간에 수직적으로 운영되어왔다. 다시 말해 공급망의 앞뒤에 있는 기업들 사이에 협조가 이루어졌던 것이다. 많은 소매 판매 프로그램에서 흔히 협동 운영 프로그램(co-op program)이라고 불리는 용어를 들어보았을 것이다. 이는 전형적인 수직적 프로그램이다. 예를 들면 A&P에서 크로거(Kroger's)에 이르는 대형 식료품 매장

전단지에 캠벨 수프를 전면적으로 부각시킨 것이 그것이다. 브랜드는 소매업체 브랜드의 자산을 공유하며 그 둘이 함께 고객에게 다가가고자 했던 것이다.

넥스트 이코노미에서는 *수평적 코마케팅*이 새로운 주류가 될 것이다. 이때 핵심은 각각 다른 회사—고객 자체를 *제외하고는* 어떤 공통점도 없는—와 Q1, Q2 고객을 공유하는 것이다. 목적은 같은 Q1, Q2 고객을 가진 브랜드끼리 구매력을 합병해 서로의 상품 구매에 대한 관련성과 관여도를 증폭시키고자 하는 것이다. 물론 이러한 브랜드들은 그 브랜드 하나하나를 고객에게 인지시킬 수는 없을지 모른다. 그러나 이들은 최고 고객의 이슈를 함께 대표한다.

이러한 종류의 코마케팅은 구체적으로 종종 포인트 누적 프로그램을 통해 이루어진다. 이는 대여섯 종류의 브랜드가 누적적인 구매 파워를 창출해 일정 구매 수준을 달성한 고객에게 공동으로 보상하는 방법이다.

수평적 코마케팅 프로그램을 수립할 때는 제품 카테고리가 경쟁 구도를 형성하고 있지 않은 회사를 중심으로 파트너를 찾아보아야 한다. 예를 들어 크라프트 치즈는 고객 구성원이 비슷하다는 점을 제외하면 상품 구성에 전혀 공통점이 없는 퀘이커 오츠(Quaker Oats)의 시리얼, 오스카 메이어(Oscar Meyer)의 베이컨, 다농 요구르트 등과 결합될 수 있다.

어떤 수평적 코마케팅 프로그램은 자연스럽게 공동 주제가 형성되는 경우도 있다. 바비큐 시즌이 오면 빵, 핫도그, 바비큐 소스, 숯 가마 등을 판매하는 회사들이 모여 이벤트(뒷마당 파티)나 특정한 고객(이런 모든 것들을 구매하는 여성들)에 초점을 맞추는 공동의 컨셉트를 구축하는 것은 드문 일이 아니다. 네 가지 상품을 모두 사는 고객에게는 바비큐 액세서리 세트를 사은품으로 증정할 수 있다. 또는 매장 내에 '바비큐 상품 특별 판매'라고 써 붙인 커다란 현수막을 걸고 네 가지 상품 모두를 진열할 수도 있다. 아니면 네 가지 상품 모두를 구매한 보답으로 바비큐 요리 책을 선물할 수도 있을 것이다.

이렇게 코마케팅은 고객과의 관계를 구축하는 데 하나가 아닌 '여럿'이 되어 고객의 마음속에 강한 인상을 남기는 전략이다. 앞에서 예로 들었던 바비큐 이벤트는 1회성이 아니라 연간 프로그램이 될 수 있다. 전몰장병 기념일, 아버지날, 독립기념일, 노동절 등은 바비큐 파티가 벌어질 만한 휴일들이다. 이런 전략적 제휴에 참여하는 마케터들은 이 휴일 시즌에 엄청난 시장 점유율을 확보할 수 있을 것이다. 그렇게 되면 연간 수익도 고정될 뿐 아니라 더욱 중요한 것은 이 특별한 시즌에 확보된 고객의 우호적인 감정들이 시간이 지나면서 각 브랜드로 이어질 수 있다는 점이다.

이런 수평적 코마케팅 프로그램이 자녀수가 많거나 이웃끼리 유대관계가 좋은 가정과 연계된다면 그 힘은 한 단계 더 증폭될 수 있다. 이런 가정이라면 보통 가정보다 구입하는 바비큐 재료의 양이 훨씬 많기 마련이다. 그렇지만 그 가정들을 어떻게 찾아낼 것인가? 구경제에서 이런 작업은 웬만한 경비로는 엄두도 낼 수 없었다. 넥스트 이코노미에서는 첨단 테크놀로지가 그 작업을 가능하게 할 것이다. 고객들은 최근에 구매한 제품의 UPC 번호를 입력할 수 있는 웹 사이트에 접속하게 될 것이며, 이 사이트는 고객의 소비 패턴에 대해 몇 가지 질문을 던질 것이다. (물론 그에 상응하는 선물이나 상금, 또는 다른 형태의 보상이 따라야 한다.) 이런 정보들은 회사가 퀀타일을 구성하는 데 더할 수 없이 좋은 자료가 된다. 이를 발판으로 더욱 좁고 관련성 있는 마케팅 프로그램—격주마다 바비큐 파티를 여는 최고 고객들을 대상으로 하는—이 개발될 수 있다. 예를 들어 바비큐 소스를 만드는 회사는 추수감사절에 머스터드 요리법을 제공할 수 있을 것이다.

많은 회사들이 자기 회사의 상품과 브랜드의 교차 홍보 및 판매를 위해 이미 이런 방법을 쓰고 있다. 이는 잘못된 시도이다. 자기 브랜드 네임과 상품이라면 어떤 것이든 Q1, Q2 고객들에게 똑같이 중요할 것이라는 다분히 오만한 발상을 바탕으로 한 것이기 때문이다. 이는 맞아떨어질 수도 있긴 하지만, 그 확률은 거의 희박하다. 이런 오만한 가정 대신 고객에게 어떤 상품과 서비스가 최고가 될 수 있을 것인가에 초점을 맞추어 프로그램을 만들어라. 고객에게 회사를 초월해 모든 관련된 카테고리 안에서 가장 좋아하는 브랜드를 살 수 있는 기회를 제공하라.

아마존과 토이즈아르어스가 맺은 관계를 살펴보자. 아마존은 토이즈아르어스의 웹 사이트 운영과 유통 라인을 관리해주기로 했다. 각 회사의 고유한 전문성을 결합하기 위해 시도된 이 두 회사의 코마케팅은 경비 절감 차원이 아니라 책도 일종의 장난감으로 인식되고 있다는 차원에서 양 브랜드의 관여도가 함께 큰 폭으로 상승하는 성공적인 결과를 가져올 것으로 예측된다.

토이즈아르어스 브랜드를 이용해 아마존은 장난감 비즈니스에서 즉각적인 신용을 구축할 수 있었고, 아마존을 이용함으로써 토이즈아르어스 고객들은 과거에 종종 일어났던 유통이나 배달 과정

의 문제점이 발발하지 않으리라는 기대를 할 수 있다. 이 결합은
윈-윈-윈 구도라고 할 수 있다. 그리고 넥스트 이코노미에서는 이런
윈-윈-윈 구도가 필요하다.

마사 스튜어트(Martha Stewart)와 K마트의 관계를 살펴보자. 소비
자들의 주목을 끌 수 있는 상품 카테고리가 필요했던 K마트에게 마
사 스튜어트는 일상 가정용품 카테고리를 확보할 수 있는 중요한
기회였다. 마사 스튜어트는 자신의 브랜드를 보다 폭넓게 지원해
주고 유통시킬 수 있는 광범위한 유통망이 필요했다. 두 브랜드의
성공적인 결합은 두 브랜드가 함께 성장을 이루어가는 데 전략적으
로 가장 중요한 핵심 요인으로 작용하고 있다.

판매 솔루션

코마케팅은 고객의 필요를 중심으로 맞춤식 솔루션을 구축해주
기 때문에 기업은 이를 통해 고객에게 초점을 맞출 수 있다. 거느리
고 있는 수많은 직원들에게 할 일을 주지 못해 고민하지 말고, 고객
문제를 해결하기 위해 내부 혹은 외부에서 필요한 역량을 그때그때
영입하는 방안을 강구할 필요가 있다. 이렇게 하면 적은 인건비로
적절한 인력을 활용할 수 있어 비용 효율화를 도모함과 동시에 각
고객에게는 최적의 맞춤식 솔루션을 제공할 수 있다. 이는 일반 고
객을 최고 고객으로 끌어올릴 수 있는 확실한 해법이다.

예를 들어 설명해보자. 선 마이크로시스템스(Sun Microsystems)는
계열사인 아이포스(iForce)와 코마케팅 관계를 구축해 기업들에게

하드웨어, 소프트웨어, 데이터베이스에 관한 풀 서비스 라인을 제공하고 있다. 현재 IBM을 비롯해 다른 거대 컨설팅/회계 기업들도 각각의 계열사들과 비슷한 형태의 코마케팅을 실시하고 있다. 이들 기업들은 모두 비즈니스 성공에 있어 가장 중요한 것은 고객을 기쁘게 하는 것이라는 사실을 깨달은 것이다. 이를 가능하게 하기 위해서는 거대한 하부구조를 가지고 있지 않으면 거의 불가능하다. 만약 이렇게 거대한 하부구조를 가지고 있다면 이는 곧 먹여 살려야 하는―즉 뭔가 할 일을 주지 않으면 안 되는―덩치 큰 괴물을 가지고 있다는 의미이다. 그러나 고객이 원하는 솔루션이 기업이 팔아야 하는 것과 맞아떨어지지 않는다면 결코 고객을 기쁘게 해줄 수 없을 것이다.

이제 곧 솔루션 판매는 B2B 영역에서 B2C 영역으로 옮겨갈 것이다. 이는 결국 전술적 차원에서 전략적 차원의 접근―임시변통용이 아닌 보다 광범위하고 장기적인―으로 바뀌어간다는 뜻이다. 일시적이었던 전략적 파트너십은 더욱 밀접하고 강력한 관계로 발전할 것이고, 고객에게 하나의 솔루션으로 다가갈 것이다. 두 회사가 고객을 상대로 '공동 양육권'을 갖게 되는 것이다.

방송사들이 시청자들을 특정 쇼 프로그램에서 웹 사이트로, 그리고 회사의 브랜드로 옮겨놓고 있는 것에서 고객 관리의 진화를 볼 수 있다. NBC와 NBCi는 상호 교류가 가능한 쌍방향 테크놀로지를 현실화하기 시작했다. 방송사는 모든 종류의 고기를 낚아 올릴 수 있는 거대한 어망이 된 것이다. 이 고기들을 종류별로 구분하는 과정이 이어지고(욕구 세분화), 이에 따라 모든 프로그램이 조직된다. 이 프로그램들은 또 다른 코마케팅 파트너의 메시지가 기다리고 있는 특정한 NBCi의 웹 페이지나 특정 케이블 네트워크로 연결될 것이다.

이처럼 높은 관여도를 통해 증폭된 관련성이 브랜드와 최고 고객 사이에 더욱 친밀한 구도를 형성하는 것이 바로 코마케팅 모델의 핵심이다.

지적 자산과 코마케팅

코마케팅 거래에는 하나의 지주 회사가 있기 마련이며, 이 회사는 가장 근본적 차원에서 고객 관계를 맺고 있는 회사이다. 물론 이 관계를 보호하는 일은 아주 중요한 의미를 갖는다. B2B와 B2C 영역 모두 손을 잡은 파트너가 같은 고객을 놓고 경쟁자가 되는 것을 막기 위해 법적 제도를 확보할 필요가 있는 것이다.

지주 회사는 고객 솔루션에 관한 전반적인 전략을 보유하고 통제해야 한다. 이는 넥스트 이코노미에 부상하게 될 지적 자산의 중요성에 관한 하나의 예가 될 수 있다. 지주 회사는 고객 문제를 해결하고 처리하는 데 무엇이 필요한지도 확실히 파악하고 있어야 한다. 이런 통찰력의 가치는 엄청날 것이며 이런 능력은 법적으로 보호받을 수 있어야 한다.

이 새로운 지적 자산의 보호를 위한 법적 조항을 개발해나가기 위해서는 앞으로 몇 년에 걸쳐 처리되어야 할 일이 적지 않을 것이다. 기존의 계약법으로는 관련성 부족으로 적용이 어려우므로 새로운 법안이 마련되어야 한다. 이와 관련된 핵심 개념들은 다음과 같다. 코마케팅에 있어 지주 회사와 관련된 주요 사항들을 살펴보기로 하자.

- 지주 회사의 역할은 코마케팅 전략을 결정하는 고객 기회를 규명하고, 최상의 자원을 탐색하고, 모든 파트너 회사의 명확한 법적 동의안을 세우는 것이다.
- 배당은 성공 결과에 따라 협의에 의해 미리 결정해둔, 확실하고 지속적인 측정 기준에 의거해 지급되어야 한다.
- 각 파트너 회사들의 수익 흐름은 개별 프로젝트나 개별 상품을 대변하는 수준에 그치는 것이 아니라 솔루션이 고객에게 어떻게 성공적으로 혜택을 주고 있는지 전체적으로 파악할 수 있도록 연간으로 측정되어야 한다.

이러한 종류의 관계에서는 고객의 성공을 통해서만 고무적인 수익이 창출될 수 있다는 사실을 기억하라. 이는 넥스트 이코노미에서 모든 기업이 필요로 하게 될 고객 중심 전략을 유지하는 데 있어서 가장 중요한 사항이다.

코마케팅 프로그램 개발의 단계별 가이드

코마케팅의 목표는 최고 고객과의 관계에서 브랜드 단독일 때보다 훨씬 더 튼튼한 유대관계를 형성해 관련성을 구축하는 것이다. 때문에 최고 고객이란 어떤 브랜드와 파트너 관계를 맺는 것이 좋은지, 그리고 그들에게 의미 있는 프로그램을 어떻게 개발할 수 있을지에 대해 어드바이스를 해줄 수 있는 사람이다. 코마케팅 프로그램 개발을 위한 프로세스를 알아보자.

Q1, Q2 고객에 초점을 맞추어라

어떤 코마케팅이든 가장 먼저 상위 2개 퀸타일 고객을 분류하는 것으로부터 시작하라. 그런 다음 최고 고객의 익숙한 구매 패턴과 일치하는 다른 브랜드와 관계를 맺는다. 코마케팅 프로그램이 최고 고객의 구매 패턴에 일치하면 일치할수록 그 효과는 커진다.

소비 내용을 규명하기 위한 질적 리서치를 실시하라

초점 그룹의 1대1 인터뷰나 다른 형식의 질적 리서치를 이용해 고객이 언제, 어떻게, 왜 '우리' 브랜드를 이용하는지를 파악하라. 가장 중요한 것은 그 고객들이 동시에 구입하는 다른 제품이나 서비스가 무엇인지도 규명해야 한다는 점이다. 최고 고객들이 특정 브랜드를 이용할 때 함께 사용하는 다른 제품이나 서비스 카테고리를 연구하면 교차 소비 경험 구도를 파악할 수 있기 때문이다.

양적 리서치로 질적 결과를 테스트하라

질적 리서치를 바탕으로 최고 고객의 브랜드 경험에 밀접하게 연계시킬 수 있는 브랜드, 카테고리, 이벤트 등에 대해 가설을 세워보아라. 그런 다음 Q1, Q2 고객을 대상으로 양적 리서치를 실시, 그 가설을 테스트해보아라. 브랜드 소비와 가설 사이의 관계를 통계적으로 측정해 구체화하라.

이상적인 코마케팅 프로그램을 입안, 예비 테스트를 실시하라

최고 고객들의 브랜드에 대한 경험 방식을 알았다면 그들을 위한 이상적인 코마케팅 프로그램을 구체화해야 한다. 코브랜드, 유통업체, 소매업체, 그리고 가장 중요한 것으로 고객의 입장에서 얻을 수 있는 혜택은 무엇이며 또 리스크는 어떤 것이 있는지 가려내라. 이렇게 프로그램을 만든 다음 고객들을 대상으로 실행해보고 잘 수용되는지 질적 테스트를 해보라.

협력 관계를 고려해서 코마케팅을 할 파트너를 물색하라

이 단계가 가장 어려운 부분이다. 여기에서 가장 중요한 도구는 카테고리 소비가 자사의 브랜드 데이터와 어떻게 연관되는지를 조사하는 리서치다. 이 리서치를 통해 '우리' 브랜드와 양립 가능하다고 판단되는 특정한 한 개, 혹은 두 개의 목표 브랜드를 선정할 수 있을 것이다. 그리고 이제 이 지식을 어떻게 활용할 것인지를 결정해야 한다.

내 경험으로 보건대 어떤 카테고리든지 브랜드 리더들은 유연성이 가장 떨어지고, 가장 관료적이며, 특정 사업을 중개하는 역할을 거의 맡아본 적이 없을 가능성이 크다. 그래서 코마케팅을 염두에 두고 어떤 카테고리에서 최고 리더 브랜드에 접근하고자 할 때에는 대답을 얻기까지 상당히 오랜 시간이 소요될 각오를 해야 한다. 관료적 조직 구도 속에서 제안서를 들고 어떤 사람에게 접근해야 할지도 판단하기 어려울 것이다. 최선책은 제안서 내용에 관심을 보이고 동기 부여를 받을 수 있는, 일반적으로 부사장 정도의 직위를 가지고 있는 사람에게 접근하는 것이다.

또 다른 대안은 상대적으로 유연하며 중개적인 경영을 하고 있는 업계 3, 4위 정도의 브랜드로 시선을 옮기는 것이다. 문제는 '우리' 브랜드의 유통 범위가 지리적으로 양립할 수 있는가, 즉 함께 손을 잡고자 하는 업계 3위의 원하는 브랜드가 과연 모든 고객에게 닿을 수 있을 것인가라는 것이다.

클럽을 넓혀라

코마케팅 프로그램을 확대하고자 할 때는 미리 확보해둔 리서치 자료를 기반으로 위에서 언급한 단계를 필요한 만큼 반복하라. 이 때 고객들의 소비 패턴은 가능한 한 바꾸도록 하지 말아야 한다는 점을 항상 기억해야 한다. 최고 고객을 위한 보상 프로그램—최고 고객이 기업에 원하는 것을 제공하는 것—을 확립하는 것이 그 방법이 될 것이다. 그리고 장기적인 관점에서 보면 이는 결국 기업이 최고 고객으로부터 원하는 것을 얻어낼 수 있는 기회를 최대화하는 것이다.

코마케팅 협약에 대한 공증을 받아라

변호사로 하여금 코마케팅 프로그램과 각 역할 부분에 대한 권한과 책임을 명문화하고 지적 재산권 문제를 명확히 하는 등 모든 코마케팅 파트너들의 서명을 받은 서류를 작성해 법적 근거를 마련하도록 하라.

코마케팅 플랜을 모니터하고 지속적으로 향상시켜라

마지막으로, 정기적인 회의—한 달에 한 번, 혹은 두 달에 한 번이나 각 분기별로—계획을 잡고 모든 파트너들이 프로그램의 결과를 모니터하고 기존 방식에 가치를 더할 수 있는 방법을 끊임없이 연구해나가도록 하라.

누가 고객을 대변하는가?

넥스트 이코노미에서 코마케팅과 관련해 기업이 풀어야 할 난제 중의 하나는 현재 우리 기업의 관리 구조와 깊은 연관이 있다. 코마케팅 환경에서 우리는 고객 관리가 회사 간에 어떻게 공유될 수 있을지에 대해 이해할 필요가 있다. 이 문제는 이러한 마케팅 전략이 추진력을 얻어감에 따라 우선순위로 부각될 것이다. 그리고 기업 구조의 다른 측면에 있어서도 고객 관리 공유에 관한 이슈는 아주 중요하다.

앞에서 언급했던 것처럼 대부분의 비즈니스에서 마케팅 부서 구조는 피라미드 라인을 따라 조직되었으며, 이는 대단히 위험하고 해로운 구조이다. 이 구조 하에서는 위로 올라갈수록 공간이 좁아지기 때문에 직원들 간에 승진을 놓고 갈등이 빚어질 수 있으며, 고객이나 브랜드보다는 자신의 경력만을 우선시하게 되기 때문이다.

게다가 마케팅 부서는 이윤과 손해에 대한 책임과는 뚜렷한 상관관계가 없는 단순한 참모 부서였다. 그러나 넥스트 이코노미에서는 마케팅이 중심이 될 것이다. 마케팅 부서는 모든 라인을 관리하는 부서가 될 것이며 판매 매니저, 고객 서비스 매니저, 상품기획자들이 모두 마케팅 부서에 업무 과정을 보고하는 구조가 만들어질 것이다. 이는 고객과 고객의 욕구에 새롭게 초점을 맞춰가는 데 필수적인 지원을 위한 혁명적 과업이라고도 할 수 있다.

어떤 형태로든 코마케팅을 실시한다고 했을 때 이는 우리 회사의 고객 기반을 다른 회사들과 공유하고, 그들이 우리 고객에 접근할 수 있는 기회를 허락한다는 의미가 된다. 이를 위해 기업은 다른 회사들에게 고객 리스트를 개방하고 고객에 대한 정보를 공유—물론 전통적인 방식으로 조직된 비즈니스에게는 어려운 일이긴 할 것이다—할 수 있어야 한다. 더욱 중요한 것은 장기적 관점에서 고객 관계를 키워나가는 방법에 대해 코마케터와 '철학'을 공유할 필요도 있다는 사실이다. 즉각적인 결과와 단기적 사고에 초점을 맞추었던 전통적인 비즈니스 피라미드에서는 프로그램의 장수, 브랜드와 관계 구축 등을 기대할 수 없다. 그래서 구경제 기업들이 코마케팅을 시도했을 때 어려움을 겪었던 것이다.

우리는 신경제 모델로부터 유용한 교훈을 얻을 수 있다. 신경제는 시장에 대한 빠른 스피드에 민감한 시기였으며, 전략적 차원에서 아웃소싱의 확산이 두드러졌다. 제때 맞추어 약속한 상품을 개발할 시간이 없는 닷컴 기업들에 의해 주도된 IPO는 필요한 전문성과 금융 기관의 신용을 빌려줄 수 있는 다른 회사들과의 '전략적 제휴'를 모색하게 했다. 그러나 오라클(Oracle), 마이크로소프트, IBM, 노텔(Nortel), AOL 등과 함께 한 이런 제휴가 그 회사의 점유율을 올려주는 데 기여했던 적이 있었는가?

이런 형태의 전략적 제휴는 넥스트 이코노미에서는 걸러내져야 한다. 이런 제휴는 주로 합병과 인수를 통해 이루어졌다. 그러나 이는 구경제 금융 모델의 변형일 뿐이다. 오늘날 기업은 최고 고객에게 보다 많은 관련성을 확보하기 위해 다른 회사의 주주 자산을 획득할 필요는 없다. 필요한 것은 그들의 브랜드 자산이다. 이는 코마케팅 관계를 맺은 회사들끼리 시장에서 서로의 브랜드 관여 수준을 증폭시키는 데 기반이 되어주는 상대 회사에 대한 기본 통제권을 가질 수 있도록 기업 조직을 재편성해야 획득할 수 있는 성질의 것이다. 그러나 이는 마케터들이 고객 관계를 통제할 수 없다면 결코 구체화될 수 없다. 또한 이는 넥스트 이코노미에서 성공을 이룰 수 있는 핵심이기 때문에 마케터들은 이런 일을 가능하게 하는 CEO의 위치까지 올라가야만 한다는 결론이 나온다. 실제로 그렇게 될 것이다.

1960년대 기업 이윤에 가장 많은 공헌을 한 것은 부동산이었다. 그러던 것이 1970년대에는 경영, 1980년대에는 금융, 1990년대에는 정보 테크놀로지로 바뀌었다. 2000년대는 마케터가 그 자리를 차지할 것이다. 최고 고객에게 서비스하기 위해 기업 조직을 재편성하는 것은 모든 기업이 선결해야 할 최우선 과제가 되어야 한다.

모든 접촉점을 관리하라

앞에서 언급했듯이 모든 브랜드는 고객과 총체적인 접촉점을 가지고 있다. 접촉점이란 브랜드와 고객이 신체적으로, 그리고(또는) 심리적으로 만나는 모든 공간을 말한다. 그 공간에는 다음과 같은 것들이 있다.

- PR
- 광고
- 상품 포장
- 디스플레이
- 구매
- 배달
- 소비(상품)
- 접수 직원
- 콜 센터
- 사후 서비스

이들 중 오늘날의 마케팅은 맨 처음의 두 요소(PR, 광고)와 제품의 일부분만 관리하고 있다. 디스플레이와 유통은 마케팅이 아니라 판매부서의 책임 소관이다. 그러나 모든 접촉점은 브랜드 관계를 구축하는 데에 있어 똑같이 중요한 요소다. 디스플레이, 구매, 배달과 관련된 문제는 소매업체나 유통업자와 관계있는 것이며, 브랜드 마케팅과는 관계가 없다. '우리' 제품이 인터넷 검색 엔진에서 첫번째 추천 상품으로 올라와 있는가? 매장에서 가장 구석진 곳에 진열되어 있지는 않은가? 세일 기간에 주력 상품으로 올라와 있는가? 휴일 배달은 제때 이루어지고 있는가? 선물 증정 카드는 제대로 동봉되었는가? 포장은 견고하게 되었는가? 비용은 명시한 대로 청구되고 있는가? 이러한 관계 구축과 관련된 모든 사안에 마케팅의 손이 미치지 못하고 있다.

오늘날 마케팅은 고객에 대한 약속을 하는 접촉점에만 국한되어

있을 뿐이다. 그 약속이 이루어지는 모든 관련된 접촉점—구매 환
경, 제품 배달, 제품 디자인과 질 등—에 그 힘이 미치지 못하고 있
는 것이다. 접수 직원, 콜 센터, 사후 서비스 같은 고객 경험과 관련
된 문제를 해결하는 데에도 마찬가지다.

그러나 넥스트 이코노미에서 모든 고객 접촉점은 마케터에 의해
관리될 것이다. 마케터들은 유통 접촉점(구매 환경과 배달), 고객 소
비 접촉점(제품 디자인과 질), 접촉점의 문제 해결 등을 모두 통제할
수 있어야 한다. 마케팅은 고객 관계를 책임질 것이며 브랜드 자산
을 증강시키는 모든 접촉점을 관리해야 할 것이다.

그렇게 해서 최고 고객의 계약은 더욱 견고해지고, 전체 경영은
유일한 진정한 자산—브랜드 충성 고객—을 증강시키는 데 초점을
맞추게 되는 것이다.

새로운 고객 지지

구조와 관련된 이슈는 그것이 중역회의실의 테이블에서 고객을
대변하는 주체로 변화해야 한다는 필요의 차원에서 중요한 의미를
갖는다. 미래에 요구되는 것은 제품 매니저가 아니라 고객 관리 매
니저이다. 이들은 일런의 훈련을 통해 만들어진 전문가들—연구자,
가격 전문가, 접촉점 전문가 등—로 구성될 것이며, 새롭게 재편성
된 기업 구조에 편입되어 내부에서 고객을 대변하는 인력이다. 그
들의 목적은 제2, 제3의 중개자를 거치지 않는 고객과의 직접적인
소통이다. 고객 관리 매니저들은 Q1, Q2 고객과 지속적으로 이야

기를 나누게 될 것이며 이를 통해 그들이 브랜드와 관련해 무엇을 구매하고 있는지, 어떤 것을 좋아하고 싫어하는지, 어떤 종류의 신상품과 서비스를 제공받고 싶어 하는지를 파악하게 된다. 그리고 그 결과를 반영한 광범위한 고객망은 진정으로 고객을 대변하는 것이 될 것이다.

이런 모든 일들은 과연 실행 가능한 것인가? 그렇다. 고객 리서치의 목표는 모든 고객들이 무엇을 하고, 생각하고, 원하고 있는지를 파악하기 위함이었다는 점을 기억하자. 퀸타일 관리는 이러한 관점을 변화시킬 것이다. 이제 우리는 어떤 퀸타일이 브랜드와 상호 관련되는지를 이해하는 것이 가장 중요한 핵심이라는 점을 알고 있다. 이는 목표에 훨씬 더 근접한 관점이다.

넥스트 이코노미에서 고객 관리 센터는 최전방 부대—기업의 눈과 귀를 대표하는—가 된다. 고객을 기쁘게 해주는 법을 제대로 파악하는 능력이야말로 전략적 경쟁 우위를 획득하는 열쇠이다.

오늘날 마케팅 그룹은 고객이 아니라 회사를 대변하는 자원 풀—조사원, 광고 대행사, 설문 조사자 등—을 소유하고 있다. 넥스트 이코노미에서 이러한 배열은 의미가 없다. 대신 Q1, Q2 고객만을 전담하는 브랜드 매니저가 필요하다. 이 브랜드 매니저는 모든 마케팅 전문가들로부터 업무 보고를 들을 수 있어야 하며, 다른 회사의 브랜드 매니저들과도 정기적인 회의 자리를 만들어 서로의 계획을 비교 검토함으로써 코브랜딩에 관한 아이디어와 프로그램을 끊임없이 개발해야 한다. 브랜드 매니저와 그 동료들의 임무는 그들의 최고 고객에게 중요한 의미를 갖는 사안을 중심으로 브랜드 자산의 초점을 맞추는 일이 될 것이다.

[표 9-1]은 오늘날의 기업 구조가 어떻게 변화하고 있으며 넥스트 이코노미의 요구에 대응해 어떻게 변화해야 할 것인지를 보여주고 있다. 넥스트 이코노미 모델에서는 고객과 브랜드 간의 모든 접촉점이 마케팅 매니저의 지휘 아래 놓이게 된다는 점에 주목하자. 이런 구조야말로 처음으로 시도하는 고객 관리 전략을 지속적이고도 효과적으로 수행하도록 해줄 것이다.

루이비통(Louis Vuitton Moet Hennessey)처럼 넥스트 이코노미에서 최고 고객—최고급품 구매자들—을 기반으로 경영을 하게 될 기업의 경우를 예로 들어 생각해보자. 이 회사는 미래형 코마케팅 비즈니스의 선구자라고 할 수 있다. 루이비통은 호화 여행 비즈니스와 손을 잡아 최고급 크루즈 여행 상품이나 잘 알려지지 않은 리조트에서 보내는 주말 상품 외에도 고객이 여행 중일 때 집이나 각종 재산을 지켜주는 첨단 보안 프로그램을 제공했다. 또한 렉서스나 메르세데스, 롤스로이스와 손을 잡고 전세계의 최고급 자동차 제조 공장을 둘러보는 특별 관광 코스를 제공하기도 했다. 그리고 유명 와인 공장과 경매 주택, 골동품 매장 등에서 오픈 하우스를 주최할 수도 있었다.

이런 아이디어들은 그 브랜드를 다른 경험, Q1, Q2 고객 기반이 지지하는 다른 브랜드로 연결시켜주는 통로 역할을 하게 함으로써 기업의 관여도를 높이고, 이에 따라 새롭고 강력한 수준에서 코마케팅을 구현할 수 있도록 해주었다. 또 이 전략은 새롭고 높은 수준의 관련성을 확보하고 있다. 뿐만 아니라 코마케팅 전략의 궁극적인 이상향이자 전혀 새로운 형태의 차세대 마케팅, 즉 컨시어지 마케팅(concierge marketing)의 기틀을 마련해준다.

【표 9-1】 구경제, 신경제, 그리고 넥스트 이코노미의 기업 구조

넥스트 이코노미

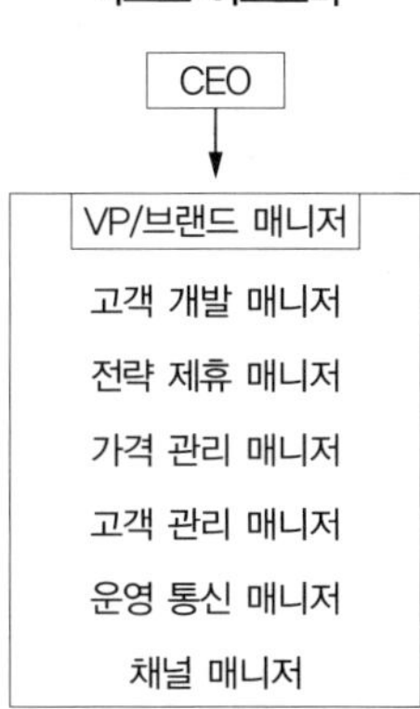

컨시어지 마케팅의 출현

넥스트 이코노미에서 마케터들은 상품이 아니라
서비스를 팔게 되는 셈이다.
신뢰를 기반으로 하는 관계가 비즈니스를 주도해나갈 것이다.
그 신뢰는 월급을 주는 주체가 그 고객이냐 회사냐 하는 것과 관계없이
고객이 우리를 조달 매니저로 고용하게 된다는 사실에 기초하게 된다.

the Next Economy

우리는 가족에게 먹일 음식을 구하기 위해 더는 사냥을 나가지 않는다. 맥도널드는 우리가 원하는 고기를 얼마든지 제공할 수 있다. 또 세이프웨이(Safeway)는 음식에 관한 한 모든 것을 갖추고 있기 때문에 마당을 가꾸는 것은 취미생활일 뿐이다. 시냇가로 나가서 물을 떠오지 않아도 에비앙(Evian)이 물을 공급해준다. 일터가 아무리 멀어도 걱정할 필요가 없다. 우리를 어디든 데려다주는 포드(Ford)가 있지 않은가?

우리는 살아가면서 필요한 대부분의 것들을 외부에서—좋은 품질의 것을 배달해줄 것으로 믿어지는 회사로부터—얻고 있다. 스스로 해결하기에는 전문성, 에너지, 시간, 관심이 부족한 우리 삶의 모든 영역에서 이런 일들이 이루어지고 있다. 우리가 필요로 하는 것들을 얻기 위해 거래를 하는 기업들은 각 개인에게 부족한 지식, 효율성, 구매력을 구비하고 있다고 믿는 대상들이다.

이것이 바로 *컨시어지 마케팅(Concierge Marketing)*의 기반이 되는 관점이다.

넥스트 이코노미에서는 우리가 그동안 유지해왔던 다양한 아웃소싱 관계의 숫자와 종류가 더욱 확장될 전망이다. 우리를 위해 필요한 것들을 마련해주고, 포장하고, 배달하고, 관리해주는 전문가들에게 더욱 많은 소비 결정을 의뢰하게 될 것이며, 컨시어지 마케팅은 우리 삶에서 필요한 부분만이 아니라 우리의 욕구까지 충족시켜주고 시간과 에너지, 돈을 절약해주는 광범위한 서비스 카테고리를 다루게 될 것이다.

우리가 믿는 사람들

*컨시어지(concierge)*란 구매자를 대변하고, 구매자의 욕구가 가능한 한 최선의 방법을 통해 충족될 수 있도록 해주는 사람을 말한다. 우리는 많은 사람으로부터 제품과 서비스를 구매하고 있지만 그 중 컨시어지 관계를 맺고 있는 경우는 별로 없다.

우리는 개인 금융 설계사와 컨시어지 관계를 맺고 있다. 우리는 금융 설계사에게 거래가 아니라 우리 포트폴리오의 가치를 증가시켜주는 것에 대해 비용을 지불하는 것이며, 우리를 대변해 금융 거래를 해도 좋다고 동의하고 있다. 물론 그 설계사는 중요한 결정을 내릴 때에는 우리와 기본적인 협의를 거치지만 충분한 전문성과 신뢰성을 갖추고 있기 때문에 우리는 그들에게 세부적인 사항은 일일이 상의하지 않고 거래를 해도 좋다고 허락하고 있는 것이다. 설계사는 분기별로 우리에게 보고를 해주고 우리는 그 결과물을 검토만 할 뿐이다. 그것이 금융 설계사와 우리의 관계이다.

컨시어지 관계의 또 다른 예가 있다. 우리 부부는 플로리다 사라소타(Sarasota)에 집을 한 채 가지고 있다. 우리가 뉴욕이나 다른 곳에 머물 동안에는 집을 관리해주는 주택 관리인과 컨시어지 관계를 맺는다. 그는 우리 풀장을 관리하고, 석 달에 한 번 완벽한 청소를 해주고, 스프링클러를 점검하고, 잔디를 깎고, 청소부들을 관리했다. 이를 위해 그는 직접 사람들을 모아 데려오고, 우리는 협상을 통해 한 사람 한 사람의 보수를 결정, 지급해준다. 다음 단계는 일일이 내 손을 거치지 않고 주택 관리인이 모든 일을 처리하는 것이며, 그는 기본적인 수수료와 서비스에 대해 제공되는 비용의 일부를 가져간다. 아마 우리는 언젠가 그 다음 단계를 밟을 수 있을 것이다.

실내 장식가 또한 주택 인테리어에 관한 우리의 컨시어지다. 본격적으로 작업에 들어가기 전에 그는 우리의 취향, 예산 등에 관해 오랜 협의 과정을 거친다. 우리는 그에게 전체 예산의 절반 정도를 선불로 지급하며 그는 그 돈으로 모든 가구를 구입하고 일꾼, 페인트공, 모델 책임자, 목재 장롱 제작자, 융단 제작자, 장식 전문가, 소품 담당자 등을 고용할 수 있다. 이런 식으로 그는 주택 인테리어에 관한 모든 것을 관장하며, 우리는 기초 설계 도안을 보고 세세한 사항을 선택한 후 나중에 그 도면대로 집이 완성되었는지 확인만 하면 된다.

건축가도 역시 컨시어지의 한 종류라고 할 수 있다. 아무리 훌륭한 건축가라도 혼자서 건물을 지을 수는 없다. 건축 기사, 컴퓨터 프로그래머, 지붕 이는 사람, 배관공, 전기공, 목수 등을 고용해야 한다.

우리는 왜 이런 식의 컨시어지를 고용하고 있는가? 우리 삶의 질—우리처럼 나이가 들어가는 베이비 부머들에게 중요한 이슈인—이 바로 컨시어지를 통해 높아질 수 있다는 것을 깨달았기 때문이다. 그들로 인해 우리는 우리가 정말로 원하는 것만 하면서 살 수 있다. 그들은 우리가 갖고 있지 못한 전문성과 지식을 가지고 있다. 만약 우리 부부 중 한 명이 인테리어나 투자에 커다란 관심과 열정을 가지고 있다면 우리는 그런 영역에 컨시어지를 고용하지 않았을 것이다.

넥스트 이코노미에서는 수백만 고객들이 더욱더 다양한 컨시어지 관계를 맺게 될 것이다. 그리고 나는 이를 *컨시어지 마케팅(concierge marketing)*이라 부른다.

왜 지금인가?

컨시어지 마케팅은 구매와 판매에 관한 기존의 방식에 완전히 반대되는 개념이다. 판매자가 아니라 구매자를 대변하는, 비즈니스에 관한 전혀 새로운 접근 방식을 구사하고 있기 때문이다.

과거에 마케팅은 상품과 서비스가 고객에게 전달되는 흐름에만 관련되어 있었다. 그러나 지금까지 살펴본 우리 경제를 좌우하게 될 모든 변화 요인들은 성공적인 기업에게 컨시어지 마케터로 스스로를 변모시키지 않을 수 없도록 하고 있다.

컨시어지 마케팅은 어느 날 갑자기 나타난 완전히 새로운 개념은 아니다. 상업 임대가 바로 오랫동안 존재해왔던 컨시어지와 비슷한 영역이다. 임대 비즈니스는 임대인보다는 임차인을 대변하기 때문이다.

구경제에서도 컨시어지 관계는 몇몇 영역에서 존재했었다. 보험이나 증권, 금융 설계를 지원하는 독립적인 판매 대행사들은 특정 상품 판매와 이해관계가 얽혀 있지 않은 제3자적 입장에서 비즈니스를 해야 하는 직종이었다. 그러나 이런 모델들은 심각한 문제점을 가지고 있었다. 판매 보조금(spiffs: 촉진공제. 자신의 제품을 특별히 진열해주거나 촉진해줄 것을 요구하면서 대금의 일부를 감면해주는 공제. 거래 개설 비용, 대량 구입시 할인, 사은품이나 상금 등의 형태를 띠기도 한다—역주)이라는 제조업체에 의한 보상 제도가 출현하면서 대행사가 제공하는 어드바이스의 독립성과 신뢰성이 떨어지고 객관성이 약화된 것이다. 만약 어느 한 쪽의 완전한 신뢰를 얻기 위해서는 양쪽 어디에서도 돈을 받아서는 안 *되는* 법이다. 광고업계를 포함해 다른 산업 분야에서도 비슷한 갈등이 일어나기 시작했다. 예를 들어 독립 보험 대행사들은 금융 컨설턴트—적절한 교육 과정을 거치고 고객을 대변하는 위치로 스스로를 규정지어야 했던—로 변모해야 했다. 그러나 그들은 그렇게 하지 못했고, 결국 오늘날에 와서는 완전히 퇴화되고 있는 중이다.

컨시어지 마케팅은 이제 여행사나 인테리어 회사 같은 몇몇 영역을 제외하고는 거의 존재하지 않는다. 그리고 복잡한 이해관계가 얽혀 있는 경우가 많기 때문에 이들도 진정한 컨시어지 관계라고 볼 수는 없다. 여행사들은 특정한 관광지와 휴가 패키지 상품을 놓고 이해관계가 상충된다. 훌륭한 판매 회사는 고객을 대변할 수 있었던 회사였고, 현재도 그렇다. 그러나 판매에 영향을 끼치는 많은 영역에 판매 보조금이나 인센티브가 성행하고 있는 것이 현실이다. 때문에 그들은 겉으로만 그렇게 보일 뿐 진정으로 고객의 이득을 대변해주지 못하고 있는 것이다.

이제 컨시어지 마케팅의 시대가 닥쳐왔다. 앞에서 살펴보았듯이 세대적 이슈가 그 이유가 될 수 있을 것이다. 컨시어지는 노인층, 진정 하고 싶은 일에만 시간과 에너지를 투자하고자 하는 부유층에 이상적으로 맞추어질 수 있는 개념이다. 우리가 살펴본 것처럼 기존의 판매자-구매자 관계는 많은 문제점을 안고 있다. 구매자들이 판매자를 더는 신뢰하지 않는 것도 당연하다. 그리고 판매자가 고객을 제대로 대변해주지 못하자 구매자들은 관심사가 비슷한 사람들끼리 그룹을 만들어 서로서로 조언과 안내, 지원을 구하고 있다. 소비자 보호 단체가 다양해지고 양적으로 팽창하고 있는 것이 그 예이다. 지금 인터넷상에는 제품과 서비스를 구매하는 과정에서 경험한 분노를 표출할 수 있는 기회를 주는 사이트에 사람들이 몰리고 있다. 이 같은 트렌드는 오늘날 구매자들이 판매자들의 고객 대변 능력에 얼마나 많은 좌절과 실망을 느끼고 있는지 여실히 보여주는 예이다.

인터넷은 고객들이 테크놀로지를 이용해 스스로 해결책을 어떻게 만들어가고 있는지를 볼 수 있는 사례들로 가득 차 있다. 렌딩 트리 금융 서비스(Lending Tree Financial Services)는 고객들의 금융 서비스에 관한 욕구에 맞춘 매각인들을 소개하고 있다. 바이닷컴은 온라인상의 어떤 품목이든지 모든 상품의 가격 비교를 가능하게 해준다. 아마존은 책에 관해 보다 객관적인 정보를 얻어갈 수 있도록 독자들의 서평을 자세하게 싣고 있다. 프라이버시크(Privaseek)와 세이프웹(Safeweb)은 고객들이 익명으로 인터넷을 서핑할 수 있게 해준다.

P2P(peer-to-peer: 동등 계층 통신) 테크놀로지는 사용자가 하부구조를 거치지 않고 직접 컨텐츠와 접근에 대한 통제권을 확보할 수 있도록 하는 데 목적을 두고 있다. 냅스터(Napster: 개인이 가지고 있는 음악 파일들을 인터넷을 통해 공유할 수 있도록 해주는 서비스. 음반사와 저작권 침해 소송이 벌어져 결국 서비스 중지 판결을 받은 바 있다—역주)는 지적 재산권에 관한 전쟁의 시작이지 끝이 아니었다. 파일 공유는 인터넷이 도달해야 하는 미래상이다.

고용자나 판매자들에게 불만을 가지고 있는 고용인들과 고객들을 위한 수많은 사이트들은 오늘날 구매자가 판매자를 능가하는 힘을 얻고 있다는 또 다른 예라고 할 수 있다. 아메리칸 에어라인(American Airline)이 승객 수를 늘리기 위해 특정 지역으로 가는 항공료 인하를 시도했을 때 웹에서는 다른 도시에 사는 고객들의 비난이 빗발치기 시작했다. 플라이어토크닷컴(Flyertalk.com)이 도시 간 이동 요금 비교표를 완전히 공개해버렸기 때문이다. 아메리칸 에어라인이 특정 도시에 차별을 두어 불공평하게 요금을 적용한다는 사실이 인터넷을 타고 급속도로 퍼져나가면서 결국 아메리칸 에어라인의 지역별 가격 차별화 정책은 무산되고 말았다.

이 사례는 다른 많은 발전들 중에서도 특히 인터넷이 사람들에게 욕구를 만족시키기 위해 매진할 수 있도록 해줄 뿐만 아니라 동시에 그것을 이룰 수 있는 연장까지 제공하고 있다는 사실을 보여준다. 더욱 중요한 것은 바로 기업에서 개인—특히 고객—으로 권력이 이동하고 있음을 반영해주고 있다는 점이다.

이런 고객 대변 사이트들에 사람들이 몰려들고 있는 비율과 그 관심의 정도가 증가하고 있다는 사실은 고객들이 그들을 대변해줄 수 있는, 신뢰할 만한 사람을 원하고 있다는 증거이기도 하다. 오랫동안 거래에서 불이익을 당해왔던 고객들이 그 고리를 끊기 위해 움직이기 시작한 것이다. 고객들이 불만족을 표현하고 더 나은 대우를 요구하고 있다는 사실은 이러한 더 나은 관계를 위한 욕구가 전혀 충족되지 못하고 있음을 의미한다. 거의 예외 없이 고객들은 기업의 관료주의적 태도를 상대할 시간도 없고 그런 대우를 좋아하지도 않는다.

넥스트 이코노미는 고객과 브랜드 사이의 관계를 증강시키기 위해 이 모든 것을 변화시킬 것이다. 컨시어지 마케팅은 기업으로 하여금 오직 하나의 목적—고객을 기쁘게 하는 것—만을 향해 모든 것을 종속시키도록 할 것이다. 이때 고객과 브랜드 사이에는 하나의 계약이 존재하는 것으로 간주된다. 거래는 이 계약에 서명을 하는 것이며, 기업은 고객을 상대로 무언의 약속을 하는 셈이다. 컨시어지 경제에서 기업에 몸담고 있는 사람들은 기업의 전체 프로세스에 걸쳐 고객의 입장을 대변하게 될 것이다. 이때 고객 접촉점을 관리하는 것이 가장 중요한 핵심이다. 그 목표는 고객이 무엇을 원할 것인지를 예측하고 그것을 제공하는 것, 그래서 매 시간 고객과의 계약을 강화해가는 것이다. 기업은 기업 쪽에서 고객의 욕구에 맞추어가야지 결코 그 반대의 경우가 되어서는 안 된다.

이런 것들이 기존의 전통적인 경영 방식과 얼마나 다른지 생각해보자. 구경제에서는 기업 내부에 개별적이고 직능적인 단위로 인력을 배치, 운용했다. 이러한 인력 단위들을 융합시키거나 최소한 그들이 기업의 목적에 저촉되는 방식으로 기능하는 것을 멈출 수 있는 CEO의 능력이 기업의 성공을 결정하는 요인이었다. 우리는 이를 *비전(Vision)*이라고 불렀다. 이는 결코 쉽게 이루어질 수 있는 것이 아니었다.

신경제 또한 이런 문제를 개선하지 못했다. 앞에서 말한 구경제의 인력 단위는 신경제에 와서 변화하기는 했지만—IT 부서, 지원 부서, 마케팅 부서 등—여전히 그대로 존재했다. 가장 중요한 것은 고객은 기업의 조직과 우선순위를 결정하는 데 있어 아주 작은 존재밖에 되지 못했다는 점이다.

만약 고객이 테크놀로지를 구매하지 않았다면 그것을 구하지 않았기 때문이었다. 넥스트 이코노미에서 고객은 어느 것도 '구할' 필요가 없다. 고객이 원하는 것을 구해서 가져다주는 것이 바로 마케터들의 임무가 될 것이다. 기업이 바로 무언가를 '구하는' 주체가 되는 것이다.

앞서 살펴보았듯이 모든 비즈니스는 수많은 고객 접촉점을 가지고 있다. 광고, 프로모션 활동, 웹 사이트, 리서치, 상품 개발, 품질 향상, 유통 시스템, 포장 등이 그것이다. 이 모든 것들은 고객의 입장—마케터들의 입장도, 상사의 입장도, 주주의 입장도 아닌—에서 운영되어야 할 것이다.

넥스트 이코노미에서 마케터들은 상품이 아니라 서비스를 팔게

되는 셈이다. 신뢰를 기반으로 하는 관계가 비즈니스를 주도해나
갈 것이다. 그 신뢰는 월급을 주는 주체가 고객이냐 회사냐 하는 것
과 관계없이 고객이 우리를 조달 매니저로 고용하게 된다는 사실에
기초하게 된다.

컨시어지가 제공해줄 것들

컨시어지 관계는 지속적인 관계이다. 1년에 한 번 맺는 관계는
진정한 관계가 아니다. 단지 '거래' 에 불과하다. 이 관계를 가치 있
게 만들기 위해 컨시어지는 다면적인 접촉을 통해 관련성, 전문성,
서비스를 제공해야 한다. 무엇보다 중요한 것은 컨시어지는 신뢰
를 받아야 한다는 점이다.

Q1, Q2 고객의 흥미를 충족시키기 위해 허락을 얻는 것은 넥스
트 이코노미에서 가장 중요한 과제인 동시에 가장 큰 보상이 될 것
이다. 허락 마케팅(permission marketing)은 새로운 의미를 가지게
된다. 왜냐하면 컨시어지는 고객이 해당 카테고리에 원하는 것과
지금까지 어떤 브랜드를 지지해왔는지 정확히 이해하기 위해 광범
위한 필터가 필요하기 때문이다.

어떤 브랜드들은 컨시어지 관계에서 협상의 여지도 없는, 충분히
살아남을 수 있는 자산을 가지게 될 것이다. 브랜드 관계를 구축하
지 못한 기업들은 거래가 이루어질 때 불리한 위치에서 경쟁 국면
에 노출될 수밖에 없다. 물론 컨시어지 마케팅의 핵심은 구매자가
어떤 카테고리에 대해 판매자 못지않은 전문성을 가지고 있다는 점

이다. 가격이 유일한 차별점으로 기능하지 못하는 브랜드의 가치를 더하기 위해서는 네 가지 R을 통해 관계가 구축되어야 한다. 전문 구매자(즉 컨시어지)는 가격이란 경비이며 가치란 값어치를 의미한다는 사실을 이해하고 있기 때문이다.

내 경우를 예로 들어보자. 어떤 영역에서든 내가 결정한 컨시어지는 나를 제대로 대변하기 위해 내가 선호하는 것을 잘 알고 있어야만 한다. 내 여행 대행사는 내가 스키광에 자동차 경주를 즐긴다는 사실을 알아야 할 것이다. 그리고 여행사 직원은 그랑프리 티켓이나 스키 장비를 가장 저렴하게 살 수 있는 방법을 알아내어 그것들을 구매할 수 있는 기회를 내게 제공해줄 수 있어야 한다.

나를 기준으로 생각해보면, 나는 정보/엔터테인먼트 컨시어지, 식료품 쇼핑 컨시어지, 유틸리티 컨시어지(텔레비전, 케이블 서비스, 전화, 팩스, 모뎀, 전기 등과 관련해 내게 필요한 것들을 공급해주는 업체를 지속적으로 바꾸어주고, 나를 대변하며, 내 돈을 사용하는), 여행 컨시어지 등 전체적으로 여섯 개 정도의 컨시어지를 가지게 될 것 같다. 전문성은 이런 컨시어지 관계를 발전시켜가는 데 가장 큰 기준이 될 것이다.

반대로 가정과 관련된 모든 것을 대변해주는 단 하나의 컨시어지만 가지게 될 수도 있다. 그러나 나는 전자 쪽의 가능성이 더 크다고 생각한다. 왜냐하면 우리는 단순히 편리한 거래만이 아니라 특정 분야를 특별히 잘 알고 있다는 '전문성'에 돈을 지불하기 때문이다. 핵심은 오늘날의 복잡한 상품과 서비스를 이용하기 위해 알아야 하는 모든 전문 지식을 배우는 데 드는 시간과 경비를 줄여야 한다는 점이다.

결국 나는 내가 가장 신뢰하는 콜 센터를 카테고리의 컨시어지로 지명할 것 같다. 그리고 아마 다른 카테고리도 마찬가지일 것이다. 크라프트 푸드는 식료품 구매를 가장 잘 대변해줄 수 있었다. 파이어스톤 고객 관리(Firestone Customer Care)는 그동안 내 자동차 타이어와 브레이크를 훌륭히 관리해주었으므로 내 자동차 컨시어지가 될 수 있다. 전문성을 가진 사람, 내 신뢰를 얻은 사람을 결정하는 것이 모든 문제의 가장 중요한 핵심이다.

컨시어지 마케팅의 시작

이미 컨시어지 마케팅 전쟁에 뛰어든 기업들도 있다. 아메리칸 익스프레스의 '프론트 오브 더 라인(Front of the Line)' 이라는 플래티넘 카드는 바로 여행에 초점을 맞춘 컨시어지 개념의 프로그램이다. 초기의 플래티넘 카드 사용자들은 '프론트 오브 더 라인' 프로그램이 구하기 어려운 유명 콘서트, 빅게임, 그 외 특별 이벤트의 티켓을 구매하게 해준다는 사실에 그저 놀랄 뿐이었다. 또 이 카드는 고급 호텔이나 세계적으로 유명한 여행사에 관한 정보를 계속해서 업그레이드시켜 제공해준다.

초기의 골드카드 중에도 보험, 항공 마일리지, 고객 서비스 센터 등으로 패키지 내용을 확대한 경우가 있었다. 물론 이런 제공 목록들은 판매를 촉진하지 못했다. 왜냐하면 그 목적이 고객들의 서비스 이용에 있었던 것이 아니라 순전히 회사 수입을 올리고자 하는 데 있었기 때문이다. 완전히 정반대의 전략 아닌가!

윈덤 슈트(Wyndham Suites) 호텔은 룸에 필요한 것들을 고객이 미리 요구할 수 있는 새로운 프로그램을 시행하고 있다. 이 물품들은 고객이 도착하기 전에 준비되며, 고객들은 머무는 동안 팩스, 칫솔, 소품 등을 자기 취향대로 선택해 방을 꾸밀 수 있다. 그래서 이 회사는 단순한 숙박업체에서 고객에게 의미 있는 컨시어지로 변모할 수 있었다.

부동산 중개업체인 콜드웰 뱅커(Coldwell Banker)는 고객들에게 이삿짐 업체, 보험사, 인테리어 디자이너 등을 연계시켜주는 컨시어지 서비스를 시행 중이다. 이 회사는 단순히 집을 파는 것이 아니라 서비스를 제공해주고 있는 것이다. 콜드웰 뱅커는 움직이는 비즈니스—단순한 부동산보다 훨씬 폭넓고 관련성 있는 서비스—에서의 컨시어지가 되고 있다.

프로그레시브닷컴(Progressive.com)은 자사의 보험 프로그램만이 아니라 다른 회사에서 제공하는 세 가지의 상이한 보험 프로그램을 함께 제공하고 있다.

자동차 제조업체도 컨시어지 전략에 뛰어들고 있다. GM의 온스타, 포드의 레스큐(Rescu), 메르세데스 벤츠의 텔에이드(Tel-Aid) 등은 최고급 자동차를 구매하는 고객들에게 기업 수준에서 서비스를 제공해주고 있다. 그 서비스의 형태는 다양하다. 온스타의 예를 들어보자. 자동차 문이 안에서 잠겨버렸더라도 걱정할 필요가 없다. 온스타가 원격 조종으로 자동차 문을 열어줄 것이기 때문이다. 자동차 브레이크가 고장 나면 GPS(global positioning system: 비행기, 선박, 자동차뿐만 아니라 세계 어느 곳에서든지 인공위성을 이용하여 자신의 위치를 정확히 알 수 있는 시스템—역주)를 이용해 서비스 지원 차량이 즉시 현장으로 출동한다. 온스타는 여기에 항공권이나 호텔, 레스토랑 예약 서비스 등을 추가할 계획이다. 특별 서비스를 제공받고 싶다면 자동차를 구입할 때 일정 가입비만 지불하면 된다. 캐딜락을 구입하면 첫 해에는 서비스를 무료로 이용할 수 있으며 다양한 서비스 패키지를 추가할 수도 있다.

시어스 캐나다의 창 패션 비즈니스도 컨시어지 개념으로 진화하고 있다. 시장에 가면 창문에 달 드레이프나 커튼을 고를 수 있다. 그리고 나서 시어스는 컴퓨터에서 시험해볼 수 있는 수천 종의 패브릭, 재료, 브랜드를 보여준다. 그리고 고객은 마음에 드는 스타일과 재료의 드레이프를 주문하면 된다. 시어스는 남아도는 패브릭 재고를 쌓아두고 있을 필요도 없고 고객은 선택할 수 있는 스타일들을 훨씬 많이 볼 수 있다. 교육받은 홈패션 전문가의 안내도 받으면서 말이다.

보얀트는 안경 고객들을 위해 새로운 테크놀로지를 제공하고 있다. 고객의 사진을 찍고 인터넷상에서 수백 가지의 다양한 안경테를 착용할 수 있도록 해준 것이다. 고객은 웹에서 주문을 할 수도 있고 안경사에게서 직접 구입할 수도 있다. 이 회사는 매 분기 신상품이 나올 때마다 기존의 고객 사진에 그 제품을 합성시켜 이메일로 보내준다. 보얀트의 웹 사이트는 눈 관리에 대한 백과사전이라해도 과언이 아닐 정도로 다양한 정보를 담고 있으며, 고객들은 안과 전문의의 온라인 상담까지 받을 수 있다. 분명 보얀트는 단순히 안경을 판매하는 것만을 원하고 있지는 않다. 고객의 눈 관리에 관한 컨시어지가 되고자 하는 것이다.

리플렉트닷컴(Reflect.com)은 P&G가 출자해 세운 인터넷 화장품 회사이다. 리플렉트는 5만여 종의 화장품을 맞춤 서비스하고 있다. 고객들은 머리 색깔, 피부 타입, 좋아하는 스타일 등에 대해 질문을 받게 되며 리플렉트는 각각의 고객에게 맞는 제품을 추천해준다. 2000년 10월 현재 2년 된 이 회사는 한 달 26만여 명의 접속자 수를 기록하고 있다.

그리고 우리는 앞에서 퓨리나 캣 초우(Purina Cat Chow)가 웹 사이트를 통해 어떻게 서비스를 제공하고 있는지를 살펴보았다. 퓨리나닷컴(Purina.com)에서는 고양이 전문 수의사와 고양이에 관한 채팅 룸이 있어 고양이에 대한 모든 정보를 얻을 수 있다. 퓨리나는 결국 이런 서비스를 제공함으로써 신뢰를 구축하고 고객의 고양이 관리에 관한 컨시어지로서 기능하고 있는 것이다.

이 회사들은 모두 비즈니스를 하는 방식에 있어 일종의 신기원을 이루고 있는 개척자들이다. 그들은 컨시어지 마케팅 시대의 도래를 맞아 근시안적 시각을 고수하던 회사들이 대책 없이 스러져갈 때 오히려 승리할 수 있도록 이미 든든한 보호막을 쳐둔 셈이다. 퓨리나닷컴이 고양이에 관한 고객의 욕구를 충족시켜주는 한 또 다른 컨시어지는 필요가 없다. 마찬가지로 프로그레시브닷컴 웹 사이트가 있는 이상 독립 보험 중개인들의 필요성도 줄어들 것이다. *지금까지 판매자를 대변해온 중개인들은 변화의 과정을 거치지 않으면 안 된다. 만약 이들이 컨시어지로 변화하지 못한다면 살아남기 어려울 것이다. 이는 대부분의 소매업체에도 적용되는 진실이다.*

컨시어지 마케팅은 산업계를 어떻게 흔들어놓을 것인가?

넥스트 이코노미에 적절히 대응하기 위해서는 전통적 마케팅을 지원해온 기존의 비즈니스 구도는 붕괴되어야 한다. 대대적인 소비 퇴각 시대를 맞아 비즈니스계는 최고 고객과의 관계를 부단히 재고하고 탐색하는 컨시어지 마케팅으로의 전환이 불가피하다. 대단히 현명하고 체계적인 접근 방식으로 고객과 직접적인 관계를 맺는 데 재빨리 성공하는 기업들도 있을 것이다. 최고 기업들에게만 이러한 권리가 주어진다. 그 외의 회사들은 각각의 고객을 대변하는 구매 전문가와 거래를 해야 하는 불리한 입장에 놓이게 될 것이다. 이는 판매 포지션에 있어 이전보다 더 어려운 상황에 놓여야 한다는 사실을 의미한다.

그 차이를 보다 잘 이해하기 위해서 고급 인테리어 비즈니스의 예를 들어보도록 하자. 최고급 가구 매장에는 고객들이 각자의 집과 방을 직접 꾸밀 수 있도록 도와주는 전문 실내 장식가가 배치되어 있다. 이때 회사는 팔고자 하는 상품이 아니라 고객의 취향, 예산, 가족 수 등의 사항들에 초점을 맞춘다. 고객과의 상의 단계가 끝나면 실내 장식가는 그에 따라 필요한 가구, 패브릭, 액세서리 등을 구입한다. 구입 대상에는 자기 회사의 제품뿐만 아니라 다른 회사의 것도 포함된다. 이런 종류의 서비스를 공급하지 못하는 회사들은 고객을 대변하며 관련 지식을 갖춘 전문 디자이너를 보유한 만만찮은 구매자들에게 수익성 높은 고급 장식과 가구 비즈니스의 점유율을 내줄 수밖에 없다. 이런 모델은 다른 비즈니스로 점차 확산되어갈 것이다.

그렇다면 과연 이런 컨시어지는 어떤 사람들이 될 것인가? 고객 관리 영역에서 일하고 있는 사람들—오늘날 콜 센터에서 일하고 있는 사람들—이 될 가능성이 가장 높다. 그들은 고객 욕구의 최전방에 있으며 고객을 대변하는 것이야말로 돈을 벌 수 있는 길이라는 것을 이해하고 있는 사람들이다. 사회학이나 심리학을 전공한 사람들도 최고 고객을 위한 마케팅 프로그램을 수행하는 데 중요한 역할을 담당하게 될 것이다. 브랜드와 고객 간의 관계는 쉽게 끊어질 수 있다는 것을 잘 알고 있는 연구자들도 컨시어지가 될 수 있다. 섬세하고 유능한 브랜드 매니저들의 역할도 빼놓을 수 없다.

컨시어지가 모든 영역을 지배한다는 것은 아니다. 하지만 미래에는 전체 경제의 상위 3분의 1에 해당하는 비즈니스가 구매의 70퍼센트를 주도하게 된다는 사실을 기억해야 한다. 경제의 하위 절반은 욕구보다는 필요에 초점을 맞추게 될 것이며 필요는 돈을 벌어주지 못한다. (월마트를 비롯한 할인 도매업체는 예외이다.) 패션 비즈니스의 경우를 예로 들어보면, 이 비즈니스는 고객이 좋아하는 브랜드와 스타일을 구입하기 위해 소매업체, 심지어는 제조업체와 직접 거래하는 것도 마다하지 않는 개인 컨시어지들에 의해 대대적인 혁명이 일어날 수도 있다. 쇼핑 컨시어지는 더 이상 소매업체를 위해 일하지 않으며 고객의 입장에서 가격을 협상하고 대안을 강구하는 권한을 부여받은 사람들이다. 결국 패션 소매업은 전혀 새로운 의미로 거듭나게 될 것이다.

패션과 마찬가지로 사람들은 대부분 자동차 컨시어지 관계를 맺고자 한다. 이 컨시어지는 오늘날의 온스타 시스템보다 한 단계 더 향상된 서비스를 제공해줄 것이다. 자동차 컨시어지는 5,000명의 자동차 구매자를 대신하게 될 것이고, 그 고객들이 다음 자동차를 구입할 때 대단히 유리한 입장에서 거래할 수 있게 된다. 이 컨시어지는 고객의 집까지 시험운전을 해보이고, 자동차 정기 검진을 관리하며, 자동차가 고장이 나서 정비소에 들어가게 되면 임시로 쓸 수 있는 자동차를 대여해줄 것이다. 또 자녀가 대학에 입학해 학교 기숙사로 거처를 옮겨야 할 때는 미니 밴이나 트럭을 구해주고, 유럽 여행을 간다면 비행기와 자동차를 번갈아 이용할 수 있도록 조처해줄 수 있다.

자동차 서비스의 예를 통해 알 수 있듯이 컨시어지는 보통의 소비자들이 전문성을 가지고 있지 않은 영역들을 중심으로 가장 먼저 확대될 것으로 보인다. 이는 컨시어지 마케팅이 많은 산업 분야에서 구조 자체를 뒤흔들게 될 것이라는 사실을 의미한다. 오랫동안 업계를 장악해왔던 많은 기업들은 갈수록 시장과 고객, 소비를 통제하는 힘을 잃어가는 자신을 발견하게 될 것이다. 지금까지 별다른 힘을 발휘하지 못했거나 아예 존재하지도 않던 기업들이 최고 고객을 대변하고자 하는 의지와 능력에 힘입어 새로운 권력으로 부상하게 될 것이다. 컨시어지 개념을 이해한 인접 분야의 회사들도 현재의 산업 영역을 초월해 더 광범위한 확장을 도모해가게 될 것이다. 그 결과는 앞으로 20년에 걸쳐 비즈니스 지형을 극적으로 재편할 것이다.

나는 고객과 가장 가까운 위치에 있는 소매업체들이 어째서 고객과의 관계를 단단히 구축하는 데 필요한 마케팅, 리서치, 고객 지원에 투자하기를 꺼리는지 이해할 수가 없다. 구매자는 제조업체를 상대로 이야기하지 않는다. 운영 방식은 상품기획을 염두에 두고 있지 않다. 디스플레이에 관한 상품기획 요구도 무시되고 있다. 그리고 기존의 구조 안에서 일어나고 있는 이 모든 혼란은 지금의 경쟁적인 할인 전단지 속에 그대로 드러나고 있다.

소매업자는 중개자이다. 중개자가 최고 고객 위주의 마인드를 가지지 않는다면, 그리고 Q1, Q2 고객들을 기쁘게 하는 법을 배우지 않는다면 그들은 다음 10년 동안 고전을 면하기 어려울 것이다. 그들은 이 새로운 변화의 시기에 불안한 위치에 있지만 동시에 고객과의 컨시어지 관계로 진보할 수 있는 가장 좋은 위치에 있다. 대부분이 그렇지 못할 것이긴 하지만 말이다.

조간신문처럼 가까이

진정한 컨시어지 관계를 위해서는 지속적인 연결이 필요한데, 소매업체들이 컨시어지 영역에서 유리한 고지에 있다고 말할 수 있는 것은 바로 이 때문이다. 내가 거래하는 은행의 매니저는 1년에 한두 번 전화를 걸어와 내 투자 포트폴리오의 일정 부분을 조정해도 되는지 물어본다. 그러나 은행과 나 사이의 관계는 신뢰 수준과는 거리가 멀다. 내가 은행에 전화를 거는 시간은 1년에 15분에서 20분에 불과하다. 그리고 그 내용은 자금 이체에 관한 것이 고작이다. 게다가 항상 음성 메일로 답을 받는다. 아, 앞서 말한 은행 매니저는 직접 전화를 걸어서 답해준다. 문의한 후 하루나 이틀이 지난 후에야 답을 주기는 하지만 말이다.

반면 내 금융 설계사는 적어도 한 달에 한 번은 정기적으로 전화를 걸어 나와 통화를 한다. (안타깝게도 매번 좋은 소식을 들려주는 것은 아니다.) 문의할 것이 있어 전화를 걸면 언제나 직접 전화를 받는다. 결국 아마 미래에 내 투자 비즈니스를 담당하게 될 사람은 은행 매니저가 아니라 금융 설계사가 될 것 같다.

고객과 지속적인 접촉을 하는 회사들은 컨시어지가 되는 데 더없이 좋은 기회를 가지고 있는 셈이다. 반대로 고객과 지속적인 관계를 가지고 있지 못하거나 진정한 관련성이 개입된 접촉이 드문 회사라면 컨시어지 대행사를 통하거나 그들에게 부족한 관련성을 확보하고 있는 다른 브랜드와 코마케팅 관계를 맺는 수밖에 없을 것이다.

오늘날 이런 지속적인 관계는 서비스, 소매업, 텔레커뮤니케이션, 금융 서비스, 온라인 유통업, 일일 미디어 같은 산업 영역에 존재하고 있다. 사실 신문과 잡지는 오늘날 지식과 정보 영역에서 독자를 위해 정보를 걸러주는 필터로서 기능하고 있는 컨시어지의 좋은 예이다. 신문은 또한 가장 저렴한 컨시어지이기도 하다. 동전 몇 푼으로 그만한 지적 정보에 접근할 수 있는 것이 신문 말고 또 무엇이 있겠는가? 신문은 우리가 소화할 수 있는 것보다 훨씬 많은 정보와 지식을 요약해 담고 있다. 암묵적인 허락을 받아 (우리가 매일 신문을 사 보고 있다는 사실은 암묵적인 허락의 증거다) 편집자는 대중의 필터로서 엄청난 정보들 중에서 독자들에게 가장 관련성이 높다고 판단되는 정보와 지식만을 골라서 제공한다. 편집자는 독자들이 무엇을 기대하고 원하고 있는지를 끊임없이 깨달아가며 그들에게 흥미 있을 만한 정보를 찾기 위해 온 세계를 철저히 조사하고 있다. 또 독자들과 매일같이 접촉하면서 자산을 구축해간다. 신문은 수신자 부담 전화나 웹 사이트, 편집자에게 보내는 편지, 상담 등 여러 경로를 통해 고객이 반응을 보일 수 있는 기회를 제공해주기도 한다.

이렇게 신문은 우리 경제가 나아가는 길에 훌륭한 안내자 역할을 하고 있다. 하지만 안타깝게도 그들은 이런 관계를 다른 미디어나 다른 상품 및 서비스를 획득하는 것으로 확장하는 법을 터득하지 못하고 있다. 신문 비즈니스 영역에서 그들은 고객(독자)이 아닌 제조업체(광고주)를 대변하는 자세를 버리지 못하고 있는 것이다. 또 각 고객 퀸타일에 맞추어 차별화된 정보를 제공해주는 데도 별 관심이 없다. 신문은 매일매일 고객과 만날 수 있는 고품질의 다양한 접촉점을 가지고 있으면서도 그저 그 일부분을 활용하는 데 만족하고 있는 셈이다.

공중파 방송이 아닌 유선 방송인 케이블 텔레비전도 컨시어지 경제에 적합한 모델이다. 고객들보다 신뢰할 수 있고 검증된 전문성을 갖추기 위해 컨시어지는 뚜렷한 개성을 지닌 하나의 브랜드가 되어야만 한다. 케이블 채널 중 디즈니 채널은 이런 개성을 갖추고 있지만 디즈니가 소유한 ABC는 그렇지 못하다. 대신 ABC는 다른 공중파 방송 네트워크들처럼 산탄식 접근법(shotgun approach: 고객 욕구의 차이를 고려하지 않고 전체 시장을 상대로 최대의 매출액을 추구하는 전략—역주)을 구사하고 있다. AOL도 이런 기회를 잡을 수 있었지만, 타임워너를 인수하면서 비대해진 덩치를 소화해야 하는 부담을 안게 되면서 그 기회를 놓치고 말았다. 그리고 앞으로 10년 안에 그 산만해진 주의를 다시 집중시키지는 못할 것으로 보인다.

오늘날 테크놀로지는 공중파 방송에서 유선 방송으로 전환시키는 데 중요한 도구로 작용하고 있다. 고객이 보고 싶은 프로그램을 따로 녹화해줄 수 있는 티보(TiVo) 같은 새로운 셋톱 시스템들은 개인 엔터테인먼트 컨시어지를 구현할 수 있다. 그러나 결국 모든 회사들은 고객이 보고자 하는 것을 정확히 간파하고 있는 엔터테인먼트와 정보 컨시어지에게 아웃소싱하게 될 것이다. 이는 고객의 소비 경험에 있어서 능동적인 필터로서 작용하게 될 컨시어지의 역할에 대한 분명한 예시가 될 수 있다. 특히 가전제품 소매업체들은 이를 눈여겨보아야 할 것이다.

허락 마케팅

컨시어지 마케팅은 허락 마케팅의 진화에 대단히 중요한 역할을 하게 된다. 컨시어지로서 고객과 기업 스스로의 잠재적 영향력에 대해서 얼마나 알고 있느냐 하는 문제는 아주 중요하다. 진정한 컨시어지 경제는 고객이 요구하는 수준의 서비스를 충분히 제공해줌으로써 고객과 컨시어지 사이에 충분한 신뢰가 구축되기 전에는 이루어지지 않을 것이다. 바로 이 지점에서 *허락 마케팅(permission marketing)*이 개입하게 된다. 허락 마케팅은 기업이 고객을 대변할 수 있는 힘을 강화시키는 것과 관련된 개념이다. 이 힘은 고객의 구매 습관, 희망, 두려움, 걱정, 우선순위에 대해 기업이 가지고 있는 정보에서 나온다. 어떤 사람에 대해 잘 알고 있으면 있을수록 그 사람에 대한 서비스의 질은 좋아지기 마련이다.

결과적으로 컨시어지는 고객에 대해 지금 수준보다 더 많이 알지 않으면 성공할 수 없다. 예를 들어 내 여행 담당자는 내 희망이나 두려움에 대해서는 알지 못한다. 단지 내가 좋아하는 좌석이 어떤 것인가만 알고 있을 뿐이다. 또 내가 좋아하는 항공사, 좋아하는 음식, 좋아하는 시간대 등 나에 대한 기초적인 수준의 지식밖에 가지고 있지 못하다. 내 취미나 관심사, 가족들에 대해서도 알지 못한다. 업무 스케줄에 대해서도 마찬가지다. 내 아이들이 언제쯤 혼자 여행을 갈 수 있는 나이가 되는지, 그 아이들이 어디를 가고 싶어 하는지도 알지 못한다. 두 가지 사항이 바로 그녀가 내 컨시어지가 되는 데 장애 요인으로 작용하고 있다. 하나는 정보의 부족이다. 그리고 또 하나는 내가 그녀에게 이러한 이슈들에 대해 관심을 두어야 할 만큼의 사례를 지불하고 있지 않다는 사실이다.

첫번째 장애 요인은 꼼꼼한 질문지나 심층 인터뷰를 통해 어느 정도 해결될 수 있다. 이는 행동으로서의 허락 마케팅이다. 정보를 준다는 것은 나를 대변해도 된다는 허락을 한 것을 의미하기 때문이다. 두번째 장애 요인은 내 여행 담당자가 제공하는 서비스가 충분히 가치 있는 것으로 내게 인식된다면 역시 해결될 수 있다. 나는 지금 당장이라도 컴퓨터를 켜고 인터넷에 들어가기만 하면 그녀가 나를 위해 해주는 모든 과정을 직접 해치울 수 있다. 따라서 나는 그녀가 여행 대행인으로서 내게 해주는 잠재적인 가치를 대단하다고 느끼지 못하는 것이다. 그녀는 내 신뢰를 얻기 위해 보다 수준 높은 서비스를 제안할 수 있어야 한다. 그러나 나는 지금 수준으로도 그녀를 좋아하고 신뢰한다. 그녀는 사소한 것 하나 실수하는 일이 없는 정확성을 가지고 있다. 나의 잦은 여행 스케줄 변경에도 불구하고 그것들을 척척 관리해내는 그녀의 능력에는 감탄할 때가 한

두 번이 아니다. 그래서 나는 멜리사(Mellisa), 또 그녀가 소속되어 있는 여행사가 나에 대해 더 큰 책임을 가질 수 있는 기회를 갖고자 한다면 주저 없이 허락할 것이다. 만약 물어본다면 말이다.

용감한 변화

앞서도 말했듯이 컨시어지는 회사 내부 또는 외부에, 혹은 양쪽에 모두 포진해 있을 수 있다. 만약 외부에 있는 경우라면 고객에게 제품을 팔고 서비스를 제공하는 데 있어 효과적으로 이 작업을 수행하는 것이 어려울 수도 있다. 그래서 회사가 속한 상품 카테고리에서 최고 고객의 컨시어지가 된다는 것은 매우 중요한 의미를 갖는다. 그러기 위해서는 기업적 차원에서 정신적·행동적으로 커다란 변화가 필요하다. 미키마우스의 고객 관계 관리 시스템은 목적을 달성할 수 없을 것이다. 기술적인 도움을 요구하는 고객을 35분이나 기다리게 하는 기업도 마찬가지다. 많은 기업들이 이런 수준의 서비스를 제공하면서 고객 컨시어지가 되겠다고 주장할 수도 있다. 그러나 고객들은 그 차이를 깨닫고 그들을 거절할 것이다.

진정으로 컨시어지가 되고자 하는 기업이라면 가끔은 다른 회사의 제품으로 고객들을 이끌어야 할 필요도 있다는 사실을 받아들일 수 있어야 한다. 나는 현재 내가 컨설팅을 하고 있는 B2B 영역의 클라이언트들에게 고객에게 득이 될 수만 있다면 다른 회사의 제품도 팔아줄 수 있다는 마인드를 받아들이도록 독려하고 있다. 그러나 많은 기업들에게 있어 기술 중심 혹은 제품 중심에서 고객 중심

마인드로 바꾸는 데에는 훨씬 커다란 용기를 필요로 하는 것 같다.

IBM의 컨설팅 비즈니스는 이런 변화를 성공적으로 이루어낸 보수적인 기업의 좋은 예가 될 수 있다. IBM은 고객의 욕구를 만족시키기 위해서라면 IBM이 아닌 다른 회사의 제품과 서비스도 인정하고 있다. GM 같은 거대 전통 기업들도 이런 변화를 이루어낼 수는 없을까? 아마 힘들 것이다. 자동차 제조업체는 특히 관료적이며 상품 중심적인 경영 방식을 고수하고 있기 때문에 이런 변화는 불가능할지도 모른다. 법적인 문제도 장애물로 작용할 수 있다. 그러나 누군가는 분명 선구자가 될 것이다. 누구든지 그 첫 테이프를 끊는 기업은 틀림없이 기존의 하부구조를 그에 맞게 위치시킴으로써 컨시어지 권한을 확대해갈 수 있다. 고객 관계를 구축한다면 어떤 기업이든지 성공의 거점을 확보하게 될 것이다.

비즈니스와 컨시어지

만약 고객 중심으로 기업을 재편성하고 컨시어지로서 운영 가능성을 점쳐보고자 한다면 기업은 대대적인 수술을 감행해야 할 필요가 있다. 상품 중심으로 나누어진 기존의 구도는 전면적으로 재조정되어야 할 것이며, 모든 기업 활동은 궁극적인 목표인 최고 고객을 기쁘게 해주는 데 그 초점이 맞추어져야 한다.

따라서 기업은 마케팅 부서에 의해 주도되어야만 한다. 일단 마케팅이 이 책 전반에 걸쳐 내가 제안하는 과정에 따라 재편성되어야 한다는 전제 조건이 있기는 하지만 말이다. 이는 비즈니스에 근본적인 변혁이 있어야 한다는 것을 의미한다. 앞에서도 언급했지만 대부분의 기업에서 판매·금융·운영 담당자들은 최고의 지위를 차지했었다. 테크놀로지 회사는 IT 분야 종사자들에 의해, 소매 비즈니스는 상품기획자나 운영자에 의해 주도되었다. 마케팅이 이들 속에서 부상하기 위해서는 통찰력과 비전을 지닌 브랜드 매니저가 반드시 필요하다.

기업이 고객을 제대로 대변하고자 한다면, 비즈니스 성공을 재는 기존의 척도 또한 반드시 바뀌어야 한다. 기존의 비용 효율화 대신 응대 시간(제품을 고객에게 얼마나 신속하게 배달할 수 있는가)이 보다 적절한 척도가 될 것이다. 마찬가지로 IT는 복잡성이 아닌 단순성에 기초해 평가되어야 한다. 테크놀로지 기업의 중심 목표는 고객이 손쉽게 다가갈 수 있도록 기술을 개발하는 것이 되어야 한다.

어떤 사람들은 이러한 변화들이 꼭 필요한 것은 아니라고 말할 수도 있다. 오늘날 대부분의 기업들이 고객과 그들의 욕구에 대해 고민하는 데 많은 시간을 할애하고 있지 않느냐는 것이다. 그럴지도 모른다. 그러나 오늘날의 방식에는 두 가지 문제점이 있다.

첫째, 이러한 일들을 하는 사람들의 힘이 너무 미약하다. 마케팅은 보통 혼자서 하는 업무가 아니라 공동 작업이다. 이는 대부분의 마케터들이 필요하다고 판단되는 방향으로 전략을 주도할 수가 없다는 것을 의미한다. 둘째, 고객과 회사 간의 관계가 심각할 정도로 불공정하다는 사실이다. 고객은 기업이 고객에 대해 생각하는 데 들이는 시간—혹은 들이고 싶어 하는 시간—만큼 브랜드를 생각하는 데 시간을 할애하지 않는다. 이런 불공정함은 기업이 고객들에게 가져다주는 공유된 가치와 관련성의 정도가 아주 높아야만 변화할 수 있을 것이다. 그리고 이는 회사 조직이 고객 중심으로 바뀌지 않으면 절대로 불가능한 일이기도 하다.

이런 변화를 성공적으로 이루어내기 위해 기업들은 소비자 프로그램과 고객 프로그램에 차별을 두어야 할 필요가 있다. 소비자(consumer)란 소비(consume)를 하는 주체로서 구경제의 표적이었다. 그러나 *고객(customer)*은 *습관(custom)*이라는 말에서 비롯되었으며, 각각 다른 욕구, 관심사, 라이프스타일을 가지고 있는 존재다. 우리는 기업의 우선순위를 고객과 만나는 모든 접촉점에서 최고 고객을 기쁘게 하는 것에 두어야 한다.

중소기업의 황금시대

컨시어지 마케팅 시대는 중소기업이 활성화되는 시류와도 이상적으로 맞아떨어질 것이다. 중소기업들은 부동산에서 여행 서비스, 사무 관리, IT 등에 이르는 모든 영역에서 그들의 욕구를 충족시켜주는 컨시어지의 고객이 될 것이며, 또한 컨시어지를 통해 소비자에게 제품을 공급하게 될 것이다. 그들의 유연성과 맞춤식 서비스가 가능하다는 장점은 특히 이런 스타일의 비즈니스에 들어맞는다. 포춘지 선정 500대 기업 같은 전통적인 거대 기업보다 더욱 유리하다는 말이다.

중소기업으로의 힘의 이동은 이미 진행 중이다. 예를 들어 현재 많은 전문가들과 연구 결과가 전자상거래의 죽음을 발표하고 있는 반면에 소규모 웹 사이트는 승승장구하고 있다. 특히 베이커리, 공예, 취미 같은 영역과 관련된 소규모 B2B 업체나 소매업체들은 연간 매출액이 100만 달러에 육박하고 있는 곳도 있다. 이들 사이트들은 거대 업체들의 레이더망을 피해 운영되고 있다. 수익성 있는 인터넷 비즈니스를 위해 덩치가 커야 할 필요는 없다. 소규모 업체는 고객 100명을 기반으로 해서 일주일에 14명만 추가하면 수지를 맞출 수 있다. 그리고 인터넷의 쌍방향성은 맞춤화된 제품과 서비스를 창출하는 데 막강한 힘을 제공했다. 인터넷으로 인해 훨씬 세심하게 맞추어진 제품과 서비스를 제공할 수 있게 되는 등 엄청난 기회를 가질 수 있었던 것이다.

중소기업의 중요성이 부각되고 있다는 사실을 깨달은 몇몇 현명한 대기업들은 서둘러 이런 중소기업을 지원하는 데 초점을 맞추고 있다. 거대 운송 기업인 UPS는 중소기업 시장에 뛰어들고자 MBE(Mail Boxes Etc.)를 사들였다. 사무용품 소매업체인 스테이플스는 모든 매장에 중소기업 서비스 그룹을 추가시켰다. 아메리칸 익스프레스는 중소기업 컨시어지 서비스를 개시했다. 시티뱅크는 중소기업의 욕구에 맞출 수 있도록 신용카드 라인을 대대적으로 정비했다.

중소기업의 힘을 평가절하하면 안 된다. NFIB(National Federation of Independent Businesses)에 따르면 직원 수가 20명이 채 안 되는 회사가 전체 기업의 90퍼센트를 차지하는 것으로 나타났다. 중소기업은 개별 영역 생산품의 50퍼센트 이상, GDP의 35퍼센트 이상을 책임지고 있으며, 지난 25년간 미국에서 창출된 새로운 일자리의 3분의 2는 중소기업에서 나왔다. 중소기업의 중요성은 넥스트 이코노미에서 더욱 증가할 것이다.

　대기업들이 컨시어지가 되기 위해 전면적인 구조조정을 단행할 수 있을 것인가? 확언할 수는 없는 문제이다. 그러나 대기업들에 있어 이런 문제들은 가까운 미래에 생존을 위한 주요한 이슈가 될 것임에는 틀림없다.

　어쨌든 나는 작은 거인들 쪽에 돈을 걸고 싶다.

넥스트 이코노미에서 기업이 나아가야 할 길

넥스트 이코노미의 수명은 신경제에서처럼 월(月) 단위로 측정되지는 않을 것이며, 최소한 20년 정도는 지속될 것이다. 그렇기 때문에 기업에게는 넥스트 이코노미를 맞아 완전히 새로운 방식으로 모든 것을 전환하기 위해 조직을 전략적으로 어떻게 준비할 것인가를 이해하는 것이 무엇보다 중요하다.

세 개의 시대, 세 개의 경제

[표 E-1]은 구경제와 신경제, 넥스트 이코노미 사이의 차이점을 요약하고 있다. 표 안의 9개 요소를 알아보고 그 각각이 우리 비즈니스에서 의미하는 바를 생각해보자.

비즈니스 우선순위

비즈니스 리더들이 동기를 부여받고, 또 몰두해왔던 것은 무엇이었나? 구경제 때 그것은 기업이 만들어내는 물건, 즉 상품이었다.

【표 E-1】 구경제, 신경제, 넥스트 이코노미

	구경제	신경제	넥스트 이코노미
비즈니스 우선순위	상품	정보	지식
성공 척도	시장 점유율	매출	이윤
투자 근거	규모	효율성	유효성
주도적 기능	운영	정보 테크놀로지	마케팅
경영 마인드	경제 중심	웹 중심	고객 중심
기업 구조	피라미드형	수평형	팀형
재정적 기반	부채	자산	부채/자산
판매 목표	소비자	제조업체	고객

이는 산업혁명 때 시작되어 1990년대 중반에 이르기까지 비즈니스계 전반을 지배했다. 신경제에서 비즈니스를 주도했던 것은 *정보*였다. *테크놀로지*는 사람들이 더욱 빠른 속도로 정보를 얻을 수 있도록 해주었다. 그러나 정보란 그것을 이용해 무엇인가를 하지 않는 한 그 자체로는 고유의 가치를 가지지는 못한다.

넥스트 이코노미에서 비즈니스의 중심은 *지식*이 될 것이다. 기업은 구경제의 상품과 서비스를 신경제의 정보 테크놀로지와 결합시켜 그 결합력을 고객을 위해 사용해야 한다. 지식 비즈니스의 시대가 열린 것이다. 여기에서 지식은 시장에서 고객을 만족시키기 위해 유용한 것이 무엇인지에 대한 지식뿐 아니라 고객의 우선순위, 욕구, 관심사에 대한 지식을 의미한다.

성공 척도

비즈니스의 성공은 어떻게 측정되었을까? 구경제에서는 *시장 점유율*이었다. 바로 이 때문에 규모의 경제가 강조되었고, 기업의 규모를 점점 더 키우는 것이 결정적인 것으로 간주되었던 것이다. 생산 단가를 낮추는 것은 궁극적인 목표였다. 생산 공정의 효율화는 자동적으로 이윤과 직결되었기 때문이다. 그래서 기업들은 시장 점유율을 확보하기 위해 시간과 돈을 쏟아 부었고, 그 다음에는 그것을 유지하기 위해 구매 루트 추적, 재고 공간 확보, 판매 인센티브 등에 열을 올렸다.

신경제에서 성공의 척도는 *매출*—처음에는 아이볼, 그 다음으로 매출이 그 기준이 되었다—이었다. 이렇게 매출을 추구하면서 기업은 모든 것에 대한 해답으로 테크놀로지라는 무기를 휘둘렀고, 투자를 정당화했으며, 이를 바탕으로 비즈니스 모델과 조직을 운영했다. 그러나 넥스트 이코노미에서 비즈니스의 성공 척도는 수익성이 될 것이다. 이 수익성은 최고 고객들이 눈으로 보고, 이해하고, 그에 대해 감사하면서 기꺼이 사례를 지불하게 될 가치, 즉 고객이 전혀 의심하지 않는 확실한 부가가치를 통해서만 얻어질 수 있다.

투자 근거

사람들이 투자를 결정할 때 그 근거가 되는 것은 무엇이었을까? 구경제에서 그것은 *규모*였다. 이는 경제적인 크기와 시장에서의 우월성을 의미했다. 만약 대형 안정주이거나 특정 영역에서 최고의 위치를 점하고 있는 기업, 또는 국제적이거나 수직적 통합을 통한 '규모'를 가지고 있는 기업은 수익성이 큰 것으로 간주되었다. 그리고 사람들은 확장성(scalability: 확장된 환경에서 잘 적응할 뿐 아니라 실제로 그것의 이득을 최대한 누릴 수 있는 능력—역주)을 가지고 있는 기업에 투자하기를 원했다.

신경제에서 투자의 우선순위는 효율성이었다. 기업은 경영을 간소화하고 고객과 직접 접촉을 시도함으로써 중개자를 제거하고 시스템의 모든 쓸데없는 과정을 없애가는 데 주력했다. 사람들은 효율성에 돈을 지불했던 것이다.

넥스트 이코노미에서 투자와 관련한 모든 우선순위는 *유효성*이 될 것이다. 구매자를 대변하고 구매자를 위해 적절한 서비스, 상품, 정보 등을 찾아줄 수 있는 중개자가 다시 등장할 것이다. 이제는 양이 아니라 질이 중요한 시대인 것이다.

주도적 기능

조직적인 측면에서 비즈니스를 지배한 것은 무엇이었을까? 구경제에서는 *운영*과 *재정*이었다. 신경제에서는 *정보 테크놀로지*였다. 넥스트 이코노미에서 그것은 *마케팅*이 될 것이다.

경영 마인드

기업의 경영자들은 무엇에 초점을 맞추어왔는가? 구경제에서 그것은 *계량경제학(econometrics)*이었다. 기업들은 주로 과점 상황과 고정 경비 등을 감안한 확장성 같은 경제적 척도에 관심을 가져왔다. 비즈니스는 경제 중심적 모델에 의해 주도되었고, 미국 증권거래위원회(Securities and Exchange Commission, SEC)와 주식 시장은 그런 모델에 가치를 부여했다. 신경제는 테크놀로지가 자동적으로 고객을 확보할 수 있으리라는 믿음 하에 건설된 웹 중심 세상이었다. 웹은 말 그대로 1990년대의 골드러시였다. 그러나 우리가 살펴본 바와 같이 거기에는 가짜 금이 너무도 많았다. 넥스트 이코노미에서 경영 마인드는 *고객 중심*이 되어야 할 것이다. 결국, 고객 관계에 가치를 더하는 방향으로 기업을 조직하는 것이 경영의 우선순위가 된다는 말이다.

기업 구조

기업은 어떤 방식으로 조직되었을까? 구경제에서 전통적인 조직 구조는 *피라미드형*이었다. 이 구조는 생산성을 무력화시키고 브랜드를 어려움에 빠지게 하는 동시에 아주 정치적인 조직 문화를 양산했다. 피라미드형 구조의 가장 큰 단점은 승자는 한 명인 데 반해 패자는 열 명이나 된다는 사실이다. 그로 인해 조직 간의 구성원 이동이 너무 많아 브랜드의 영속성이 떨어졌고, 고객 계약도 파기되곤 했다.

신경제에서 사람들은 비즈니스가 덜 관료적이고 더 협조적인 *수평 구조*로 바뀌어야 한다고 입을 모았다. 바람직한 방향이기는 했으나 이것이 실제로 실행되지 않았다는 것이 문제였다. 나는 협조적 프로세스를 가지고 있다고 알려진 수많은 회사의 회의에 참석해보았다. 그들은 각각의 의견을 똑같이 존중하고 거기에 똑같은 가치를 부여하는 것처럼 보였다. 그러나 그 결과는 완전히 위원회에 의한 운영 그 자체였다. 모든 것은 모험을 두려워하는 중역들에 의해 개성 없고 안전 지향적이며 부적절한 결정으로 끝나버리곤 했던 것이다. 중역회의실에서나 먹혔을 뿐 소비자의 거실에서는 전혀 먹혀들지 않았던 그런 결정 말이다.

넥스트 이코노미에서는 *컨시어지 팀*이 조직을 지배하게 될 것이다. 고객 그룹은 특정 주나 특정한 욕구 영역, 퀸타일 가치 등으로 분류되어 각각의 컨시어지에게 관리를 받게 된다. 이 내부의 고객 대변자는 고객의 질문에 대한 답변을 제공하고 가격 전문가나 상품 전문가, 웹 페이지를 맞춤화하는 웹 마스터 등으로 구성되어 팀을 이끌게 될 것이다.

재정적 기반

비즈니스 성장의 재정적 기반은 무엇일까? 구경제의 재정적 기반은 *부채*였다. 이는 기업이 돈을 얻기 전에 각종 수치, 역사, 산업 데이터를 기초로 회사가 탄탄하다는 사실을 입증해 보여야 했다는 것을 의미한다. 은행 등 금융기관은 지속적인 이자 수익을 도모하기 위해 꾸준히 융자를 해가는 회사를 선호했다. 회사와 융자 회사 간에는 매우 수익성 있는 업무 관계가 만들어질 수 있었다.

신경제에서 비즈니스 성장의 재정적 기반은 *자산*이었다. 자본 회수 기간은 구경제에서처럼 연 단위가 아니라 주나 월 단위로 줄어들었다. 그래서 벤처 투자가들은 가능한 한 신속하게 제품을 출시하고 제품 테크놀로지를 최대한 빨리 향상시키는 것에 초점을 맞추었다. 이처럼 현금화에만 급급하다 보니 벤처 캐피털 사회는 고객을 만날 준비가 채 되지도 않은 테크놀로지를 성급히 지원하고 나서게 되었다. 하지만 회사들은 그런 사실에 전혀 개의치 않았다. 대부분의 회사들은 회사 주식을 필요한 기간보다 오래 소유하고자 하는 의사가 없었던 것이다. 그런 회사들에게 고객과 테크놀로지 간의 관계가 눈에 들어올 리 없었다.

넥스트 이코노미에서는 부채와 자산 간에 *새로운 조합*이 만들어질 것이다. 시장에 내놓는 속도는 더 이상 중요하지 않다. 대신 장기적인 고객 관계를 구축하는 것이 더욱 중요한 의미를 가지게 될 것이다.

기업이 일정 자산을 가지고 있다는 것은 기업이 고객 중심으로 운영되고 있다는 것을 뜻한다. 궁극적인 컨시어지 경제란 바로 고객이 비즈니스의 일부분을 소유하는 것이며, 그렇게 될 때 컨시어지 경제가 완전히 자리잡을 수 있을 것이다. 생각해보라. 고객 입장에서 보았을 때 자신이 일부분을 소유하고 있는 회사가 있는데 굳이 다른 브랜드를 구매할 이유가 무엇이겠는가? 내가 참여하는 회사의 중역회의실에서 이러한 발상의 전환은 이미 이루어지고 있다. 자동차 제조업체를 예로 들어보자. 미래에는 포드 자동차를 살 때 1,600달러를 리베리트해주는 대신 포드 자동차 회사의 주식 1,600달러어치를 제공받게 될지도 모른다. 이미 미국 가정의 54퍼센트가 직접적으로든 간접적으로든 주식을 소유하고 있다. 그리고 많은 경우, 중개인과 금융 조언자가 컨시어지로서 이들 가족의 금융 결정을 내려주고 있다. 컨시어지 모델을 이렇게 주식 소유에 관한 부분까지 확장시키려면 금융적·법적인 세부사항에 관해 처리해야 할 문제가 많을 것이다. 그러나 이는 필수적인 과정이다.

판매 목표

판매를 통해서 기업이 돈을 벌어들이는 과정은 어떻게 이루어졌을까? (이것이 기업 운영과 비즈니스의 모든 것을 결정했다.) 구경제에서 판매원은 유통망을 관리하는 능력에 따라 보수가 결정되었다. 이들 판매원들은 고객에게 상품 및 서비스를 직접 판매하거나 소매점을 통해 제공함으로써 보수를 받았다. 이때 판매원의 기본 급여에 일정 커미션이 추가되는 형태가 일반적이었다. 유통 공간 확보는 곧바로 판매로 이어졌다. POPAI도 유통 체인의 마지막 단계를 소유하고 있으면 판매에 관한 모든 것을 가진 것과 다름없다는 말을 해온 것이 사실이다. 그러나 이러한 생각들은 최근 들어 마케팅이 불능에 빠지면서 그 문제점을 드러내고 있다. 여러 해 동안, 갈수록 더 많은 액수의 돈을 요구하는 각 유통 채널을 만족시키기 위해 점점 더 많은 마케팅 자금이 투입되어야 했다.

신경제에서 주도적인 판매 목표는 *제조업체*와 계약을 성사시키는 것이었다. 포털 사이트를 소유하고 있는 기업들은 실질적인 제품과 서비스 제공을 통해서가 아니라 광고를 통해 돈을 벌고자 했다. 고객은 여기에 거의 관련되지 못했다. 그리고 그랬기 때문에 신경제의 닷컴 회사들은 제한된 성공만 거둔 셈이다. 거듭 강조하지만, '아이볼'이 돈을 벌게 해주지는 않는다. '사람'들이 돈을 가져다준다는 점을 기억해야 한다. 실제 매출은 실질적인 구매가 있어야만 성립하는 것이므로 고객이 광고를 보는 횟수만을 기준으로 광고 판매가 지속될 수는 없다.

넥스트 이코노미에서는 *고객이 돈을 지불하는 주체가 될 것*이다. 컨시어지 경제는 가입 구독형 모델—일간 신문 비즈니스에서 이러한 모델은 전세계적으로 확산되고 있다—에 기초한 것이다. 물론 넥스트 이코노미에서도 광고는 존재한다. 그러나 개인 고객에게 전달되는 브랜드 가치는 지금까지와는 달리 대단히 위대한 것으로 최고 고객은 충분히 높은 가격을 기꺼이 지불할 것이며, 결국 기업에게 높은 수익을 가져다줄 것이다.

숨을 곳은 없다

1960년을 기점으로 이후 10년마다 베이비 부머가 몰고 온 경제적 여파는 비즈니스 관련자들에게 대단한 충격을 가져왔다. 각각의 10년이 만든 새로운 환경에 기업이 적응하는 데는 약 5년이라는 시간이 필요했다. 특히 조직적인 차원에서 이러한 적응은 만만치 않은 과정이었지만 전반적인 경기가 상승세를 타고 있었기 때문에 대부분의 회사들은 그나마 수익성을 유지할 수 있었다.

넥스트 이코노미로 이동해가는 과정 역시 과거와 마찬가지로 비즈니스계에 일대 혼란을 가져다줄 것이다. 그러나 지금까지와는 다르다. 이번에는 기업이 적응하는 과정에서 완충 역할을 해줄 수 있는 '경제 성장 10퍼센트'라는 조건은 없다. 또한 이 난국에 대한 면역 체계를 갖추고 있는 섹터도 존재하지 않는다. 우리 모두는 싫건 좋건 간에 산업혁명 이래로 가장 위대한 '경제 구조조정'으로 불리게 될 완전히 새로운 비즈니스 환경의 도래를 눈앞에 두고 있는 것이다.

넥스트 이코노미의 여행이 이제 막 시작되려 하고 있다. 당신의 회사는 준비가 되었는가?

이 책이 한창 인쇄기 안에서 돌아가고 있을 때, 뉴욕과 워싱턴에서 테러리스트들에 의한 대형 참사가 일어났다. 많은 사람들이 목숨을 잃었으며, 세계 평화와 안보, 자유에 관한 장기적인 전망은 또다시 미궁 속으로 빠져들고 말았다.

그 참사로 인해 수백만 미국인들에 의해 공유된 '상처'라는 새로운 감정은 경제적으로도 상당한 영향을 주고 있다. 뉴욕뿐 아니라 미국 전체의 소매 시장이 심각한 타격을 입었던 것이다. 물론 미국 경제는 이미 9·11 참사가 있기 몇 달 전부터 악전고투를 하고 있었다. 8월과 9월 초에 대부분의 소비재 회사들이 겪은 수요 둔화는 세금의 중간 환급에 의해 얼마간 감춰졌던 것이 사실이다. 그 비극적 사건은 슬럼프를 시장 폭락으로 확대시켰으며, 수많은 기업들을 충격 속에 그대로 노출시켜 돌파구를 찾아 동분서주하게 했다.

물론 언제나 그랬듯이, 소비자 신뢰는 회복될 것이다. 독자들이 이 책을 읽고 있을 즈음이면 이미 소비자 신뢰가 회복되어 있을지도 모르겠다. 그러나 최근의 이러한 사태는 우리의 경제가 고객 감소에 대해 얼마나 취약한지, 그리고 전례 없는 수요 붕괴에 대비해 실질적인 전략을 수립하는 것이 얼마나 시급한지를 각성시키는 역할을 했다. 2001년의 경기 침체에 관한 세부 사항은 몇 달 안에 모두 집계될 것이다. 예상컨대 이 '퇴각'은 (이 책에서 서술한 이유들로 인해) 몇십 년간이나 이어질 가능성이 크다. 우리는 닥쳐올 변화에 대처할 수 있는 준비 기간이 약 5년 정도 남았다고 판단하고 있다. 그 준비 과정에 이 책, 『Next Economy』가 도움이 되기를 바란다.

엘리엇 에텐버그

지난 50년간 수많은 책들을 읽었지만 왜 작가들이 '감사의 말'을 쓰느라 고생하는지를 이해하지 못했었다. 그러나 이제는 '감사의 말'이 단순히 감사하다는 말을 의미하는 것은 아니라는 사실을 이해하게 되었다. 그것은 저자에게 있어 그 사람의 도움이 없었더라면 그 책이 결코 세상에 나오지 못했을 것이라는 사실을 깨닫는 하나의 방식이다.

처음으로 책을 쓰면서 나 역시 감사를 전달하고 싶은 사람들로 페이지를 채울 수 있었다. 나의 감사는 마치 자신의 책처럼 온갖 노력을 기울여준 사람들의 몫이다.

첫번째로 감사를 전하고 싶은 사람은 데니스 마실(Denise Marcil)이다. 데니스와 나의 관계는 5년 전 처음 만난 자리에서 마케팅의 죽음과 비즈니스계가 아직도 그 사실을 모르고 있다는 주제에 대해 시간 가는 줄 모르고 이야기를 나누었던 때로 거슬러 올라간다. 내게 칼 웨버(Karl Weber)를 소개해준 것도 데니스였다. 그리고 그녀는 이 책이 보다 광범위한 논점—새로운 현실에서는 비즈니스의 우선순위를 다시 만들어야 한다는—에 집중해야 한다고 주장한 사람이기도 하다. 그녀는 책이 나오기까지 꾸준히 나를 지켜봐주었고, 가끔 칼과 내가 의견이 엇갈려 서로 약간 기분이 상해 있을 때에는 피뢰침이 되어주기도 했다. 그녀가 없었더라면 이 책은 세상에 나오지 못했을 것이다.

칼 웨버는 이 책의 전체적인 윤문을 맡아주었다. 칼은 내 생각을 지적인 문구로 전환시켜주었고, 모든 페이지마다 장인으로서의 능력을 유감없이 발휘했다. 언제나 정곡을 찌르는 질문과 함께 내가 합리적으로 사고할 수 있도록 유도해준 그의 능력이 이 책을 보다 가치 있게 만들어주었다. 나는 그와 가능한 한 자주 만나 의견을 나누었고 그만큼 성공적인 결과를 이끌어낼 수 있었기에 나로서는 그의 프로 비즈니스 작가로서의 전문성 덕을 톡톡히 본 셈이다. 각자 맡고 있는 비즈니스를 관리하느라 뉴욕에 있는 시간보다 비행기를 타고 있는 시간이 더 많은 정신없는 작가들을 관리해내는 그의 능력은 정말이지 놀라운 것이었다.

칼은 대단한 인내력을 가지고 집필에 임했다. 그의 균형 있는 시각, 통찰력, 장인정신, 끈기가 없었다면 역시 이 책은 세상에 나오지 못했을 것이다.

메리 글렌(Mary Glenn)은 맥그로 힐(McGraw-Hill)의 수석 편집장이다. 메리는 북미의 비즈니스 모델이 더 이상 유효하지 않은 소비 전제에 기초하고 있기 때문에 침몰 위기에 있다는 것을 즉석에서 간파해냈다.

나는 그녀와 세븐(Seven)에서 함께 점심을 먹었던 때를 기억한다. 그때 그녀는 '넥스트 이코노미'가 비즈니스계와 고객 관계에 미칠 영향에 대해 한참을 이야기했다. 메리의 견해는 정확했다. 그리고 제목, 그래픽, 편집에 대해 상의하기 위해 만날 때마다 그녀는 넥스트 이코노미가 함축하고 있는 거시적인 의미를 다루어야 한다고 끊임없이 강조했다. 그녀의 통찰력과 가르침이 없었다면 역시 이 책은 세상에 나오지 못했을 것이다.

그리고 마지막으로 내 사랑하는 아내, 데보라 엘리자베스 샤프에텐버그(Deborah Elizabeth Sharp-Ettenberg)에게 감사를 전하고 싶다. 이는 15년간의 결혼 생활에 대해서가 아니며, 몬트리올, 토론토, 뉴욕 등에서 함께 일하면서 20년간 쌓아온 비즈니스 관계에 대해서도 아니다. 또한 내 안에 있는 잠재력을 일깨워준 최고의 신뢰에 대해서도 아니다. 아내는 이 책의 제목을 결정하는 데 확실한 공헌을 해주었다. 10주 이상 고심했지만 앞서서 언급했던 탁월한 전문가들도 이 책의 메시지를 한 마디로 함축해줄 의미심장한 단어를 찾아내지 못했다. 아내는 어느 날 밤, 우리 별장으로 가는 차 안에서 우리가 그렇게도 찾아 헤매던 단어를 찾아내주었다. 그녀가 없었다면, 이 책은 세상에 나오지 못했을 것이다.